CRÍTICA AO INTERVENCIONISMO
ESTUDO SOBRE A
POLÍTICA ECONÔMICA E IDEOLOGIA ATUAIS

Coleção Ludwig von Mises - volume 1

Ludwig von Mises

CRÍTICA AO INTERVENCIONISMO
ESTUDO SOBRE A
POLÍTICA ECONÔMICA E IDEOLOGIA ATUAIS

Tradução de Arlette Franco
Prefácio à 3ª Edição Brasileira por Adolfo Sachsida
Apresentação à 3ª Edição Brasileira por Richard M. Ebeling
Nota Prévia à Edição Norte-Americana por Margit von Mises
Introdução à Edição Norte-Americana por Hans F. Sennholz
Prefácio à Edição Alemã por F. A. Hayek
Posfácios à 3ª Edição Brasileira por Donald C. Lavoie e por Murray N. Rothbard

3ª Edição Revista e Ampliada

Impresso no Brasil, 2024

Título original em alemão: *Kritik des Interventionismus: Untersuchungen zur Wirtschaftspolitik und Wirtschaftsideologie der Gegenwart*
Título da tradução para o inglês de Hans F. Sennholz: *A Critique of Interventionism*
Copyright © 1977 by Margit von Mises © 1996 by Foundation for Economic Education © 2010 by Ludwig von Mises Institute
Copyright do prefácio de F. A. Hayek © 1976 by Wissenschaftliche Buschgesellschaft
Copyright do texto de Richard M. Ebeling © 2006 by Foundation for Economic Education
Copyright dos textos de Donald C. Lavoie e de Murray N. Rothbard © 1982 by Lexington Books © 1993 by Ludwig von Mises Institute

Os direitos desta edição pertencem ao
Instituto Ludwig von Mises Brasil
Rua Leopoldo Couto de Magalhães Júnior, 1098, Cj. 46
04.542-001. São Paulo, SP, Brasil
Telefax: 55 (11) 3704-3782
contato@mises.org.br · www.mises.org.br

Editor Responsável | Alex Catharino
Curador da Coleção | Helio Beltrão
Tradução | Arlette Franco
Tradução da introdução e dos posfácios | Claudio A. Téllez-Zepeda
Tradução do prefácio à edição alemã | Karleno Bocarro
Revisão da tradução | Márcia Xavier de Brito
Revisão ortográfica e gramatical | Carlos Nougué & Márcio Scansani
Revisão técnica e Preparação de texto | Alex Catharino
Revisão final | Márcio Scansani / Armada
Produção editorial | Alex Catharino
Capa e projeto gráfico | Rogério Salgado / Spress
Diagramação e editoração | Spress Diagramação
Elaboração do índice remissivo e onomástico | Márcio Scansani / Armada
Pré-impressão e impressão | Gráfica Viena

Dados Internacionais de Catalogação na Publicação (CIP)
Angélica Ilacqua CRB-8/7057

M678s
Mises, Ludwig von, 1881-1973
  Crítica ao intervencionismo: estudo sobre a política econômica e a ideologia atuais / Ludwig von Mises ; tradução de Arlette Franco ; prefácio à 3ª edição brasileira por Adolfo Sachsida ; apresentação à 3ª edição brasileira por Richard M. Ebeling ; nota prévia à edição Norte-Americana por Margit von Mises ; introdução à edição norte-americana por Hans F. Sennholz ; prefácio à edição alemã por F. A. Hayek ; posfácios à 3ª edição brasileira por Donald C. Lavoie e por Murray N. Rothbard. – 3. ed. rev. e ampl. – São Paulo, SP : LVM Editora, 2019. Coleção von Mises
  352 p.
  ISBN: 978-85-93751-81-3
  Título original: Kritik des Interventionismus

  1. Ciências sociais 2. Economia 3. Política econômica 4. Planejamento econômico centralizado 5. Estado 6. Mercado 7. Liberdade I. Título II. Sachsida, Adolfo III. Ebeling, Richard M. IV. Mises, Margit von V. Sennholz, Hans F., VI. Hayek, F. A. VII. Lavoie, Donald C. VIII. Rothbard, Murray N.

19-1426   CDD 300

Índices para catálogo sistemático:
1. Ciências sociais 300

Reservados todos os direitos desta obra.
Proibida toda e qualquer reprodução integral desta edição por qualquer meio ou forma, seja eletrônica ou mecânica, fotocópia, gravação ou qualquer outro meio de reprodução sem permissão expressa do editor.
A reprodução parcial é permitida, desde que citada a fonte.

Esta editora empenhou-se em contatar os responsáveis pelos direitos autorais de todas as imagens e de outros materiais utilizados neste livro.
Se porventura for constatada a omissão involuntária na identificação de algum deles, dispomo-nos a efetuar, futuramente, os possíveis acertos.

010   Nota à 3ª Edição Brasileira
Alex Catharino

014   Prefácio à 3ª Edição Brasileira
Adolfo Sachsida

026   Apresentação à 3ª Edição Brasileira
Ludwig von Mises: O Economista Político da Liberdade
Richard M. Ebeling

060   Nota Prévia à Edição Norte-americana de 1977
Margit von Mises

062   Introdução à Edição Norte-americana de 1977
Hans F. Sennholz

068   Prefácio à Edição Alemã de 1976
F. A. Hayek

Crítica ao Intervencionismo
Estudo sobre a Política Econômica e a Ideologia Atuais

076   Prefácio do Autor à Edição Alemã de 1929

079   Capítulo 1
Intervencionismo
1 - Intervencionismo como sistema econômico
2 - A natureza da intervenção
3 - Restrições de produção
4 - Intervenção nos preços
5 - A destruição resultante da intervenção

Sumário

6 - A doutrina do intervencionismo
7 - Os argumentos históricos e práticos do intervencionismo
8 - Obras recentes sobre os problemas do intervencionismo

139 Capítulo 2
A Economia de Mercado Controlada
1 - A doutrina dominante na economia de mercado controlada
2 - A tese de Schmalenbach

159 Capítulo 3
Liberalismo Social
1 - Introdução
2 - Socialismo de cátedra
3 - Liberalismo e liberalismo social
4 - Controle ou lei econômica
5 - O *Methodenstreit*
6 - As doutrinas econômicas do liberalismo social
7 - O conceito e a crise da política social
8 - Max Weber e os socialistas de cátedra
9 - O fracasso da ideologia dominante

211 Capítulo 4
Antimarxismo
1 - Marxismo na ciência alemã
2 - Nacional (Antimarxismo) socialismo
3 - Sombart como marxista e antimarxista
4 - Antimarxismo e ciência

259 Capítulo 5
Teoria do Controle de Preços
1 - Introdução

2 - Controles de Preços
    A - Controles Sancionadores
    B - Controles Genuínos
3 - A importância da teoria de controle de preços para a teoria da organização social

279 Capítulo 6
Nacionalização do Crédito
1 - Interesse privado e interesse público
2 - Administração burocrática ou administração do lucro de operações bancárias
3 - O perigo de superexpansão e de imobilização
4 - Conclusão

Posfácios à 3ª Edição Brasileira

298 O Desenvolvimento da Teoria Misesiana do Intervencionismo
Donald C. Lavoie

328 Intervencionismo: Comentário sobre Lavoie
Murray N. Rothbard

337 Índice Remissivo e Onomástico

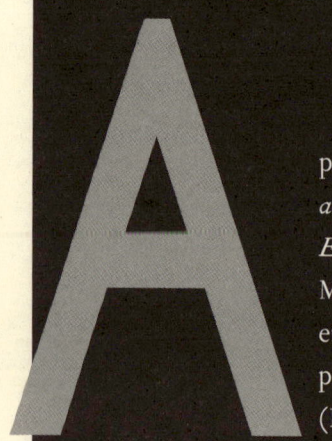presente edição em português do livro *Crítica ao Intervencionismo: Estudo sobre a Política Econômica e a Ideologia Atuais* de Ludwig von Mises (1881-1973) mantém a tradução original em português de Arlette Franco, lançada pela primeira vez, em 1987, pelo Instituto Liberal (IL) com o título *Uma Crítica ao Intervencionismo* e posteriormente reeditada, em 2010, pelo Instituto Ludwig von Mises Brasil (IMB). A tradução foi elaborada a partir da edição norte-americana lançada, em 1977, pela Arlington House com o título *A Critique of Interventionism*. A edição em inglês foi traduzida por Hans F. Sennholz (1922-2007) a partir da reedição em alemão de 1976 do livro *Kritik des Interventionismus: Untersuchungen zur*

Nota à Edição Brasileira

Wirtschaftspolitik und Wirtschaftsideologie der Gegenwart, lançado originalmente em 1929.

Nesta terceira edição revista e ampliada existem diversas alterações consideráveis em relação ao texto publicado nas duas edições anteriores pelo IL e pelo IMB. Além da revisão ortográfica e gramatical de Carlos Nougué e de Márcio Scansani, a tradução foi cotejada por Márcia Xavier de Brito com a terceira edição norte-americana publicada, em 2010 pelo Ludwig von Mises Institute, que por sua vez é uma reedição da segunda edição norte-americana, lançada, em 1996, pela Foundation for Economic Education (FEE), na qual Hans F. Sennholz fez uma cuidadosa revisão na própria tradução, o que acarretou em algumas mudanças significativas no texto. Em algumas passagens, cotejamos a versão em português com o texto original em alemão.

Assim como nos demais volumes da Coleção von Mises, adicionamos ao longo dos capítulos algumas notas de rodapé, elaboradas por nós e devidamente sinalizadas como Notas do Editor (N. E.), além de incluir ao final da obra um novo índice remissivo e onomástico, no qual, além de conceitos, são abarcados nomes próprios de pessoas, locais e instituições. O prefácio de F. A. Hayek (1899-1992), escrito para a reedição alemã de 1976, nunca antes veiculado nenhuma outra edição, foi traduzido por Karleno Bocarro e incluído no presente volume. Nesta nova edição em português, também, foram acrescidos mais alguns textos escritos por outros autores. Além do prefácio elaborado com exclusividade para a terceira edição brasileira por Adolfo Sachsida, incluímos como apresentação um ensaio sobre Ludwig von Mises escrito por Richard M. Ebeling, publicado originalmente em duas partes nas edições de maio e de junho de 2006 do periódico *The Freeman: Ideas on Liberty*, e como posfácios um texto de Donald C. Lavoie (1951-2001) e os comentários sobre este de Murray N. Rothbard (1926-1995), ambos inclusos como capítulos do livro *Method, Process, and Austrian Economics: Essays in Honor of Ludwig von Mises*, organizado por Israel M. Kirzner (1930-), lançado em 1982 pela Lexington Books. Os três ensaios foram traduzidos do inglês para o português por Claudio A. Téllez-Zepeda.

Não poderíamos deixar de expressar aqui, em nome de toda a equipe do IMB e da LVM, o apoio inestimável que obtivemos ao longo da elaboração da presente edição de inúmeras pessoas, dentre as quais destaco os nomes de Llewellyn H. Rockwell Jr., Joseph T. Salerno e Judy

Thommesen do Mises Institute, e de Lawrence W. Reed, Carl Oberg e Jeffrey A. Tucker da Foundation for Economic Education (FEE).

Alex Catharino
Editor Responsável da LVM

I - Sobre o Autor

Ludwig Heinrich von Mises nasceu em 29 de setembro de 1881 na atual cidade de Lviv, na Ucrânia) vindo a falecer em 10 de outubro de 1973 em Nova York, nos Estados Unidos. Mises foi sem sobra de dúvidas um dos maiores intelectuais do século XX, tendo exercido influência direta sobre um dos maiores economistas da história econômica: Friedrich August von Hayek (1899-1992), laureado com o Prêmio Nobel de Economia em 1974. Além de ser um dos principais expoentes da Escola Austríaca de Economia, Mises tem ao menos quatro obras clássicas. Seu famoso livro *Die Gemeinwirtschaft: Untersuchungen über den Sozialismus* [*A Economia Coletiva: Estudos sobre o Socialismo*], de 1922, traduzido para o inglês em 1936 com o título *Socialism: An Economic and Sociological Analysis*

Prefácio à 3ª Edição Brasileira

Adolfo Sachsida

[*Socialismo: Uma Análise Econômica*]¹, destruiu as falácias marxistas e previu corretamente o colapso do modelo econômico socialista. A crítica de Mises ao regime socialista, expressa pela primeira vez no trabalho *Die Wirtschaftsrechnung im sozialistischen Gemeinwesen* [*O Cálculo Econômico em uma Comunidade Socialista*]², de 1920, é implacável: sem um sistema de preços livre da interferência do governo o cálculo econômico é impossível, e na impossibilidade desse a escolha sobre o investimento é imperfeita. O resultado é que economias socialistas são incapazes de alocar corretamente o investimento. Em palavras simples, na ausência de um mecanismo de preços direcionando o investimento é

---

¹ MISES, Ludwig von. *Socialism: An Economic and Sociological Analysis*. Pref. F. A. Hayek; trad. J. Kahane. Indianapolis: Liberty Fund, 1992.
² MISES, Ludwig von. *O Cálculo Econômico em uma Comunidade Socialista*. Apres. Gary North; prefs. Fabio Barbieri & Yuri N. Maltsev; intr. Jacek Kochanowicz; posf. Joseph T. Salerno; trad. Leandro Augusto Gomes Roque. São Paulo: LVM, 2017.

o governo quem faz tal escolha, mas tal escolha é inadequada, pois é impossível saber qual o investimento mais rentável (justamente por causa da ausência do mecanismo de preços). O resultado disso é a absoluta ineficiência econômica que resulta em economias centralmente planejadas. Mises previu corretamente que o modelo socialista de produção levaria necessariamente a estagnação econômica, ao aumento da pobreza e, em última instância, ao colapso de todo sistema produtivo.

Além do tratado sobre o socialismo, Mises escreveu o monumental *Human Action: A Treatise on Economics* [*Ação Humana: Um Tratado sobre Economia*][3], de 1949, onde descreve os fundamentos de uma nova metodologia de análise econômica. Outro livro que merece destaque é *Liberalismus* [*Liberalismo*][4], de 1927, uma obra densa que aborda questões complexas que impactam inclusive na realidade europeia atual. Por fim, merece amplo destaque o trabalho *Kritik des Interventionismus: Untersuchungen zur Wirtschaftspolitik und Wirtschaftsideologie der Gegenwart* [*Crítica ao Intervencionismo: Estudo sobre a Política Econômica e a Ideologia Atuais*]. É sobre essa quarta obra que discorrerei brevemente.

---

[3] MISES, Ludwig von. *Ação Humana: Um Tratado de Economia*. Trad. Donald Stewart Jr. São Paulo: Instituto Ludwig von Mises Brasil, 3ª ed., 2010.

[4] MISES, Ludwig von. *Liberalismo: Segundo a Tradição Clássica*. Preâmbulo de Louis M. Spadaro; Prefs. Thomas Woods & Bettina Bien Greaves; trad. Haydn Coutinho Pimenta. São Paulo: Instituto Ludwig von Mises Brasil, 2ª ed., 2010.

II - Crítica ao Intervencionismo

> Para a maioria dos observadores, a ideia de voltar aos princípios liberais clássicos parece tão absurda, que raramente se preocupam com ela.
>
> — Ludwig von Mises

Crítica ao Intervencionismo foi publicado originalmente no ano de 1929, pouco antes do começo da Grande Depressão norte-americana, e é uma das obras primas do pensamento econômico. O livro reúne seis artigos escritos por von Mises ao longo da década de 1920: 1º) "Intervencionismo"; 2º) "A Economia de Mercado Controlada"; 3º) "Liberalismo Social"; 4º) "Antimarxismo", 5º) "Teoria do Controle de Preços, e 6º) "A Nacionalização do Crédito".

Neste trabalho Mises destaca um dos aspectos mais esquecidos de nossa sociedade: o fato óbvio de que o governo não é capaz de tornar todos os homens mais ricos. Contudo, políticas econômicas equivocadas têm alto potencial para empobrecê-los. Mas será que uma obra escrita em 1929 ainda continua atual? Uma breve análise do noticiário, ou dos programas dos partidos políticos brasileiros, é o suficiente para nos convencer que este livro é mais do que atual, ele é fundamental para combater o subdesenvolvimento brasileiro.

Comecemos pelo fato óbvio de que a esmagadora maioria dos partidos políticos com representação no Congresso Nacional são socialistas ou social-democratas. A maioria dos economistas e dos formadores de opinião com colunas em jornais são abertamente keynesianos. Isso por si só mostra como a cultura da intervenção econômica é forte no Brasil. Todos os dias somos submetidos a uma verdadeira doutrinação midiática que parece não ter dúvidas de que o governo é a solução para todos os problemas econômicos.

Vá a qualquer livraria ou biblioteca e peça um livro de Karl Marx (1818-1883). Você terá acesso a uma ampla gama de livros, resenhas e artigos. Terá acesso tanto a exemplares em capa dura ou livros impressos com papel de jornal. Os livros marxistas estão facilmente disponíveis e podem ser adquiridos a preços modestos. Agora vá nas mesmas livrarias e bibliotecas e peça um livro de von Mises. O silêncio será constrangedor. O mercado editorial brasileiro é completamente dominado por autores marxistas e afins. Exatamente por essa razão devemos saudar com alegria qualquer empreendimento que tente levar ao leitor uma visão mais qualificada do processo econômico.

Crítica ao Intervencionismo é a vacina que precisamos para combater essa verdadeira lavagem cerebral pela qual passa nossa sociedade.

Mas o que é intervencionismo? De acordo com Mises o intervencionismo se caracteriza por sua crença de que a propriedade privada deve ser limitada. Mas, ao mesmo tempo, os intervencionistas abominam a ideia de uma ordem baseada apenas na propriedade pública. Os intervencionistas sugerem então uma terceira via, qual seja, um sistema misto entre a propriedade privada e a pública. Argumentam que tal sistema traria o melhor dos dois mundos: a prosperidade capitalista e a proteção socialista aos menos favorecidos.

Mises argumenta que tal terceira via não é possível. A leitura do livro mostra, passo a passo, a argumentação do autor ao sustar que um sistema misto é logicamente impossível. Isto é, quando ocorre a intervenção na economia esta rapidamente se alastra para outros setores. Com o tempo mais e mais setores serão atingidos pela intervenção. A consequência disso é um desenvolvimento econômico cada vez mais limitado. Isso por seu turno leva a sociedade a pedir, paradoxalmente, pelo aumento ainda maior da intervenção (que foi a origem de todo problema).

Interessante ainda notar que Mises é enfático no uso do termo "produtividade". Mises argumenta corretamente que qualquer intervenção (seja por restrições de produção ou de preços) afeta negativamente a produtividade da economia, o que por seu turno reduz o crescimento econômico de longo prazo da economia. Hoje o termo produtividade é cada vez mais comum no noticiário nacional. Quem sabe a leitura de Mises não convença nossos *policy makers* a entender o óbvio: quanto mais restrições o governo estabelecer à produção, ou quanto mais impedir a flutuação de preços livres, menor será a produtividade da economia, e menor será o crescimento econômico.

Mises demonstra de maneira primorosa que intervenções econômicas (seja pela fixação de preços, seja por restrições impostas à produção) diminuem a produtividade. Que tal então retornarmos aos postulados clássicos e abolirmos essas intervenções? Infelizmente, tal como o autor faz questão de ressaltar: *"Para a maioria dos observadores, a ideia de voltar aos princípios liberais clássicos parece tão absurda, que raramente se preocupam com ela*"[5].

Em 1986 o governo do presidente José Sarney implementou o Plano Cruzado. A linha mestra do Plano Cruzado era o congelamento de preços. Em menos de dois anos o Plano Cruzado havia gerado um aumento vigoroso da inflação associado a um fraco desempenho da atividade econômica. Na época haviam os fiscais do Sarney (voluntários que iam aos supermercados verificar se estes mantinham os preços congelados e se encontravam mercadorias escondidas). Os fiscais do Sarney, aliados a todo aparato tecnocrata de controle, não foram capazes de derrotar a predição feita por Mises sessenta anos antes:

> Quando é o mercado livre que determina os preços, se o governo não interferir, o preço do produto cobre os custos de produção. Se o governo fixar um preço mais baixo, os lucros serão inferiores ao custo de produção. Os comerciantes e produtores venderão então apenas as mercadorias perecíveis, as que rapidamente perdem seu valor, guardando as outras para épocas mais favoráveis, quando, afortunadamente, seja suspenso o controle. Se o governo quiser evitar que as mercadorias desapareçam do mercado – uma consequência de sua própria intervenção – não pode limitar-se a determinar o preço: terá de exigir, simultaneamente, que todos os suprimentos existentes sejam vendidos pelos preços que determinou.[6]

---

[5] Na presente edição, ver: "A Economia de Mercado Controlada". p. 142.

[6] Na presente edição, ver: "Intervencionismo". p. 92-93.

Infelizmente para o Brasil os autores do Plano Cruzado não tinham lido von Mises. Tivessem eles o conhecimento presente neste livro e o Brasil teria escapado de mais esse desastre econômico.

Por fim, Mises faz um alerta fundamental:

> A competição como fenômeno social nada tem em comum com as competições esportivas. Transferir o postulado da "igualdade de condições" das regras do esporte ou da organização de experiências científicas e tecnológicas para a política econômica é um equívoco terminológico. Na sociedade, não apenas sob o sistema capitalista, mas sob qualquer sistema social imaginável, existem competições entre os indivíduos. [...] Assim, era possível que, equivocadamente, se pensasse que a essência dos programas liberais não era a propriedade privada, mas a "livre concorrência".[7]

Essa passagem serve para reforçar um ponto por vezes desconhecido (ou relegado ao segundo plano) do liberalismo clássico: a propriedade privada. A propriedade privada é a chave para o sucesso dos programas liberais, minar a propriedade privada implica em enfraquecer qualquer programa liberal.

Para encerrar, deixo aqui um importante alerta feito por von Mises, nem todos os antimarxistas são defensores do livre mercado. Nesse momento confuso pelo qual passa a nossa sociedade, vale a pena compreender que nem todos aqueles

---

[7] Na presente edição, ver: "A Economia de Mercado Controlada". p. 144.

que combatem o marxismo são a favor do livre mercado. Mises assim alerta sobre os antimarxistas:

> Cumpre observar que eles não atacam o socialismo, mas o marxismo, que reprovam por não ser o tipo certo de socialismo, por não ser aquele que é verdadeiro e desejável. Seria, também, um erro grave afirmar – como fazem os escandalosos intelectuais dos partidos Socialdemocrata e Comunista – que este antimarxismo aprova, ou de alguma forma defende o capitalismo e a propriedade privada dos meios de produção. A linha de pensamento adotada, não importa qual seja, não é menos anticapitalista do que a marxista.[8]

Ler e compreender os ensinamentos de von Mises é fundamental para a formação de qualquer indivíduo que pretenda analisar a situação socio-econômica de nossa sociedade.

III - Uma Opinião muito pessoal

Essa seção reflete o motivo de considerar essa obra absolutamente imprescindível para o Brasil. Nosso país sofre com um problema crônico: a doutrinação estatista que assola nossas universidades e nosso mercado editorial. O cidadão brasileiro passa pela universidade sem ser exposto às ideias de liberdade econômica, e não raro nunca é apresentado ao

---

[8] Na presente edição, ver: "Antimarxismo". p. 212-13.

pensamento liberal exposto por Ludwig von Mises, por F. A. Hayek, ou por outros representantes da Escola Austríaca.

Pior do que criticar uma ideia é escondê-la. Hoje, intencionalmente ou não, as escolas, as universidades, o meio cultural, os intelectuais, os editores, e a grande mídia, simplesmente negam ao brasileiro comum o direito de conhecer as ideias de liberdade expostas por gigantes como Mises e Hayek. Nessa seção vou expor ao leitor o tamanho do problema atual.

Vamos ao departamento de Economia da Universidade de Brasília (UnB). Certamente um dos melhores programas do país. O aluno da graduação em economia deve cursar uma matéria chamada Evolução das Ideias Econômicas e Sociais[9]. Na ementa da disciplina pode-se verificar que o aluno terá quatro aulas sobre Karl Marx, em outras cinco aulas terá John Maynard Keynes (1883-1946) como objeto. Nenhuma aula é dedicada a von Mises. Vamos agora dar uma olhada no programa da disciplina História do Pensamento Econômico[10]. Lá toda uma unidade é destinada ao estudo de Marx, outra unidade ao estudo de Keynes, e uma terceira unidade foca na controvérsia entre marxistas e keynesianos. Não há uma única menção à escola austríaca, ou a von Mises, ou a Hayek. Podemos assumir então que um aluno de Economia estuda dois semestres sobre escolas e pensamentos econômicos, mas

---

[9] http://www.economia.unb.br/images/graduação/ementas/1-2015/Evolução_das_Ideias_Econômicas_e_Sociais_-__Alexandre_Andrada.pdf, acesso em 25 de junho de 2019.

[10] http://www.economia.unb.br/images/graduação/ementas/2-2014/História_do_Pensamento_Econômico-Maria_de_Lourdes.pdf, acesso em 25 de junho de 2019.

em momento algum é mencionada a Escola Austríaca ou qualquer um de seus expoentes. Em resumo, numa das principais universidades do país os alunos não são apresentados nem ao pensamento de Mises e nem à Escola Austríaca de Economia.

Vamos agora ao Departamento de Economia do Insper, em São Paulo. Sem sombra de dúvidas o Insper está entre as instituições de ensino superior mais pró-mercado do Brasil. Lá o aluno de Economia cursará a disciplina História do Pensamento Econômico[11]. Na ementa temos a referência a Karl Marx e a Keynes, novamente impera o silêncio em relação a von Mises e à Escola Austríaca.

A controvérsia macroeconômica mais importante do século XX se deu entre Keynes e Hayek. Mesmo assim, nenhuma referência à Escola Austríaca é feita nos principais departamentos de economia do Brasil. As ideias econômicas de Marx quando implementadas levaram à pobreza (para dizer o mínimo). Mesmo assim Marx continua sendo figura central nos cursos de economia. Por outro lado, as ideias de liberdade defendidas por von Mises geraram prosperidade e riqueza. Mesmo assim von Mises continua relegado ao esquecimento no meio universitário.

Um dos orgulhos que tenho é que quando fui professor do doutorado em Economia, na Universidade Católica de Brasília (UCB), no ano de 2008, ministrei um curso (que era

---

[11] A ementa da HPE está na página 40. https://www.insper.edu.br/wp-content/uploads/2015/10/Ementario_Ciencias_Economicas_2015-2.pdf, acesso em 25 de junho de 2019.

optativo, isto é, os alunos não eram obrigados a cursar essa matéria) sobre Escola Austríaca de economia, e autores como Mises e Hayek foram extensivamente explorados. Desnecessário dizer que até então os alunos do doutorado nunca tinham tido contato com esses autores. Me arrisco a dizer que a esmagadora maioria dos doutores em economia se formam sem nunca terem tido contato com o pensamento da escola austríaca.

Vamos agora olhar o mercado editorial. Vá no site da Livraria Cultura, na opção procurar, escreva "Ludwig von Mises". Serão mostrados mais de 60 livros com essa opção (e melhorou muito, há alguns anos era quase impossível encontrar livros da Escola Austríaca no Brasil). Agora digite "Karl Marx", você verá uma miríade de mais de 1.200 livros com essa opção. O mercado editorial brasileiro é quase que completamente dominado pela visão marxista. Tente outras livrarias ou editoras e o resultado será quase sempre o mesmo.

A presente obra, *Crítica ao Intervencionismo*, é fundamental para quebrarmos a barreira do silêncio, da censura, contra o pensamento liberal em nosso país.

O ensinamento essencial do liberalismo é que a cooperação social e a divisão do trabalho podem ser atingidas somente em um sistema de propriedade privada dos meios de produção, isto é, no marco de uma economia de mercado. Todos os demais princípios do liberalismo — democracia, liberdade pessoal do indivíduo, liberdade de expressão e de imprensa, tolerância religiosa, paz entre as nações — são consequências deste postulado básico. Podem ser realizados somente no interior de uma sociedade fundamentada na propriedade privada.

– Ludwig von Mises, *Omnipotent Government* (1944)

Apresentação à 3ª Edição Brasileira

Ludwig von Mises
O Economista
Político da Liberdade

Richard M. Ebeling

Ao longo de uma carreira profissional que durou quase três quartos do século XX, o economista austríaco Ludwig von Mises (1881-1973) foi, sem exageros, um dos principais e mais importantes defensores da liberdade econômica. As ideias de liberdade individual, economia de mercado e governo limitado que defendeu diante da maré crescente do socialismo, fascismo e Estado intervencionista de bem-estar tiveram poucos paladinos tão claros e persuasivos quanto Mises. Também foi um dos críticos mais abrangentes e consistentes de todas as formas modernas de coletivismo. Ademais, seus escritos diversos sobre os princípios políticos, econômicos e sociais do liberalismo clássico e da ordem do mercado permanecem atuais e relevantes, tais como quando os redigiu há décadas[12].

---

[12] Sobre a vida de Mises e as suas contribuições à Economia e à filosofia de liberdade, ver: EBELING, Richard M. "A Rational Economist in an Irrational Age: Ludwig von Mises". *In*: *Austrian*

Nascido no dia 29 de setembro de 1881, na cidade de Lemberg, situada no antigo Império Áustro-Húngaro, Ludwig von Mises veio de uma família de comerciantes judeus e homens de negócios. Poucos meses antes do nascimento de Ludwig, seu bisavô Mayer Rachmiel Mises (1800-1891), líder da comunidade judaica em Lemberg, foi honrado com um título de nobreza por serviços prestados ao imperador Francisco José I (1830-1916) da Áustria[13].

O pai de Ludwig, Arthur von Mises (1854-1903), transferiu sua família para Viena no início dos anos 1890, onde trabalhou

---

Economics and the Political Economy of Freedom. Northampton: Edward Elgar, 2002. pp. 61-99; EBELING, Richard M. "Planning for Freedom: Ludwig von Mises as Political Economist and Policy Analyst". *In*: EBELING, Richard M. (Ed.). *Competition or Compulsion: The Market Economy versus the New Social Engineering*. Hillsdale: Hillsdale College Press, 2001. pp. 1-85. Ver, também: ROTHBARD, Murray N. *Ludwig von Mises: Scholar, Creator, Hero*. Auburn: Ludwig von Mises Institute, 1988; KIRZNER, Israel M. *Ludwig von Mises*. Wilmington: ISI Books, 2001. [Aconselhamos, também, a monumental biografia: HÜLSMANN, Jörg Guido. *Mises: The Last Knight of Liberalism*. Auburn: Ludwig von Mises Institute, 2007. Em língua portuguesa, ver: ROTHBARD, Murray N. *O Essencial von Mises*. Trad. Maria Luiza A. de X. Borges. São Paulo: Instituto Ludwig von Mises Brasil, 3ª ed., 2010; BELTRÃO, Helio; CONSTANTINO, Rodrigo & LENHART, Wagner. *O Poder das Ideias: A Vida, a Obra e as Lições de Ludwig von Mises*. Porto Alegre: IEE, 2010; PAUL, Ron. *Mises e a Escola Austríaca*. Trad. Ricardo Benhard. São Paulo: Instituto Ludwig von Mises Brasil, 2ª ed., 2014. (N. E.)].

[13] Sobre o histórico familiar de Mises e o ambiente cultural de Viena e da Áustria com respeito aos judeus e o antissemitismo, ver: EBELING, Richard M. "Ludwig von Mises and the Vienna of His Time – Part I". *The Freeman: Ideas on Liberty*. (March 2005): 24-31; Idem. "Ludwig von Mises and the Vienna of His Time – Part II". *The Freeman: Ideas on Liberty*. (April 2005): 19-25 [Traduzidos por Claudio A. Téllez, os dois textos foram incluídos como apresentação na seguinte obra: MISES, Ludwig von. *Caos Planejado: Intervencionismo, Socialismo, Fascismo e Nazismo*. Apres. Richard M. Ebeling; Pref. Bruno Garshagen; posf. Ralph Raico; trad. Beatriz Caldas. São Paulo: LVM, 2017. (N. E.)].

como engenheiro civil para o sistema ferroviário imperial. Ludwig frequentou um dos principais *gymnasiums* acadêmicos da cidade como preparação para seus estudos universitários. Ingressou na Universidade de Viena em 1900 e recebeu seu grau de doutor em jurisprudência em 1906. Em 1909, foi empregado pela Câmara de Comércio, Artesanato e Indústria de Viena e continuou a trabalhar na instituição como analista econômico sênior. Saiu de Viena em 1934, quando aceitou uma posição de docente em tempo integral no *Graduate Institute of International Studies* [Instituto Universitário de Altos Estudos Internacionais] em Genebra, na Suíça. Em paralelo a seu trabalho na câmara, Mises também lecionou na Universidade de Viena, liderou um seminário privado interdisciplinar de renome internacional e fundou, em 1927, o Instituto Austríaco de Pesquisas Sobre o Ciclo de Negócios, que teve o jovem Friedrich August von Hayek (1899-1992) como seu primeiro diretor[14].

Foi durante os anos que passou em Genebra, entre 1934 e 1940, que Mises escreveu sua maior obra econômica, cuja versão alemã veio a se tornar, em inglês, *Human Action: A Treatise on Economics*[15] [*Ação Humana: Um Tratado de*

---

[14] Sobre o trabalho de Mises como analista político e ativista na Áustria do período entre-guerras ver: EBELING, Richard M. "The Economist as the Historian of Decline: Ludwig von Mises and the Austria Between the Two World War". *In*: EBELING, Richard M. (Ed.). *Globalization: Will Freedom or Global Government Dominate the International Marketplace?* Hillsdale: Hillsdale College Press, 2002. pp. 1-68.

[15] MISES, Ludwig von. *Human Action: A Treatise on Economics*. Irvington-on-Hudson: Foundation for Economic Education, 3rd ed. rev. ed. 1996. [Ao longo do presente ensaio as referências à obra serão substituídas pela seguinte edição brasileira: MISES, Ludwig von. *Ação Humana: Um Tratado de Economia*. Trad. Donald Stewart Jr. São Paulo: Instituto Ludwig von Mises Brasil, 3ª ed., 2010. (N. E.)].

Economia]. No verão de 1940, quando a máquina de guerra nazista completava a conquista da Europa Ocidental, Mises e sua esposa saíram da Suíça e foram para os Estados Unidos da América. Nesse país, Mises passou o resto de sua vida escrevendo e lecionando – durante a maior parte desses anos, na New York University (NYU) – até sua morte, no dia 10 de outubro de 1973, aos 92 anos de idade.

Ademais, tanto na Viena do entreguerras e depois, novamente, nos Estados Unidos da América após a Segunda Guerra Mundial, Mises demonstrou uma capacidade singular para atrair estudantes intelectualmente criativos, fomentando assim novas gerações de acadêmicos capazes de dar continuidade às suas ideias da Escola Austríaca de Economia.

Uma apreciação da defesa de Mises da liberdade exige um entendimento das tendências políticas e ideológicas da primeira metade do século XX. Durante a maior parte do século XIX, "liberalismo" significou crença e devoção à liberdade individual, governo constitucionalmente limitado, santidade da propriedade privada, bem como liberdade para empreender domesticamente e a prática do livre comércio entre as nações do mundo.

Entretanto, mesmo antes da Primeira Guerra Mundial, muitos daqueles que se intitulavam "liberais" eram, na verdade, defensores do que poucas décadas atrás era chamado, na Alemanha Imperial do pré-Guerra, de "socialismo de Estado". Por quase quarenta anos antes da Primeira Guerra Mundial, muitos dos principais economistas, historiadores e cientistas políticos alemães – que vieram a se tornar amplamente conhecidos como membros da Escola Historicista Alemã – argumentaram que os socialistas estavam certos em suas críticas ao capitalismo de livre mercado. O mercado sem regulações, diziam, resultava na exploração dos trabalhadores e em uma atitude negligente para com o "interesse nacional". Onde os socialistas tinham errado, insistiam, era na exigência radical por uma derrubada revolucionária de toda a ordem social existente.

Em vez disso, a Alemanha precisava, de acordo com eles, de "socialismo de Estado", sob o qual reformas sociais seriam introduzidas para mitigar os supostos "excessos" do *laissez-faire* desenfreado. A Escola Historicista alemã apoiou e encorajou a imposição do Estado de bem-estar moderno pelo "Chanceler de Ferro" alemão, Otto von Bismarck (1815-1898), nos anos 1880 e 1890. A medicina socializada, aposentadorias gerenciadas pelo Estado, leis de salário mínimo, bem como programas habitacionais e instalações recreativas patrocinadas pelo governo proporcionariam segurança "do berço ao túmulo" para as "classes trabalhadoras", afastando-as, assim, das propostas mais radicais dos socialistas marxistas[16].

Ao mesmo tempo, a regulação governamental da indústria e da agricultura por intermédio da implementação de tarifas, cartéis e subsídios, bem como controles de preços e da produção, assegurariam que as atividades da "classe capitalista" seriam aproveitadas para aquilo que as autoridades políticas consideravam que constituía o

---

[16] Bismarck disse a um admirador norte-americano: "*minha ideia era subornar a classe dominante, ou, devo dizer, dobrá-los, para que considerem o Estado com uma instituição social existente para seu bem e interesse em seu bem-estar*". Ver: DAWSON, William H. *The Evolution of Modern Germany*. New York: Charles Scribner's Sons, 1914. Vol. 2, p. 349.

"interesse nacional". O pragmatismo e a conveniência em todas as decisões referentes a políticas econômicas e sociais eram aclamados como as formas mais elevadas de sabedoria política e "estadismo", em lugar das restrições constitucionais "inflexíveis" que limitavam o poder discricionário da intervenção governamental.

Membros da Escola Historicista Alemã argumentavam que o liberalismo clássico obsoleto fora puramente "negativo" em seu entendimento da liberdade – ao defenderem o papel do governo meramente para assegurar a vida, a liberdade e a propriedade dos cidadãos contra a violência, a agressão e a fraude. O governo, diziam, precisava ser mais "positivo" e ativo, para proporcionar redes de segurança social para as massas contra as incertezas da vida. Assim, esses autores e seus seguidores "progressistas" na Inglaterra, na França e, principalmente, nos Estados Unidos da América, em breve passaram a se referir a suas ideias como uma forma nova e mais iluminada de "liberalismo", capaz de criar uma "liberdade" dos desejos e das preocupações que seria mais verdadeira e mais completa[17]. O conceito de liberalismo,

---

[17] A respeito das ideias e do desenvolvimento do Estado de bem-estar social da Alemanha e da economia regulada no final do século XIX e início do século XX, ver: EBELING, Richard M. "The Political Myths and Economic Realities of the Welfare State". *In*: *Austrian Economics and the Political Economy of Freedom. Op. cit.*, pp. 179-202, Esp. p. 179-184; EBELING, Richard M. "National Health Care and the Welfare State". *In*: HORNBERGER, Jacob G. & EBELING, Richard M. (Eds.). *The Dangers of Socialized Medicine*. Fairfax: The Future of Freedom Foundation, 1994. p. 25-37. Ver, também: MISES, Ludwig von. *The Historical Setting of the Austrian School of Economics*. *In*: GREAVES, Bettina Bien (Ed.). *Austrian Economics: An Anthology*. Irvington-on-Hudson: Foundation for Economic Edu-

mais particularmente nos Estados Unidos da América, estava mudando — de uma filosofia política e econômica da liberdade individual e da livre empresa sob o império da lei e da livre iniciativa para uma concepção de paternalismo político, com a mão do governo cada vez mais intrusiva nos assuntos comerciais e sociais de seus cidadãos[18].

I - Socialismo e Nacionalismo

As últimas décadas do século XIX também testemunharam o crescimento de duas outras formas modernas de coletivismo: o socialismo e o nacionalismo. Sua premissa comum era que o indivíduo e seus interesses se encontravam sempre potencialmente em conflito com os melhores interesses da sociedade como um todo. Os marxistas afirmavam terem descoberto as inevitáveis "leis da história", que demonstravam que a emergência da divisão do trabalho e da propriedade privada dividiam a sociedade em "classes" sociais inerentemente antagônicas. Aqueles que possuíam os meios de produção auferiam rendimentos e lucros extraindo uma porção da riqueza produzida pelos trabalhadores não-proprietários,

---

cation, 1996. pp. 53-76. Esp. pp. 60-69. [Em português, ver: MISES, Ludwig von. "O Conflito com a Escola Historicista Alemã". *In*: *O Contexto Histórico da Escola Austríaca de Economia*. Apres. Fritz Machlup; Intr. Llewellyn H. Rockwell Jr.; Pref. José Manuel Moreira; posf. Joseph T. Salerno; trad. Isabel Regina Rocha de Sousa. São Paulo: LVM, 2017. pp. 105-30. (N. E.)].

[18] Ver: EBELING, Richard M. "Free Markets, the Rule of Law, and Classical Liberalism". *The Freeman: Ideas on Liberty*. (May 2004): 8-15.

que os detentores das propriedades produtivas empregavam na agricultura e na indústria.

Eventualmente, este conflito de classes levaria, por intermédio de um processo de evolução histórica, a uma mudança radical e revolucionária, na qual os trabalhadores se ergueriam e expropriariam a propriedade dos capitalistas. Após terem socializado os meios de produção, o novo estado dos trabalhadores introduziria o planejamento central ao invés dos planos anteriormente descentralizados e orientados para o lucro dos agora expropriados capitalistas. O planejamento central socialista, afirmavam, geraria um nível de produção e um aumento do padrão de vida que ultrapassaria em muito qualquer coisa experimentada durante a "fase capitalista" da história humana. Este processo atingiria o zênite em um mundo "pós-escassez", no qual todos os desejos e vontades dos homens seriam completamente satisfeitos, concomitantemente à eliminação do egoísmo e da ganância da face da terra[19].

Os proponentes do nacionalismo agressivo argumentavam que havia, de fato, um conflito inerente entre os homens no mundo[20]. Este antagonismo, entretanto, não se baseava nas

---

[19] O economista austríaco mostrou as falhas inerentes e as contradições na teoria marxista da história e do conflito de classes nos seguintes livros: MISES, Ludwig von. *Socialism: An Economic and Sociological Analysis*. Pref. F. A. Hayek; trad. J. Kahane. Indianapolis: Liberty Fund, 1992. pp. 279-320; Idem. *Theory and History: An Interpretation of Social and Economic Evolution*. Ed. Bettina Bien Greaves. Indianapolis: Liberty Fund, 2005. pp. 103-59. [Em língua portuguesa, ver: MISES, Ludwig von. *Teoria e História: Uma Interpretação da Evolução Social e Econômica*. Pref. Murray N. Rothbard; trad. Rafael de Sales Azevedo. São Paulo: Instituto Ludwig von Mises Brasil, 2014. pp. 120-74. (N. E.)].

[20] Sobre a evolução e os significados de nacionalidade e nacionalismo, ver:

classes sociais, tal como os socialistas marxistas as definiam. Em vez disso, tais conflitos ocorriam entre nações e grupo nacionais. Infelizmente, como os ideólogos nacionalistas diziam, os indivíduos no interior das nações frequentemente agiam de maneiras inconsistentes com os melhores interesses da nação à qual pertenciam. Dessa maneira, os interesses privados dos homens de negócios, dos trabalhadores e daqueles em vários grupos profissionais precisavam ser controlados e regulados para fomentar o bem nacional maior. Como resultado, o nacionalismo agressivo era compatível – especialmente, embora certamente não de maneira exclusiva, na Alemanha Imperial – com as políticas intervencionistas e de Estado de bem-estar social do socialismo de Estado e do liberalismo "progressista" mais recente.

O conflito comercial e militar entre as nações do mundo era inevitável aos olhos desses nacionalistas. A prosperidade de qualquer nação poderia resultar somente às custas das demais nações. Assim, a tarefa de todos os líderes nacionais era fomentar o poder e o triunfo de seu próprio grupo nacional para a conquista e empobrecimento dos demais ao redor do globo. Dado que nenhuma nação aceitaria de bom grado sua própria destruição política e material, a guerra era um aspecto inevitável da condição humana. O militarismo e o espírito marcial eram, igualmente, aclamados tanto como necessários

---

HAYES, Carlton J. H. *The Historical Evolution of Modern Nationalism*. New York: Richard R. Smith, 1931; HAYES, Carlton J. H. *Essays on Nationalism*. New York: Macmillan, 1928; SULZBACH, Walter. *National Consciousness*. Washington, D.C.: American Council on Public Affairs, 1943; HERTZ, Frederick. *Nationality in History and Politics*. New York: Oxford University Pres, 1944.

quanto superiores para o espírito "nacionalista" e "pacifista" da produção e do comércio[21].

A culminação dessas tendências coletivistas resultou na eclosão da Primeira Guerra Mundial em 1914 – Ludwig von Mises proporcionou uma análise de suas causas e consequências em sua obra de 1919, *Nation, Staat, und Wirschaft* [*Nação, Estado e Economia*][22]. A Grande Guerra, tal como foi chamada, não somente produziu o triunfo do espírito nacionalista; também testemunhou a imposição de diversas formas de planejamento central socialista, dado que praticamente todas as nações beligerantes ou nacionalizaram, ou passaram a controlar por completo toda a indústria privada e a agricultura em nome da emergência nacional representada pela situação de guerra. Os governos em guerra também estabeleceram racionamentos, estatismo de bem-estar e regulações em toda a produção para consumo, dado que as necessidades da guerra total demandavam responsabilidade estatal completa para a garantia do alegado bem-estar de toda a população.

---

[21] MISES, Ludwig von. "Autarky and Its Consequences [1943]". *In*: EBELING, Richard M. (Ed.). *Money, Method and the Market Process: Essays by Ludwig von Mises*. Norwell: Kluwer Academic Press, 1990. p. 138. "*O nacionalismo militarista ou agressivo tem por objetivo a conquista e a subjugação de outras nações por intermédio das armas. O nacionalismo econômico deseja aumentar o bem-estar da própria nação ou de alguns de seus grupos infligindo danos sobre estrangeiros recorrendo a medidas econômicas, por exemplo: barreiras ao comércio e à imigração, expropriação de investimentos estrangeiros, repúdio às dívidas externas, desvalorização da moeda e controles do câmbio estrangeiro*".

[22] MISES, Ludwig von. *Nation, State, and Economy: Contributions to the Politics and History of Our Time*. New York: New York University Press, 1983.

Das cinzas da Primeira Guerra Mundial, emergiram então os novos Estados totalitários, primeiramente com o estabelecimento de uma ditadura comunista na Rússia seguindo-se à Revolução Bolchevique de 1917, liderada por Vladimir Lenin (1870-1924) e, logo depois, em 1922, com a ascensão ao poder de Benito Mussolini (1883-1945) e de seu partido fascista na Itália. Tanto os comunistas quanto os fascistas rejeitavam as ideias e as instituições do liberalismo clássico. O governo constitucional, o império da lei, as liberdades civis e a liberdade econômica foram declaradas, por essas duas variações do tema coletivista, como obstáculos reacionários ao sucesso de, respectivamente, o Estado dos trabalhadores na Rússia Soviética e a grandeza nacionalista na Itália fascista. Tanto o comunismo quanto o fascismo insistiram em que os indivíduos precisavam ser "reeducados" e moldados de acordo com os bens socialistas ou nacionalistas mais amplos. O indivíduo deveria ser reduzido a uma engrenagem na maquinaria do Estado todo-poderoso e completamente planificador[23].

---

[23] EBELING, Richard M. "Classical Liberalism and Collectivism in the 20th Century". In: *Austrian Economics and the Political Economy of Freedom. Op. cit.*, pp. 159-78. Esp. pp. 159-63. Sobre as semelhanças políticas e ideológicas do comunismo, fascismo e nazismo, ver: MISES, Ludwig von. *Planned Chaos*. Irvington-on-Hudson: Foundation for Economic Education, 1947. pp. 62-79 [A obra está disponível em português na seguinte edição: MISES, Ludwig von. *Caos Planejado: Intervencionismo, Socialismo, Fascismo e Nazismo*. Apres. Richard M. Ebeling; Pref. Bruno Garshagen; posf. Ralph Raico; trad. Beatriz Caldas. São Paulo: LVM, 2017. (N. E.)]. Ver, também: OVERY, Richard. *The Dictators: Hitler's Germany, Stalin's Russia*. New York: W. W. Norton, 2004; GREGOR, A. James. *The Faces of Janus: Marxism and Fascism in the Twentieth Century*. New Haven: Yale University Press, 2000; FURET, François. *The Passing of an Ilusion: The Idea*

A derrota da Alemanha na guerra resultou no caos político e econômico, o que, por sua vez, culminou na inflação desastrosa dos anos 1920[24]. Muitas das âncoras sociais e culturais da sociedade alemã foram desarticuladas pela guerra e pela inflação[25]. Um número cada vez maior de alemães desejava um "Líder" que os guiasse para fora do atoleiro da instabilidade política e das dificuldades econômicas. Em 1925, Mises analisou essas tendências na Alemanha e concluiu que conduziam o povo alemão na direção de um "nacional socialismo" ao invés do liberalismo clássico ou do socialismo marxista[26]. Antecipando o triunfo de Adolf Hitler (1889-1945) e de seu movimento Nacional Socialista (Nazista) em 1933, Ludwig von Mises advertiu, em 1926, que muitos alemães estavam

---

of Communism in the Twentieth Century. Chicago: University of Chicago Press, 1999; PIPES, Richard. *Russia Under the Bolshevik Regime*. New York: Alfred A. Knopf, 1993. pp. 240-81.

[24] Para a análise de Mises a respeito da Grande Inflação Alemã, ver o seguinte trabalho monográfico do autor: MISES, Ludwig von. *Stabilization of the Monetary Unit: From the Viewpoint of Theory* [1923]. *In*: GREAVES, Percy L. Jr. (Ed.). *Ludwig von Mises, On the Manipulation of Money and Credit*. Dobbs Ferry: Free Market Books, 1978, pp. 1-49. Para uma breve análise do economista austríaco, ver: MISES, Ludwig von. "Business Under German Inflation" [1946]. *In*: *The Freeman: Ideas on Liberty*. (November 2003): 10-13. Ver, também: EBELING, Richard M. "The Great German Inflation". *The Freeman: Ideas on Liberty*. (November 2003): 4-5.

[25] Ver: BARTHOLDY, Albrecht Mendelssohn. *The War and German Society: The Testament of a Liberal*. New York: Howard Fertig, 1971; BONN, Mortiz J. *Wandering Scholar*. London: Cohen & West, Ltd., 1949. pp. 273-90.

[26] MISES, Ludwig von. "Anti-Marxism [1925]". *In*: *An Critique of Interventionism*. Pref. Margit von Mises; intr. e trad. Hans F. Sennholz. Irvington-on-Hudson: Foundation for Economic Education, 1996. pp. 71-95. [Na presente edição, ver: "Antimarxismo". p. 211-58. (N. E.)].

depositando *"suas esperanças na vinda do 'homem forte' – o tirano que pensará por todos e cuidará de todos"*[27].

Nos últimos anos, Mises enfatizou que, enquanto os marxistas na União Soviética utilizaram as ferramentas do planejamento central para redesenhar culturalmente um "novo homem" socialista através de diversos métodos de doutrinação e controle do pensamento, os nacional-socialistas da Alemanha deram um passo adiante com seu esquema de planejar, de forma centralizada, uma nova "raça superior"[28].

Este foi o contexto histórico no qual Mises publicou algumas de suas obras mais importantes no período entre as duas guerras. *Die Gemeinwirtschaft: Untersuchungen über den Sozialismus*[29] [*A Economia Coletiva: Estudos sobre o Socialismo*] em 1922, *Liberalismus*[30] [*Liberalismo*] em 1927 e *Kritik des Interventionismus: Untersuchungen zur Wirtschaftspolitik und Wirtschaftsideologie der Gegenwart* [*Crítica ao Intervencionismo: Estudo sobre a Política Econômica e a Ideologia Atuais*] em 1929.

---

[27] Idem. "Social Liberalism" [1926]. *In*: *An Critique of Interventionism*. *Op. cit.*, p. 67. [Na presente edição, ver: "Liberalismo Social". p. 210. (N. E.)].

[28] Idem. "Nazism". *In*: *Planned Chaos*. *Op. cit.*, pp. 75-79. Esp. pp. 77-78. [Na edição brasileira, ver: MISES, Ludwig von. "Nazismo". *Caos Planejado*. *Op. cit.*, p. 201-08. (N. E.)].

[29] Traduzido para o inglês em 1936 com o título *Socialism: An Economic and Sociological Analysis* [*Socialismo: Uma Análise Econômica*], o livro teve inúmeras reedições neste idioma e disponível na edição norte-americana citada na nota 8 do presente ensaio. A obra será lançada em português pela LVM no ano de 2018. (N. E.)

[30] O livro se encontra em língua portuguesa na seguinte edição: MISES, Ludwig von. *Liberalismo: Segundo a Tradição Clássica*. Preâmbulo de Louis M. Spadaro; Prefs. Thomas Woods & Bettina Bien Greaves; trad. Haydn Coutinho Pimenta. São Paulo: Instituto Ludwig von Mises Brasil, 2ª ed., 2010. (N. E.)

Nesses três livros, a tarefa que Ludwig von Mises se propôs foi oferecer uma visão radicalmente diferente do homem em sociedade daquela que é apresentada pelos socialistas, nacionalistas e intervencionistas. Em lugar de seu pressuposto inicial dos conflitos inevitáveis entre homens em termos de "classes sociais", nacionalidade e raça, ou interesses mesquinhos de grupos, Mises insistiu em que a razão e a experiência demonstraram que todos os homens poderiam se associar pacificamente para seu melhoramento material e cultural mútuo. A chave para isto era um entendimento e reconhecimento dos benefícios da divisão do trabalho. Por intermédio da especialização e do comércio, a raça humana tem a capacidade de libertar-se tanto da pobreza quanto da guerra.

Os homens se tornam parceiros em um processo comum de cooperação social, ao invés de antagonistas, com cada um tentando passar por cima dos outros e derrubar os demais. De fato, tudo o que entendemos por civilização moderna, com seus confortos materiais e culturais, assim como as oportunidades que proporciona ao homem, deve-se aos benefícios altamente produtivos e às vantagens que se tornaram possíveis graças a uma divisão do trabalho. Os homens colaboraram na arena das trocas competitivas no mercado.

A confusão, conforme observa Mises, é a falha em perceber este processo social cooperativo desde uma perspectiva de longo prazo, ao invés das circunstâncias mutáveis da vida cotidiana. Nas rivalidades do mercado, há sempre alguns que auferem lucros e outros que sofrem perdas nos processos interativos e competitivos da oferta e demanda. Entretanto, o que precisa ser compreendido é que essas mudanças na sorte de curto prazo dos diversos participantes da divisão do trabalho constituem o método por intermédio do qual cada participante é informado e incitado a fazer mais de algumas coisas ou menos de outras. Este processo ocasiona o ajuste necessário das atividades produtivas da sociedade para assegurar que tendem a corresponder e a refletir o padrão de mercado da demanda dos consumidores[31].

Obviamente, a força política pode ser colocada no lugar da "recompensa" dos lucros e "punição" das perdas. Entretanto, os custos de realizar tal substituição são extremamente altos, conforme argumentou Mises. Primeiramente, os homens se tornam menos motivados a se aplicarem com inteligência e diligência quando forçados a trabalhar sob o chicote da servidão e da compulsão, e com isso a sociedade perde o que seus esforços livres e a inventividade poderiam ter proporcionado[32]. Em segundo lugar, os homens são forçados a se conformarem com os valores e objetivos daqueles que estão no comando, e assim perdem a liberdade de perseguir seus próprios propósitos, sem a certeza de que aqueles que os comandam conhecem melhor o que lhes poderia proporcionar felicidade e sentido na vida.

Em terceiro lugar, o planejamento central socialista e a intervenção política no mercado, respectivamente, abolem ou distorcem o funcionamento da cooperação social. Um sistema sustentável e extenso de especialização para o aprimoramento

---

[31] MISES. *Socialism. Op. cit.*, pp. 256-78; Idem. *Ação Humana. Op. cit.*, pp. 183-86.
[32] Idem. *Ação Humana. Op. cit.*, pp. 721-28.

mútuo somente é possível sob um conjunto singular de instituições sociais e econômicas. Sem a propriedade privada dos meios de produção, a coordenação da multidão de atividades individuais na divisão do trabalho é impossível. De fato, a análise de Mises, apresentanda em 1920 no ensaio *Die Wirtschaftsrechnung im sozialistischen Gemeinwesen* [*O Cálculo Econômico em uma Comunidade Socialista*], acerca da "impossibilidade" de uma ordem socialista ser capaz de alcançar a eficiência e produtividade de uma economia de livre mercado foi a base para sua grandeza internacional e reputação como um dos economistas mais originais de sua época, tendo sido o ponto central de seu tratado de 1922 sobre o socialismo[33].

A propriedade privada e as trocas competitivas no mercado permitem a formação de preços tanto para bens de consumo quanto para fatores de produção, expressos

---

[33] MISES, Ludwig von. *Economic Calculation in the Socialist Commonwealth* [1920]. *In*: HAYEK, Friedrich A. (Ed.). *Collectivist Economic Planning: Critical Studies on the Possibilities of Socialism*. London: George Routledge & Sons, 1935. pp. 87-130. Reimpresso como: KIRZNER, Israel M. (Ed.). *Classics in Austrian Economics: A Sampling in the History of a Tradition*, *Vol. 3*. London: William Pickering, 1994. pp. 3–30. [Em língua portuguesa o texto está disponível na seguinte edição: MISES, Ludwig von. *O Cálculo Econômico em uma Comunidade Socialista*. Apres. Gary North; prefs. Fabio Barbieri & Yuri N. Maltsev; intr. Jacek Kochanowicz; posf. Joseph T. Salerno; trad. Leandro Roque. São Paulo: LVM, 2017. (N. E.)]. Ver: MISES. *Socialism. Op. cit.*, pp. 95-194. O mesmo argumento reaparece em: MISES, Ludwig von. *Bureaucracy*. New Haven: Yale University Press, 1944. pp. 20-56. [A obra será lançada em português como: MISES, Ludwig von. *Burocracia*. Ed. e pref. Bettina Bien Greaves; apres. Jacques Rueff; pref. Alex Catharino; posf. William P. Anderson; trad. Heloísa Gonçalves Barbosa. São Paulo: LVM, 2019. (N. E.)]. A tese foi apresentada em sua forma definitiva em: MISES. *Ação Humana. Op. cit.*, pp. 790-819. Ver, também: EBELING, Richard M. "Why Socialism Is 'Impossible'". *The Freeman: Ideas on Liberty*. (October 2004): 8-12.

no denominador comum de um meio de troca – a moeda. Com base nesses preços monetários, empreendedores podem se engajar no cálculo econômico para determinar os custos relativos e a lucratividade das linhas de produção alternativas. Sem os preços gerados pelo mercado, não haveria forma racional para alocar os recursos entre seus usos conflitantes, para assegurar que aqueles bens que são mais valorizados pelo público consumidor seriam produzidos da maneira menos custosa e, portanto, mais econômica. O cálculo econômico, conforme Ludwig von Mises demonstrou, garante que os meios escassos disponíveis servem melhor aos membros da sociedade.

Tal racionalidade na utilização dos meios para satisfazer a fins é impossível em um sistema compreensivo de planejamento central socialista. Como, perguntou Mises, os planejadores socialistas poderiam saber quais seriam os melhores usos para que os fatores de produção sejam empregados sem esses preços produzidos pelo mercado? Sem a propriedade privada dos meios de produção, nada haveria para comprar e vender (legalmente). Sem a capacidade de comprar e vender, não haveria lances e ofertas; sendo assim, não haveria regateio a respeito dos termos de troca entre compradores e vendedores concorrentes. Sem a barganha da competição no mercado não haveria, obviamente, concordância nos termos de troca. Sem concordância nos termos de troca, não há preços de mercado. Sem preços de mercado, como o planejador central pode conhecer os custos de oportunidade e, portanto, os usos mais valorizados para os quais os recursos poderiam ou deveriam ser empregados? Com a abolição da propriedade privada – e, portanto, das trocas no mercado e dos preços –, os planejadores centrais não poderiam dispor das ferramentas institucionais e informacionais necessárias para determinar o que produzir e como, para minimizar o desperdício e a ineficiência.

II - Mises Desafiado

Tanto economistas socialistas quanto não socialistas afirmaram, no transcurso de décadas, que Ludwig von Mises estava equivocado por ter dito que o socialismo era "impossível". Apontavam para a União Soviética e diziam que existia e funcionava. Entretanto, em diversos lugares e vários escritos, começando no início dos anos 1920, Mises insistiu em que não estava dizendo que um sistema socialista não poderia existir. Obviamente, os fatores de produção podem ser nacionalizados e uma agência de planejamento central pode receber a responsabilidade de dirigir todas as atividades produtivas da sociedade.

No entanto, qualquer alegação de racionalidade e grau aparente de eficiência observada no funcionamento da economia soviética e de outras similares devia-se ao fato de que tais sistemas de planejamento socialista existiam em um mundo no qual ainda havia economias de mercado em operação. Essas economias de mercado proporcionavam vários "preços estimados" que os planejadores socialistas podiam tentar usar como substitutos e valores de referência para avaliar suas próprias decisões de alocação e produção. Entretanto, dado que as circunstâncias econômicas reais em uma tal economia socialista nunca poderiam ser uma cópia exata das condições das sociedades de mercado vizinhas – disponibilidade de recursos, habilidades laborais, a quantidade e qualidade dos equipamentos de capital, fertilidade e variedade das terras, os padrões da demanda dos consumidores – tais preços substitutos nunca poderiam "resolver" por completo o problema do cálculo econômico para os planejadores socialistas em lugares tais como a União Soviética[34].

Dessa maneira, conforme Mises declarou em 1931:

> Do ponto de vista tanto da política quanto da história, esta demonstração [da "impossibilidade" do planejamento socialista] é certamente a descoberta mais importante da teoria econômica. [...] Por si só, permitirá aos futuros historiadores entenderem por que a vitória do movimento socialista não conduziu à criação de uma ordem socialista para a sociedade.[35]

---

[34] MISES. *Socialism. Op. cit.*, p. 102. Ver, também: MISES, Ludwig von. *Liberalism: The Classical Tradition*. Irvington-on-Hudson: Foundation for Economic Education, 1996. p. 74 [Ao longo de todo o ensaio, as citações dessa obra serão substituídas pelas da versão em português mencionada na nota 19 desta apresentação. Ver: MISES. "Política Econômica Liberal". *In*: *Liberalismo. Op. cit.*, p. 94-95]; MISES, Ludwig von. *Omnipotent Government: The Rise of the Total State and Total War*. New Haven: Yale University Press, 1944. p. 55; Idem. *Bureaucracy. Op. cit.*, pp. 58-59; Idem. *Planned Chaos. Op. cit.*, p. 84; MISES. *Ação Humana. Op. cit.*, pp. 315-17, 803-05.

[35] MISES, Ludwig von. "On the Development of the Subjective Theory of Value" [1931]. *In*: *Epistemological Problems of Economics*. Pref. Ludwig M. Lachmann; trad. George Reisman. New York: New York University Press, 1981. p. 157.

Ao mesmo tempo, Mises demonstrou as inconsistências inerentes a qualquer sistema de intervenções políticas gradativas na economia de mercado. Controles de preços e restrições à produção sobre o processo de tomada de decisões empreendedoras provocam distorções e desequilíbrios nas relações de oferta e demanda. Ademais, geram constrangimentos sobre a utilização mais eficiente dos recursos a serviço dos consumidores. O interventor político é deixado com a escolha de introduzir novos controles e regulações, em uma tentativa de compensar as distorções e desequilíbrios que as intervenções anteriores provocaram, ou então revogar os controles intervencionistas e as regulações já existentes para permitir que o mercado, mais uma vez, seja livre e competitivo. O caminho composto por um conjunto de intervenções pontuais seguido por outras implica em uma lógica de crescimento do governo que eventualmente resultaria na totalidade da economia recaindo sob o gerenciamento do Estado. Assim, o intervencionismo aplicado em padrão incremental de forma consistente poderia levar ao socialismo[36].

A forma mais perniciosa de intervenção governamental, na opinião de Mises, era o controle político e a manipulação do

---

[36] MISES. *An Critique of Interventionism*. pp. 1-31, 97-106. [Na presente edição ver: "Intervencionismo", p. 79-137; "Teoria do Controle de Preços", p. 259-78]. Ver, também: MISES, Ludwig von. *Interventionism: An Economic Analysis*. Irvington-on-Hudson: Foundation for Economic Education, 1996 [MISES, Ludwig von. *Intervencionismo: Uma Análise Econômica*. Ed. e intr. Bettina Bien Greaves; apres. Murray N. Rothbard; pref. Alexandre Borges; posf. Fabio Barbieri; trad. Donald Stewart Jr. São Paulo: LVM, 3ª ed., 2017. (N. E.)]; MISES, Ludwig von. *Planning for Freedom*. South Holland: Libertarian Press, 4th ed., 1980. pp. 1-49; MISES. *Ação Humana. Op. cit.*, pp. 819-89.

sistema monetário. Contrariamente tanto a marxistas quanto a keynesianos, Mises não considerava as flutuações experimentadas ao longo do ciclo de negócios como componentes inerentes e inevitáveis da economia de livre mercado. Ondas de inflações e depressões seriam o produto da intervenção política na moeda e nos bancos. Isto, de acordo com Mises, valia também para a Grande Depressão dos anos 1930.

III - Manipulação Monetária

Sob diversas manipulações políticas e ideológicas, os governos monopolizaram o controle sobre o sistema monetário. Lançaram mão da habilidade de criar moeda a partir do nada por intermédio das impressoras, ou nos livros contábeis dos bancos, para financiar os déficits do governo e diminuir artificialmente as taxas de juros. Pretendem, assim, estimular *booms* de investimentos insustentáveis. Tais expansões monetárias sempre tendem a distorcer os preços de mercado, resultando em direcionamentos equivocados de recursos, inclusive do trabalho, e em investimentos errôneos de capital. A escalada inflacionária provocada por uma expansão artificial da moeda e do crédito bancário cria o cenário para uma eventual desaceleração econômica. Ao distorcer a taxa de juros, o preço de mercado para tomar empréstimos e para emprestar, a autoridade monetária descompensa a poupança e o investimento, o que leva à necessidade de uma correção inevitável. A fase de "depressão" ou "recessão" do ciclo de negócios ocorre quando a autoridade monetária ou desacelera, ou então interrompe incrementos adicionais na oferta de moeda. Os desequilíbrios e distorções se tornam visíveis, sendo que alguns projetos de investimentos precisam perder valor ou ser cancelados como perdas, com as concomitantes realocações de trabalho e de outros recursos para empregos alternativos mais lucrativos, e às vezes com ajustes significativos e decréscimos nos salários e preços para colocar a oferta e a demanda de volta aos eixos adequados[37].

De acordo com o ponto de vista de Ludwig von Mises, a revolução keynesiana dos anos 1930, que passou então a dominar as discussões sobre política econômica durante as décadas que se seguiram à Segunda Guerra Mundial, baseou-se em um equívoco fundamental a respeito de como funciona a economia de mercado. O que John Maynard Keynes (1883-1946) chamou de "falhas da demanda agregada" para explicar a razão do desemprego elevado e prolongado desviou a atenção da verdadeira origem do emprego menos-do-que-pleno: o erro dos produtores e trabalhadores no "lado da oferta" do mercado ao precificarem seus produtos e serviços laborais nos níveis que os demandantes em potencial estariam dispostos a pagar. O desemprego e recursos ociosos constituem um problema de precificação e não de gerenciamento da demanda. Mises considerava a economia keynesiana basicamente como nada

---

[37] MISES, Ludwig von. *The Theory of Money and Credit*. Indianapolis: Liberty Classics, 1981; MISES, Ludwig von. "Monetary Stabilization and Cyclical Policy" [1928]. *In*: KIRZNER. *Classics in Austrian Economics*. Vol. 3, pp. 33-111; MISES. *Ação Humana. Op. cit.*, pp. 468-554, 621-73, 889-914.

além de uma justificativa para grupos de interesse especiais, tais como sindicatos, que não desejavam se adaptar à realidade da oferta e demanda, bem como àquilo que o mercado considerava como seu valor verdadeiro[38].

Assim, a conclusão de Mises em sua análise do socialismo e intervencionismo, inclusive quanto à manipulação monetária, foi que não há alternativa para uma economia de livre mercado completamente desimpedida, incluindo um sistema monetário baseado no mercado, tal como o padrão-ouro[39]. Tanto o socialismo quanto o intervencionismo são, respectivamente, disfuncionais e substitutos instáveis para o capitalismo. O liberal clássico defende a propriedade privada e a economia de livre mercado, conforme insistia, precisamente porque é o único sistema de cooperação social que proporciona ampla liberdade de ação para a liberdade e para as escolhas pessoais de todos os membros da sociedade, ao mesmo tempo em que gera os meios institucionais para coordenar as ações de bilhões de pessoas da maneira mais racional em termos econômicos.

---

[38] Para a análise do economista austríacos das causas e soluções para a Grande Depressão, ver: MISES, Ludwig von. "The Causes of the Economic Crisis" [1931]. *In*: GREAVES, Bettina. *Ludwig von Mises, On the Manipulation of Money and Credit. Op. cit.*, pp. 173-203. Sobre a economia keynesiana, ver os ensaios "Stones into Bread, The Keynesian Miracle" [1948] e "Lord Keynes and Say's Law" [1950], ambos publicados em: MISES. *Planning for Freedom. Op. cit.*, pp. 50-71. Para uma comparação detalhada das análises austríaca e keynesiana da Grande Depressão, ver: EBELING, Richard M. "The Austrian Economists and the Keynesian Revolution: The Great Depression and the Economics of the Short-Run". *In*: EBELING, Richard M. (Ed.). *Human Action: A 50-Year Tribute*. Hillsdale: Hillsdale College Press, 2000. pp. 15-110.

[39] Ver: EBELING, Richard M. "Ludwig von Mises and the Gold Standard". *In*: *Austrian Economics and the Political Economy of Freedom. Op. cit.*, pp. 136-58.

IV - LIBERALISMO CLÁSSICO, LIBERDADE E DEMOCRACIA

A defesa de Ludwig von Mises do liberalismo clássico contra essas diversas formas de coletivismo, entretanto, não se limitou "meramente" aos benefícios econômicos decorrentes da propriedade privada. A propriedade também proporciona ao homem aquele objeto que é mais valioso e querido – a *liberdade*. A propriedade permite ao indivíduo uma arena de autonomia na qual pode cultivar e desfrutar de sua própria concepção de uma vida boa e plena de significado. Também o protege da dependência do Estado para sua existência; por intermédio de seus próprios esforços e das trocas voluntárias com outros homens livres, não se encontra em dívida para com nenhuma autoridade política absoluta que ditaria as condições de sua vida. A liberdade e a propriedade, para que sejam seguras, requerem a *paz*. A violência e a fraude devem ser banidas para que cada homem possa aproveitar completamente aquilo que seus interesses e talentos sugerem como os caminhos mais lucrativos para atingir seus objetivos em associação consensual com os demais.

O ideal liberal clássico também enfatiza a importância da *igualdade perante a lei*, conforme Mises explicou. Somente quando os privilégios políticos e o favoritismo são eliminados, cada homem pode ter a liberdade de ação para utilizar seu próprio conhecimento e talentos nas maneiras que o beneficiam e que também repercutem, por intermédio das transações voluntárias no mercado, para o melhoramento da sociedade como um todo. Isto significa, ao mesmo tempo, que uma sociedade liberal é aquela que aceita que a *desigualdade de renda e riqueza* é inseparável da liberdade individual. Dada a diversidade das habilidades naturais e adquiridas dos homens, bem como das inclinações volitivas, as recompensas auferidas pelas pessoas no mercado serão, inevitavelmente, desiguais. Tampouco poderia ser de outra forma, se não desejamos diminuir, ou mesmo sufocar os incentivos que movem os homens a se aplicarem em empreendimentos criativos e produtivos.

O papel do governo na sociedade liberal clássica, portanto, é respeitar e proteger o direito de cada indivíduo à sua vida, liberdade e propriedade. A importância da *democracia*, na perspectiva de Mises, não é que as maiorias estejam sempre certas ou que não devam ter restrições naquilo que podem fazer com as minorias por intermédio do emprego do poder político. O governo eleito e representativo é um meio de alterar quem ocupa o poder político sem recorrer à revolução ou à guerra civil. É um dispositivo institucional para manter a paz social. Estava claro para Mises, da experiência do comunismo e do fascismo, bem como das diversas tiranias do passado, que, sem a democracia, a questão de quem deve governar, por quanto tempo e para que propósito seria reduzida à força bruta e ao poder ditatorial. A razão e a persuasão deveriam ser os métodos utilizados pelos homens ao lidarem uns com os outros – tanto no mercado quanto nas arenas social e política – e não a bala e a baioneta[40].

---

[40] MISES. *Socialism. Op. cit.*, pp. 58-73; Idem. "Os Fundamentos da Política Econômica Liberal". *In*: *Liberalismo. Op. cit.*, p. 49-83; MISES. *Ação Humana. Op. cit.*, pp. 189-93, 322-48.

Em seu livro sobre o liberalismo clássico, Mises lamentou o fato de que as pessoas são muito propensas a recorrer ao poder estatal para impor suas perspectivas de conduta pessoal e de moralidade sempre que seus companheiros se desviam de suas próprias concepções do "bom", "virtuoso" e "correto". Desanimado, afirmou:

> A propensão de nossos contemporâneos para exigir proibição autoritária, assim que algo não lhes agrade, e sua solicitude em submeter-se a tais proibições, mesmo que o proibido lhes seja agradável, mostra o quanto ainda permanece neles, profundamente, o espírito de servilismo. Serão necessários muitos anos de autoeducação até que o súdito possa transformar-se em cidadão. Um homem livre deve ser capaz de suportar que seu concidadão aja e viva de modo diferente de sua própria concepção de vida. Precisa livrar-se do hábito de chamar a polícia quando algo não lhe agrada.[41]

O que, então, deveria orientar a política social para determinar os limites da ação do governo? Mises era um utilitarista que argumentava que as leis e instituições deveriam ser julgadas pelo padrão de se conseguem ou não, e em que medida, fomentar o objetivo da cooperação social pacífica. A sociedade é o meio mais importante por intermédio do qual os homens são capazes de perseguir os fins que conferem significado às suas vidas. Entretanto, Mises não era um

---

[41] MISES. "Os Fundamentos da Política Econômica Liberal". *In*: *Liberalismo. Op. cit.*, pp. 79-80.

representante do que veio a se tornar conhecido, nas discussões filosóficas, como *utilitarista de atos*; ou seja, alguém que acredita que um curso de ação ou uma política deve ser determinada em uma base *ad hoc*, caso a caso. Mais propriamente, era um *utilitarista de regras*, alguém que acredita que qualquer curso de ação, ou política em particular, precisa ser avaliada com base em sua consistência com as regras gerais da conduta pessoal e social que a razão e a experiência acumularam como orientações para a conduta. Quaisquer consequências de longo prazo das ações devem ser levadas em consideração em termos de sua consistência e relação para com a preservação das instituições essenciais para as interações sociais bem-sucedidas[42]. Este é o significado da frase que Mises costumava usar com frequência: os "interesses de longo prazo corretamente compreendidos" dos membros da sociedade[43].

Assim, sua defesa da democracia e dos limites constitucionais sobre os poderes do governo se baseava no julgamento fundamental de que a história demonstrou muitas e muitas vezes que o recurso a meios não democráticos e "extra-constitucionais" conduziu à violência, à repressão, à revogação das liberdades civis e econômicas, assim como à quebra do respeito pela lei e pela ordem jurídica – o que

---

[42] MISES. *Ação Humana. Op. cit.*, pp. 760-89; Idem. *Theory and History. Op. cit.*, pp. 44-61 [Em português, ver: MISES. *Teoria e História. Op. cit.*, pp. 47-57. (N. E.)]. Ver também: HAZLITT, Henry. *The Foundations of Morality*. Irvington--on-Hudson: Foundation for Economic Education, 1998. pp. 55-61; YEAGER, Leland B. *Ethics as Social Science: The Moral Philosophy of Social Cooperation*. Northampton: Edward Elgar, 2001. pp. 81-97.

[43] MISES. *Ação Humana. Op. cit.*, pp. 760-89.

destrói, no longo prazo, a estabilidade da sociedade. Os ganhos e benefícios aparentes dos "homens fortes" e das "medidas emergenciais" em tempos que parecem ser de crise sempre tenderam a gerar custos e perdas da liberdade e prosperidade no longo prazo que mais do que excederam a suposta estabilidade, ordem e segurança prometidas por tais métodos no "curto prazo".

V - Liberalismo Clássico e Paz Internacional

Os benefícios da cooperação social por intermédio de uma divisão de trabalho fundamentada no mercado, de acordo com Mises, não se limitam ao interior das fronteiras de um país. Os ganhos do comércio por meio da especialização se estendem a todos os cantos do globo. Logo, o ideal liberal clássico é, inerentemente, *cosmopolita*. O nacionalismo agressivo, na visão de Mises, não somente ameaça produzir morte e destruição através da guerra e da conquista, mas também nega a todos os homens a oportunidade de se beneficiarem das relações produtivas mediante a imposição de barreiras ao comércio e várias outras restrições ao livre fluxo de bens, capital e pessoas de um país para outro. A prosperidade e o progresso são artificialmente constrangidos no interior das fronteiras nacionais. Isto, de maneira perversa, pode criar as condições para a guerra e a conquista, quando algumas nações concluem que a única maneira de obter os bens e recursos disponíveis em outros países é por intermédio da invasão e da violência. Eliminar todas as barreiras ao comércio, bem como as restrições ao livre fluxo de bens, capital e pessoas, limitando os governos ao papel de garantirem a vida, liberdade e propriedade de cada indivíduo, faria com que a maior parte dos motivos e tensões que conduzem à guerra sejam removidos.

Mises também sugeriu que muitas das bases para as guerras civis e violência étnica desapareceriam se o direito à autodeterminação fosse reconhecido na determinação das fronteiras entre os países. Mises tomou muito cuidado para explicar que, por "autodeterminação", não quis dizer que todos aqueles que pertencem a grupos raciais, étnicos, linguísticos ou religiosos particulares deveriam ser forçados a permanecer em um mesmo Estado-nação. Afirmou claramente que se referia ao direito da autodeterminação individual por intermédio do plebiscito. Ou seja, se os indivíduos de uma cidade, região ou distrito votarem para se juntarem a outra nação, ou desejarem formar seu próprio país independente, deveriam gozar da liberdade para assim proceder.

Ainda pode haver minorias dentro dessas cidades, regiões ou distritos, obviamente, que teriam preferido permanecer como parte do país ao qual pertenciam, ou que poderiam preferir se juntar a algum outro país. Entretanto, por mais imperfeita que a autodeterminação possa ser, reduziria em grande medida, ao menos potencialmente, as tensões étnicas, religiosas ou linguísticas. A única solução duradoura, disse Mises, seria a redução do envolvimento do governo às funções limitadas pelo liberalismo clássico, para que o Estado não pudesse ser utilizado para impor danos ou desvantagens sobre quaisquer indivíduos ou grupos na sociedade para o benefício de outros[44].

VI - Liberalismo e o Bem Social

Finalmente, Ludwig von Mises também discutiu a seguinte questão: para benefício de quem o liberal clássico se pronuncia na sociedade? Em contraste com praticamente todos os outros movimentos políticos e ideológicos, o liberalismo é uma filosofia social do bem comum. Tanto na época em que Mises produziu muitos de seus trabalhos quanto agora, movimentos políticos e partidos frequentemente recorrem à retórica do bem comum e bem-estar geral, porém seus objetivos de fato compreendem utilizar o poder do governo para beneficiar alguns grupos às custas de outros.

Regulamentações governamentais, programas redistributivos de bem-estar social, restrições ao comércio e subsídios, políticas de impostos e manipulação monetária são instrumentos empregados para garantir lucros e privilégios de emprego a grupos de interesse particulares, que desejam posições na sociedade – posições que não seriam capazes de atingir no mercado aberto e competitivo. A corrupção, a hipocrisia e o desrespeito à lei, bem como a limitação da liberdade dos outros, são coisas que se seguem naturalmente.

---

[44] MISES. *Nation, State, and Economy. Op. cit.*, pp. 31-56; Idem. "Política Externa Liberal". *In*: *Liberalismo. Op. cit.*, pp. 125-66; Idem. *Omnipotent Government*, pp. 79-93.

O que o liberalismo oferece tanto como ideal quanto como objetivo de política pública, declarou Mises, é uma igualdade dos direitos individuais para todos sob o império da lei, com privilégios e favores para ninguém. Representa e defende a liberdade de cada indivíduo e, dessa maneira, é a voz da liberdade para todos. Deseja que cada pessoa seja livre para se dedicar à busca de seus próprios objetivos e propósitos, para que, juntamente com os demais, possa se beneficiar de seus talentos e habilidades por intermédio de transações pacíficas no mercado. O liberalismo clássico deseja a eliminação da interferência do governo nos assuntos humanos, para que o poder político não seja aplicado abusivamente às custas de ninguém na sociedade[45].

Mises não estava desatento a respeito do poder da política dos grupos de interesse particulares e da dificuldade de se opor à influência concentrada de tais grupos nos saguões do poder político[46]. Entretanto, insistia em que, em última análise, o poder na sociedade reside no poder das ideias. São as ideias que movem os homens à ação, que fazem com que enfrentem as dificuldades de peito aberto, ou que os encorajam a se oporem às políticas equivocadas e a resistirem inclusive

---

[45] MISES. "Liberalismo e Partidos Políticos". *In*: *Liberalismo*. *Op. cit.*, pp. 167-95.
[46] Ver, por exemplo: MISES, Ludwig von. "The Clash of Group Interests" [1945]. *In*: EBELING, Richard M. (Ed.). *Money, Method and the Market Process: Essays by Ludwig von Mises*. Norwell: Kluwer Academic Press, 1990. pp. 202-14. [O texto foi lançado em português como: MISES, Ludwig von. "O Conflito de Interesses entre Diferentes Grupos Sociais". *In*: *O Conflito de Interesse e Outros Ensaios*. Prefs. Adriano Gianturco e Murray N. Rothbard; Intr. Hans-Hermann Hoppe; posf. Claudio A. Téllez-Zepeda; trad. Marisa Motta. São Paulo: LVM, 2017. pp. 65-87. (N. E.)].

contra os interesses escusos mais poderosos. Foram as ideias que atingiram todas as vitórias que foram conseguidas pela liberdade ao longo dos séculos.

Nem o engodo político, nem o comprometimento ideológico podem conquistar a liberdade no século XXI. Somente o poder das ideias, claramente afirmadas e apresentadas francamente, pode fazer isso. É isso o que se destaca nos livros de Mises e o que os torna uma das fontes mais duradouras para a defesa da liberdade.

Quando Mises escreveu vários de seus livros nas décadas de 1920, 1930 e 1940, o comunismo e o fascismo se apresentavam como forças irresistíveis no mundo. Desde então, sua chama ideológica se extinguiu na realidade do que criaram e na falta de disposição de dezenas de milhões de viverem sob seu jugo. Sem embargo, várias de suas críticas ao livre mercado continuam a servir como justificativas para as intrusões do Estado de bem-estar intervencionista em cada canto da sociedade[47]. Ademais, muitos dos argumentos contemporâneos contra a "globalização" frequentemente lembram as críticas levantadas contra os mercados livres e contra o livre comércio pelos nacionalistas e socialistas europeus há cem anos[48].

Os argumentos de Ludwig von Mises em prol da liberdade individual e da economia de mercado que se encontram

---

[47] EBELING, Richard M. "Is the 'Specter of Communism' Still Haunting the World?" *Notes from FEE* (March 2006).

[48] Ver: MULLER, Jerry Z. *The Mind and the Market: Capitalism in Modern European Thought*. New York: Alfred A. Knopf, 2002; BURUMA, Ian & MARGALIT, Avishai. *Occidentalism: The West in the Eyes of Its Enemies*. New York: Penguin Press, 2004.

nas páginas dos já citados livros *Die Gemeinwirtschaft: Untersuchungen über den Sozialismus* [*A Economia Coletiva: Estudos sobre o Socialismo*] de 1922 – lançado em inglês como *Socialism: An Economic and Sociological Analysis* [*Socialismo: Uma Análise Econômica*] –, *Liberalismus* [*Liberalismo*] de 1927, *Kritik des Interventionismus: Untersuchungen zur Wirtschaftspolitik und Wirtschaftsideologie der Gegenwart* [*Crítica ao Intervencionismo: Estudo sobre a Política Econômica e a Ideologia Atuais*] de 1929, *Omnipotent Government* [*Governo Onipotente*] e *Bureaucracy* [*Burocracia*] de 1944, *Planned Chaos* [*Caos Planejado*] de 1947 e *Human Action* [*Ação Humana*] de 1949, bem como de muitas outras obras que continuam a soar verdadeiras, permanecem relevantes para nossa própria época. É isto o que torna seus trabalhos tão importantes agora, no século XXI, tal como o eram quando Mises os escreveu, no transcurso das décadas do século XX.

Meu marido escreveu os ensaios deste livro há mais de cinquenta anos, no início da década de 1920. Os textos foram reunidos e publicados pela Gustav Fischer Verlag no ano de 1929, sob a forma de uma antologia, primeiro em Jena, depois em Stuttgart, com o título *Kritik des Interventionismus: Untersuchungen zur Wirtschaftspolitik und Wirtschaftsideologie der Gegenwart* [*Crítica ao Intervencionismo: Estudo sobre a Política Econômica e a Ideologia Atuais*]. Embora estes artigos se refiram aos problemas econômicos daquela época, os mesmos problemas ainda existem numa forma talvez mesmo mais séria e ameaçadora do que a de antes.

O livro foi recentemente publicado pela editora Wissenschaftliche Buschgesellschaft, em Darmstadt, com um prefácio de um amigo e ex-aluno de meu marido, o ilustre professor Friedrich

Nota Prévia à Edição Norte-americana de 1977

Margit von Mises

August von Hayek (1899-1992), Prêmio Nobel de economia em 1974. A nova edição alemã de 1976 inclui o ensaio "Verstaatlichung des Kredits?" [Nacionalização do Crédito] de 1929, que também aparece nesta tradução.

Estou muito feliz porque esta obra pode ser agora encontrada em inglês. Não sou economista, mas verifiquei os textos destes ensaios em alemão e inglês e congratulo-me com o professor Hans F. Sennholz (1922-2007), a quem pedi que fizesse a tradução, pelo seu brilhante trabalho, em que transpôs as frases longas e complicadas, tão típicas da língua alemã da década de 1920, para um inglês fluente e elegante. Estou orgulhosa por ver o trabalho de meu marido apresentado desta forma para um novo público e espero que tenha ampla aceitação.

Podemos crescer no conhecimento da verdade, mas seus grandes princípios são sempre os mesmos. Os princípios econômicos que Ludwig von Mises (1881-1973), durante a década de 1920, interpretou nestes seis ensaios têm resistido ao teste do tempo, e são tão válidos hoje quanto o foram no passado. É verdade que nomes e lugares mudaram, mas a interdependência inevitável dos fenômenos de mercado é, na década de 1970, a mesma da década de 1920. E é tão válida, hoje, para os americanos, quanto o foi na República de Weimar, para os alemães.

Entretanto, atualmente, a maioria dos cientistas sociais é tão ignorante em relação a essa interdependência de fenômenos econômicos, quanto o foram seus colegas da década de 1920. Eles são estatistas, ou, como o professor Mises preferia chamá-los, *etatists*, que exigem

Introdução à Edição Norte-americana de 1977

Hans F. Sennholz

que o governo assuma responsabilidades cada vez maiores quanto ao bem-estar econômico de seus cidadãos. Independentemente do que os economistas modernos tenham escrito sobre a validade geral das leis econômicas, os estatistas preferem seus julgamentos éticos aos princípios da economia, e o poder político à cooperação voluntária. Estão convencidos de que, sem o controle e as leis do governo, sem um planejamento e uma autoridade centrais, a vida econômica seria selvagem e caótica.

Nessa coletânea de ensaios, Ludwig von Mises dá ênfase, continuamente, ao fato de que a sociedade deve escolher entre dois sistemas de organização social: pode criar uma ordem social baseada na propriedade privada dos meios de produção, ou pode estabelecer um sistema de controle no qual o governo possui ou administra toda produção e distribuição. Não há o terceiro sistema lógico em que uma ordem de propriedade privada estaria sujeita à direção do governo. A "terceira via" conduz ao socialismo porque a intervenção do governo não só é supérflua e inútil, mas também prejudicial. É supérflua na medida em que a interdependência dos fenômenos de mercado circunscreve, estreitamente, a ação individual e as relações econômicas. É inútil porque a direção do governo não pode atingir os objetivos a que se propõe atingir. E é prejudicial porque representa um obstáculo para as atividades produtivas em setores que, do ponto de vista dos consumidores, são mais úteis e valiosos. Além de reduzir a produtividade da mão de obra, um sistema intermediário acabaria redirecionando a produção para as linhas de comando político, deixando preterida a satisfação do consumidor.

E, não obstante, a maioria dos economistas norte-americanos aferrou-se, obstinadamente, à confiança em um sistema intermediário em que todas as leis e todo o controle provêm do governo. Assim como fazem os "socialistas de cátedra'" alemães, cujas doutrinas enfrentam a crítica incisiva do professor von Mises nestas páginas, os economistas do chamado *mainstream* (corrente principal) norte-americano estão procurando a segurança de uma posição intermediária imparcial entre o liberalismo clássico e o comunismo. Mas, embora se sintam seguros nessa posição intermediária, tranquilos por estarem equidistantes dos dois sistemas em confronto, eles, na verdade, preparam o caminho para o socialismo.

Paul A. Samuelson (1915-2009), o economista do *mainstream* por excelência, dedica a obra *Economics*[49] [*Economia*] – livro-texto de milhares de estudantes – à moderna economia

---

[49] SAMUELSON, Paul A. *Economics*. New York: McGraw-Hill Book Co., 1976.

política pós-keynesiana, cujos frutos, de acordo com o autor, são *"o melhor funcionamento da economia mista"*[50]. Assim como os socialistas de cátedra que o antecederam, Samuelson simplesmente ignora os "contra-ataques conservadores contra os economistas da corrente principal". Ele nem define nem descreve estes ataques, que vai repelir num tom de aversão em quatro linhas, sob um título em negrito. Quando existe egoísmo, ignorância e má intenção "não há muita discussão intelectual possível"[51].

Samuelson dedica meia página ao "libertarismo da Escola de Chicago", do qual são partidários homens como Frank H. Knight (1885-1972), Henry Calvert Simons (1899-1946), Friedrich August von Hayek (1899-1992) e Milton Friedman (1912-2006). E, como os socialistas de cátedra, chama os apelos para a liberdade individual de "negativas provocadoras". Descarta Milton Friedman, principal alvo de suas críticas, com uma piadinha cínica: *"Se Milton Friedman nunca tivesse existido, teria de ser inventado"*[52].

Aqueles que propugnam pela detenção e controle governamental total dos meios de produção são tratados com a máxima cortesia e respeito. O manual dedica oito páginas de texto, completadas por oito páginas de anexo, aos "eminentes", "competentes" e "eloquentes" defensores da economia radical, de Karl Marx (1818-1883) a John G. Gurley. Faz constantes citações das obras deles, sem contestar nenhum

---

[50] Idem. *Ibidem.*, p. 845.
[51] Idem. *Ibidem.*, p. 847.
[52] Idem. *Ibidem.*, p. 848.

de seus argumentos. Para Samuelson, assim como para os socialistas de cátedra, Karl Marx *"foi ao mesmo tempo filósofo, historiador, sociólogo e revolucionário. E não cometeu erros. Foi um erudito"*[53]. Samuelson chega a dizer, repetindo Friedrich Engels (1820-1895): *"Marx foi um gênio... nós somos, na melhor das hipóteses, talentosos"*[54].

Se esse é o sistema intermediário, ou uma "economia da corrente principal", o futuro do sistema de propriedade privada norte-americana está obscurecido pelas nuvens negras da política e doutrina marxista. Esta é a razão pela qual a *Kritik des Interventionismus: Untersuchungen zur Wirtschaftspolitik und Wirtschaftsideologie der Gegenwart* [*Crítica ao Intervencionismo: Estudo sobre a Política Econômica e a Ideologia Atuais*] de Ludwig von Mises é tão pertinente e atual hoje quanto o era há meio século.

---

[53] Idem. *Ibidem.*, p. 855.
[54] Idem. *Ibidem.*, p. 853.

"O intervencionismo procura manter a propriedade privada dos meios de produção. No entanto, ordens autoritárias, especialmente proibições, restringem as ações dos proprietários. Se essas restrições fizerem com que todas as decisões importantes sejam tomadas de forma autoritária, se o motivo não é o lucro dos proprietários, capitalistas e empresários, mas razões de Estado, o que vai decidir como e o que deve ser produzido, teremos, então, o socialismo".

Dr. Ludwig Edler von Mises

Após as duas grandes obras sobre as quais Ludwig von Mises (1881-1973) havia estabelecido sua posição como pensador influente no campo da teoria econômica, a saber, *Theorie des Geldes und der Umlaufsmittel* [*A Teoria da Moeda e dos Meios Fiduciários*]⁵⁵, de 1912, e o *Die Gemeinwirtschaft: Untersuchungen über den Sozialismus* [*A Economia Coletiva: Estudos sobre o Socialismo*] de 1922 – lançada em inglês com o título *Socialism: An Economic and Sociological Analysis* [*Socialismo: Uma Análise Econômica*]⁵⁶ – o economista austríaco se

---

[55] A segunda edição em alemão, de 1924, serviu como base para a edição inglesa, lançada em 1934, e disponível, atualmente, na seguinte forma: MISES, Ludwig von. *Theory of Money and Credit*. Pref. Murray N. Rothbard; intr. Lionel Robbins; trad. Harold E. Batson. Indianapolis: Liberty Fund, 1981. (N. E.)

[56] Traduzido para o inglês em 1936, o livro se encontra disponível atualmente nesse idioma na

Prefácio à Edição Alemã de 1976

F. A. Hayek

debruçou, ao longo de muitos anos, predominantemente sobre os problemas daquelas formas intermediárias entre uma economia de mercado pura e uma ordem socialista, as quais se encontravam em claro processo de evolução. Em sua atividade mais importante como consultor financeiro (e principal consultor científico) da Câmara de Comércio de Viena, que lhe deixava pouco tempo para dedicar-se à sua docência como professor particular na Universidade de Viena, ele tinha constantemente de discutir o intervencionismo ensinado pela escola sócio-político-histórica dos economistas alemães, a chamada Escola Historicista Alemã de Economia[57], e, ao lidar com essa literatura, assumia

---

seguinte edição: MISES, Ludwig von. *Socialism: An Economic and Sociological Analysis*. Pref. F. A. Hayek; trad. J. Kahane. Indianapolis: Liberty Fund, 1992. (N. E.)

[57] Sobre a temática, ver: MISES, Ludwig von. *O Contexto Histórico da Escola Austríaca de Economia*. Pref. José Manuel Moreira; apres. Fritz Machlup; introd. Llewellyn H. Rockwell Jr.; posf. Joseph T. Salerno; trad. Isabel Regina Rocha de Sousa. São Paulo: LVM Editora, 2017. (N. E.)

uma postura cada vez mais crítica frente à economia acadêmica da região de língua alemã. Entre os colegas especialistas, teria feito amizade apenas com Max Weber (1864-1920), com quem manteve estreita relação durante o semestre de verão deste em Viena, no ano de 1918, tendo, no entanto, prezado somente alguns poucos, como Heinrich Dietzel (1857-1935), Richard Passow (1880-1949), Ludwig Pohle (1869-1926), Andreas Voigt (1860-1940), Adolf Weber (1876-1963) e Leopold von Wiese (1876-1969), por conta da corajosa oposição deles contra as opiniões predominantes, porém, sem ter podido aprender muito com eles – enquanto, por outro lado, depositava grande valor nos então pouco reconhecidos representantes das gerações anteriores, por exemplo, Johann Heinrich von Thünen (1783-1850), Friedrich Hermann (1795-1868) e Hans von Mangoldt (1824-1858). Ele próprio, como a maioria dos economistas das gerações mais recentes, também havia sido levado a seus estudos pelas aspirações da *Sozialpolitik* e dos Fabianos – como comprovam as opiniões expressas ainda em seus trabalhos iniciais. Então, sobretudo no seminário de Eugen von Böhm-Bawerk (1851-1914) – no qual se sentou ao lado de Joseph Schumpeter (1883-1950) e de outros membros influentes da terceira geração da Escola Austríaca –, vivenciou uma conversão radical ao liberalismo clássico, ao qual seus trabalhos político-econômicos passaram a ser dedicados. Em um dado momento, isso se manifesta já em 1912 no *Theorie des Geldes und der Umlaufsmittel*, tendo sido, então, posteriormente executado no livro *Nation, Staat, und Wirschaft* [*Nação, Estado e Economia*]⁵⁸, de 1919, uma obra rica em ideias, porém, por conta das circunstâncias da época, quase que completamente desapercebido, e encontra seu primeiro grande desenvolvimento no já mencionado *Die Gemeinwirtschaft: Untersuchungen über den Sozialismus*, de 1922. *Liberalismus* [*Liberalismo*]⁵⁹, um livro pequeno, de 1927, provavelmente escrito com relativa pressa, obteve menos êxito.

O livro *Kritik des Interventionismus: Untersuchungen zur Wirtschaftspolitik und Wirtschaftsideologie der Gegenwart* [*Crítica ao Intervencionismo: Estudo sobre a Política Econômica e a Ideologia Atuais*], tornou-se uma discussão com os colegas especialistas alemães, e a vivacidade com a qual Ludwig von Mises se voltava contra figuras influentes como Werner Sombart (1863-1941), Gustav von Schmoller (1838-1917), Lujo Brentano (1844-1931) e Heinrich Herkner (1863-1932) e a qual gerou um embate significativo à época, pode muito bem ser creditada a ele nos dias de hoje como um grande mérito. Eu sei que Mises, também, planejara incluir no volume o ensaio sobre a "Verstaatlichung des Kredits" [Estatização do Crédito], publicado em 1929 no Volume I do novo *Zeitschrift für Nationalökonomie* [*Jornal de Economia*]. Entretanto, isso

---

⁵⁸ Sem tradução para o português até o momento, a obra se encontra disponível em inglês na seguinte edição: MISES, Ludwig von. *Nation, State, and Economy: Contributions to the Politics and History of Our Time*. Ed. Bettina Bien Greaves; trad. Leland B. Yeager. Indianapolis: Liberty Fund, 2006. (N. E.)

⁵⁹ O livro se encontra em língua portuguesa na seguinte edição: MISES, Ludwig von. *Liberalismo: Segundo a Tradição Clássica*. Preâmbulo de Louis M. Spadaro; Prefs. Thomas Woods & Bettina Bien Greaves; trad. Haydn Coutinho Pimenta. São Paulo: Instituto Ludwig von Mises Brasil, 2ª ed., 2010. (N. E.)

não pôde ser realizado devido ao fato de que o editor desse periódico havia perdido o manuscrito e o reencontrou somente quando já era tarde demais – ainda como de costume à época, e facilmente possível graças à caligrafia clara de Mises, um manuscrito autêntico e, portanto, um exemplar único. – O ensaio hoje é parte dessa nova edição.

Ludwig von Mises não era considerado apenas um crítico extremamente pertinaz, mas também um pessimista que, infelizmente, com frequência tinha bastante razão. Alguns outros contemporâneos ainda se recordam de uma ocasião em que, em setembro de 1932, por conta de uma reunião do Comitê da Verein für Sozialpolitik [Associação para Política Social], em Bad Kissingen, um grupo grande de colegas especialistas encontrava-se sentado para um chá em um jardim, quando Mises, repentinamente, perguntou se estavam cientes de que se reuniriam pela última vez. Primeiramente, a observação provocou somente espanto e, posteriormente, risadas, quando o ilustre economista austríaco esclareceu que, após doze meses, Adolf Hitler (1889-1945) estaria no poder. Para os outros integrantes isto soou muito improvável, porém, eles se indagaram sobretudo acerca da razão pela qual a Verein für Sozialpolitik não deveria voltar a reunir-se após Hitler ter ascendido ao poder. Obviamente, a Associação não se reuniria novamente até após o término da Segunda Guerra Mundial!

No entanto, Mises permaneceu em Viena até depois da tomada de poder de Hitler no Reich e, durante esses anos, começou a debruçar-se cada vez mais sobre os fundamentos filosóficos e metodológicos das ciências sociais. Contudo, só pôde dedicar-se inteiramente ao trabalho científico depois de ter ido, em 1934, aos 53 anos, para o Institut Universitaire des Hautes Études Internationales [Instituto Universitário de Estudos Superiores Internacionais], em Genebra. Aos seus principais ensaios, que havia compilado em 1933, ainda na Alemanha, sob o título "Grundlagen der Nationalökonomie" [Fundamentos da Economia Nacional] em um compêndio dos *Untersuchungen der Verfahren, Aufgaben und Inhalt der Wirtschafts und Gesellschaftslehre* [*Estudos sobre Processos, Tarefas e Conteúdo da Teoria Econômica e Social*], seguiu-se, em 1940, seu último grande livro alemão, publicado em Genebra, o *Nationalokönomie: Theorie des Handels und Wirtschaftens* [*Economia Nacional: Teoria da Ação e da Atividade Econômica*], o qual permaneceu inevitavelmente quase que desconhecido na Alemanha.

Após ter passado pelo sul da França, pela Espanha e por Portugal, finalmente, Ludwig von Mises conseguiu chegar, juntamente com a esposa, Margit von Mises (1890-1993), aos Estados Unidos, no verão de 1940, onde, então em Nova York, desenvolveu, por mais de trinta anos, uma atividade de docência e de pesquisa extremamente frutífera. Além de uma edição inglesa do livro *Nationalokönomie*, publicado em 1949, completamente adaptado e intitulado *Human Action: A Treatise on Economics* [*Ação Humana: Um Tratado sobre Economia*][60], merece menção especial o livro *Theory and History: An Interpretation of Social and Economic Evolution* [*Teoria e História: Uma Interpretação da Evolução Social e Econômica*][61], de 1957.

---

[60] O tratado está disponível em português na seguinte edição: MISES, Ludwig von. *Ação Humana: Um Tratado de Economia*. Trad. Donald Stewart Jr. São Paulo: Instituto Ludwig von Mises Brasil, 3ª ed., 2010. (N. E.)

[61] A obra foi lançada em português na seguinte edição: MISES, Ludwig von. *Teo-

Uma lista dos seus trabalhos mais importantes lançados em alemão aparece no livro *Erinnerungen* [*Memórias*][62], de 1940, reeditado em alemão no ano de 1978 pela Gustav Fischer Verlag. Uma bibliografia bastante extensa de todos os seus escritos científicos, organizada, sob a orientação do próprio Ludwig von Mises, por Bettina Bien, foi publicada em 1969 pela The Foundation for Economic Education[63].

---

ria e História: Uma Interpretação da Evolução Social e Econômica*. Pref. Murray N. Rothbard; trad. Rafael de Sales Azevedo. São Paulo: Instituto Ludwig von Mises Brasil, 2014. (N. E.)

[62] Sem tradução para o português até o momento, a obra se encontra disponível em inglês nas seguintes edições: MISES, Ludwig von. *Memoirs*. Pref. Jörg Guido Hülsmann; intr. F. A. Hayek; trad. Arlene Oost-Zinner. Auburn: Ludwig von Mises Institute, 2009; MISES, Ludwig von. *Notes and Recollections with The Historical Setting of the Austrian School of Economics*. Ed. e pref. Bettina Bien Greaves; pref. Margit von Mises; Posf. Hans F. Sennholz. Indianapolis: Liberty Fund, 2013. (N. E.)

[63] A edição mais recente da obra é a seguinte: GREAVES, Bettina Bien & McGEE, Robert W. *Mises: An Annotated Bibliography – A Comprehensive Listing of Books and Articles By and About Ludwig von Mises*. Irvington-on-Hudson: The Foundation for Economic Education, 1993. Um volume complementar foi publicado como: GREAVES, Bettina Bien. *Mises: An Annotated Bibliography 1982-1993 Update*. Irvington-on-Hudson: The Foundation for Economic Education, 1995. (N. E.)

CRÍTICA AO INTERVENCIONISMO
ESTUDO SOBRE A
POLÍTICA ECONÔMICA E IDEOLOGIA ATUAIS

A luta entre nações e estados – e, internamente, entre partidos políticos, grupos de pressão e facções – absorve tanto a nossa atenção que chegamos a negligenciar o fato de que todos os partidos em luta, apesar de suas acirradas batalhas, perseguem objetivos econômicos idênticos. Devemos incluir aqui até mesmo aqueles defensores de uma socialização dos meios de produção que, tendo sido partidários da Segunda e depois da Terceira Internacional, e tendo aprovado a Nova Política Econômica (NEP), renunciaram, pelo menos no presente e num futuro próximo, à concretização do seu programa. Quase todos os teóricos da política econômica e quase todos os estadistas e líderes partidários estão procurando um sistema ideal que acreditam não deva ser nem capitalista nem socialista e que não se baseie na propriedade privada dos meios de produção, nem na

Prefácio do Autor à Edição Alemã de 1929

propriedade pública. Estão procurando um sistema de propriedade que seja contido, regulado e dirigido pela intervenção governamental e por outras forças sociais, tais como os sindicatos. Denominamos tal política econômica de *intervencionismo*, que vem a ser o próprio sistema *de mercado controlado*.

O comunismo e o fascismo estão de acordo no que diz respeito a tal programa, assim como as igrejas e várias seitas cristãs agem da mesma forma que os maometanos do Oriente Médio e da Índia, os hindus, budistas e seguidores de outras culturas asiáticas. E quem quer que analise os programas e ações dos partidos políticos da Alemanha, da Grã-Bretanha e dos Estados Unidos deve concluir que existem diferenças apenas nos métodos de intervencionismo, não na sua lógica.

No todo, os cinco ensaios e artigos deste livro são uma crítica às políticas intervencionistas e as suas ideologias básicas. Quatro deles foram publicados nos últimos anos, três em periódicos acadêmicos e um na quarta edição do *Handwörterbuch der Staatswissenschaften* [*Dicionário Portátil de Ciência Política*]. O segundo ensaio trata, entre outras coisas, das últimas teorias do professor Eugen Schmalenbach (1873-1955), e está sendo publicado pela primeira vez.

Ludwig von Mises
Viena, junho de 1929

Capítulo 1

1 - Intervencionismo como sistema econômico

Desde que os bolchevistas desistiram de realizar o ideal socialista de um sistema social imediato na Rússia e adotaram a Nova Política Econômica (NPE), o mundo inteiro tem apenas um sistema real de política econômica: intervencionismo. Alguns de seus seguidores e defensores consideram-no um sistema temporário que deve ser substituído mais cedo ou mais tarde por outro sistema socialista. Todos os socialistas marxistas, inclusive os bolchevistas, juntamente com os socialistas democráticos de várias convicções, pertencem a este grupo.

---

* Publicado originalmente em alemão como: MISES, Ludwig von. "Interventionismus". *Archiv für Sozialwissenschaft und Sozialpolitik*. Vol. 56 (1926): 610-53. (N. E.)

Intervencionismo*

Outros acreditam que estamos convivendo com o intervencionismo como ordem econômica permanente. Mas, no momento, esta diferença de opinião sobre a duração da política do intervencionismo tem importância meramente acadêmica. Todos os seus seguidores e defensores concordam integralmente que essa seja, de fato, a política correta para as décadas vindouras, até mesmo para as próximas gerações. E todos concordam que o intervencionismo constitui uma política econômica que prevalecerá num futuro previsível.

O intervencionismo procura manter a propriedade privada dos meios de produção. No entanto, ordens autoritárias, especialmente proibições, restringem as ações dos proprietários. Se essas restrições fizerem com que todas as decisões importantes sejam tomadas de forma autoritária, se o motivo não é o lucro dos proprietários, capitalistas e empresários, mas razões de Estado, o que vai decidir como e o que deve ser produzido, teremos, então, o socialismo, mesmo que se continue a empregar a expressão "propriedade privada". Othmar Spann (1878-1950) está inteiramente certo quando diz que tal sistema é *"um sistema de propriedade privada em sentido formal, mas socialismo na sua essência"*[64]. A propriedade pública dos meios de produção nada mais é do que socialismo, ou comunismo.

Entretanto, o intervencionismo não pretende ir tão longe. Não procura eliminar a propriedade privada da produção, mas apenas limitá-la. Por um lado, considera a propriedade privada ilimitada prejudicial à sociedade, e, por outro, considera que uma ordem baseada apenas na propriedade pública não é totalmente viável, pelo menos por enquanto. Procura, portanto, criar uma terceira ordem: um sistema social intermediário entre a propriedade privada e a propriedade pública. Desta forma, procura evitar os "excessos" e males do capitalismo, mantendo, contudo, as vantagens da iniciativa e indústria privadas, que o socialismo não pode gerar.

Aqueles que são favoráveis a que a propriedade privada seja dirigida, regulada e controlada pelo Estado e por outras instituições de cunho social fazem exigências idênticas às que sempre foram feitas por líderes políticos e pelas massas. Quando ainda não se conhecia a economia, e o homem ignorava que os preços das mercadorias não podem ser "estabelecidos" arbitrariamente, por serem rigorosamente determinados pela situação do mercado, os governos procuravam, por mecanismos de controle, regular a vida econômica. Foi a economia clássica a que revelou que todas essas intervenções no funcionamento do mercado nunca conseguem atingir os

---

[64] SPANN, Othmar. *Der wahre Staat*. Leipzig: Quelle & Meyer, 1921. p. 249.

objetivos que as autoridades almejam. Consequentemente, o antigo liberalismo, cujas políticas econômicas se fundamentaram em ensinamentos da economia clássica, rejeitou categoricamente todas essas intervenções. *Laissez faire et laissez passer!* Nem mesmo os socialistas marxistas discordaram dos liberais clássicos na análise do intervencionismo. Procuravam demonstrar como eram absurdas todas as propostas intervencionistas, rotulando-as de "burguesas". A ideologia hoje em voga no mundo recomenda justamente esse sistema de política econômica, que foi rejeitado tanto pelo liberalismo clássico quanto pelo marxismo antigo.

2 - A NATUREZA DA INTERVENÇÃO

A questão do intervencionismo não deve ser confundida com a do socialismo. Não estamos discutindo se o socialismo é ou não, de alguma forma, concebível ou realizável. Neste momento, não estamos tentando questionar se a sociedade humana pode basear-se na propriedade pública dos meios de produção. O problema que se nos apresenta é o seguinte: quais são as consequências das intervenções do governo e de outras instâncias no sistema de propriedade privada? Será possível conseguir o resultado que se espera dessas intervenções?

É hora, portanto, de definir mais precisamente o conceito de "intervenção".

1. Medidas que são tomadas com o fim de preservar e assegurar a propriedade privada não são propriamente intervenções.

Isso é tão evidente que dispensa maiores explicações, muito embora não seja totalmente redundante, visto que o problema em questão é frequentemente confundido com o do anarquismo. Costuma-se argumentar que, se o Estado deve proteger a propriedade privada, também serão permitidas, consequentemente, maiores intervenções por parte do governo. O anarquista, que rejeita qualquer espécie de ação do Estado, é considerado coerente. Mas aquele que percebe corretamente a impraticabilidade do anarquismo e defende uma organização estatal, com os correspondentes mecanismos de correção, a fim de assegurar a cooperação social, é considerado incoerente, quando restringe o governo a uma função limitada.

Obviamente, esse raciocínio foge completamente do assunto em questão. Não estamos discutindo se a cooperação social pode ou não existir sem a estrutura coercitiva, seja essa o Estado, seja o governo. É nossa intenção apenas discutir se há apenas duas possibilidades concebíveis de organização social com divisão de trabalho, quais sejam, a ordem de propriedade pública e a de propriedade privada – independente do sindicalismo – ou se há, ainda, um terceiro sistema tal como o pretendido pelos intervencionistas, isto é, uma ordem de propriedade privada regulamentada pela intervenção do governo. Incidentalmente, devemos distinguir, cuidadosamente, entre a questão de o governo ser ou não necessário e a questão de em que casos a autoridade do governo é admissível. O fato de a vida social não poder prescindir dos instrumentos de coerção do governo não pode ser usado para se concluir, também, que o controle da consciência, a censura e medidas semelhantes sejam desejáveis, ou que certas medidas de economia sejam necessárias, úteis, ou apenas exequíveis.

Os regulamentos que visam à preservação da concorrência não se incluem, absolutamente, no conjunto dessas medidas que asseguram a propriedade privada. É um erro corriqueiro considerar a concorrência entre diversos produtores de um mesmo produto como a essência da ordem econômica liberal ideal. Na verdade, o cerne da teoria do liberalismo clássico é a propriedade privada, e não um conceito deturpado de livre concorrência. Por exemplo, não importa quantas gravadoras existam; o que importa é que haja mais meios de produção de discos nas mãos de particulares do que nas do governo. Esse equívoco, juntamente com uma interpretação de liberdade influenciada pela filosofia dos direitos naturais, levou a tentativas de impedir, através de leis contra cartéis e trustes, o desenvolvimento de grandes empresas. Não precisamos aqui discutir o objetivo de tal política. Mas devemos observar que nada é menos importante para a compreensão dos efeitos econômicos de uma determinada medida do que sua aceitação ou rejeição por alguma teoria jurídica.

A jurisprudência, a ciência política e o ramo científico da política não podem oferecer quaisquer informações que possam ser usadas para uma decisão no que diz respeito aos prós e contras de determinada diretriz política. Não importa que esse pró ou aquele contra correspondam a alguma lei ou documento constitucional, mesmo que este seja tão venerável e famoso como a Constituição dos Estados Unidos da América do Norte. A legislação do homem, quando se mostra inadequada para suas finalidades, deve ser mudada.

Um debate sobre a conveniência de uma determinada política jamais pode aceitar o argumento de que essa política se opõe ao estatuto, lei ou constituição. Isso é tão óbvio que, não fosse pelo fato de ser frequentemente esquecido, não precisaria ser mencionado. Os escritores alemães procuraram chegar à política social a partir das características do estado prussiano e da "realeza social". Nos Estados Unidos, o atual debate econômico ora usa argumentos provenientes da Constituição, ora parte para uma interpretação dos conceitos de liberdade e democracia. A notável teoria sobre intervencionismo apresentada pelo professor John R. Commons (1862-1945) baseia-se fundamentalmente nesse raciocínio e tem uma grande importância prática, na medida em que representa a filosofia do partido progressista de Robert M. La Follette (1855-1925) e as diretrizes do estado de Wisconsin. A autoridade da Constituição americana limita-se à União. Mas, em termos locais, os ideais de democracia, liberdade e igualdade prevalecem e dão origem, conforme podemos observar em toda parte, à tentativa de abolição da propriedade privada ou sua "limitação". Essas questões, no entanto, não cabem na presente análise;

2. A socialização parcial dos meios de produção não nos parece ser intervenção. O conceito de intervenção pressupõe que a propriedade privada não é abolida, que continua existindo de fato, não é uma mera denominação. A nacionalização de uma estrada de ferro não é uma intervenção, mas o decreto

que manda uma empresa reduzir as taxas de frete além do que ela pretendia é uma intervenção;

3. As medidas governamentais que lançam mão de recursos de mercado — isto é, que procuram influenciar a demanda e a oferta através de alterações dos fatores de mercado — não estão incluídas nesse conceito de intervenção. Se o governo comprar leite no mercado, a fim de vendê-lo bem barato para mães necessitadas, ou, mesmo, a fim de distribuí-lo de graça, ou se o governo subsidiar instituições educacionais, não há intervenção. (Voltaremos, mais adiante, à questão de saber se o método pelo qual o governo adquire os meios para essas medidas constitui "intervenção"). Entretanto, a imposição de preços máximos para o leite significa intervenção.

Intervenção é uma norma restritiva imposta por um órgão governamental, que força os donos dos meios de produção e empresários a empregarem estes meios de uma forma diferente da que empregariam. Uma "norma restritiva" é uma regra que não faz parte de um esquema socialista de regras, ou seja, de um esquema de regras que regulamenta toda a produção e distribuição, substituindo, desta forma, a propriedade privada dos meios de produção pela propriedade pública desses meios. As regras da economia privada podem ser muito numerosas, mas, como não visam direcionar toda a economia e substituir a motivação para o lucro dos indivíduos pela obediência, enquanto força geradora de atividade humana, devem ser consideradas como normas limitadas. Por "meios de produção" entendemos todos os bens classificáveis em categorias mais elevadas, inclusive os estoques de produtos acabados que, estando na posse dos comerciantes, ainda não chegaram aos consumidores.

Devemos distinguir dois grupos dessas regras. Um deles reduz ou impede, diretamente, a produção econômica (no sentido mais amplo da palavra, inclusive a colocação dos bens de consumo). O outro procura fixar preços que diferem dos preços de mercado. Ao primeiro denominamos grupo de "restrições de produção"; ao segundo, geralmente conhecido como grupo de controles de preços, denominamos grupo de "interferência na estrutura de preços"[65].

3 - Restrições de produção

A economia não precisa apontar o efeito imediato das restrições de produção. O governo ou qualquer outro órgão de coerção pode, logo de início, chegar ao que se propõe, pela intervenção. Mas saber se ele pode atingir seus objetivos a médio e longo prazo através da intervenção é outra questão. E deve-se investigar melhor se o resultado vale o custo, ou seja, se a autoridade intervencionista procederia à intervenção, caso tivesse pleno conhecimento dos custos envolvidos. Uma taxa de importação, por exemplo, é certamente prática, e seu

---

[65] Pode provocar alguma dúvida a conveniência de um terceiro grupo: interferência pela taxação, que consiste em expropriação de alguma riqueza ou renda. Não levamos em consideração este grupo porque os efeitos dessa intervenção podem, em parte, ser idênticos aos das restrições de produção, e, em parte, influenciar a distribuição da renda da produção, sem redirecionar a produção em si.

efeito imediato pode corresponder ao objetivo do governo. Mas isso não quer dizer que essa taxa venha, de fato, atingir o objetivo final do governo. Nesse ponto começa o trabalho do economista. O propósito dos teóricos do livre comércio não foi demonstrar que as tarifas são impraticáveis ou nocivas, mas que elas têm consequências imprevistas e não atingem, nem podem atingir, o que seus defensores esperam delas. Observaram também que tarifas protecionistas, bem como todas as outras restrições de produção, reduzem a produtividade da mão de obra humana – o que é ainda mais significativo. O resultado é sempre o mesmo: um determinado investimento de capital e trabalho rende menos com a restrição do que sem ela, ou seja, desde o início, se investe menos capital e trabalho na produção. Isso ocorre no caso de tarifas protecionistas que obrigam o cultivo em solo menos fértil, enquanto a terra mais fértil fica abandonada, e, também, no caso em que há restrições de classe com relação a atividades comerciais e à ocupação das terras (tais como os certificados de qualificação para certas ocupações na Áustria, ou os incentivos fiscais concedidos a pequenas empresas). Essas restrições de classe acabam priorizando atividades menos produtivas, em detrimento das mais produtivas. Finalmente, o rendimento do capital e do trabalho é menor quando se reduz a quantidade de mão de obra disponível, na medida em que se impõe limitação de jornada de trabalho e se cerceia o emprego de determinado tipo de mão de obra (mulheres e crianças).

É perfeitamente possível que o governo venha a interferir mesmo no caso de estar totalmente ciente das consequências. Essa interferência pode-se dar a partir da expectativa de atingir outros objetivos, não puramente econômicos, considerados mais importantes do que a esperada redução da produção. No entanto, é difícil acreditar que isso ocorra. O fato é que todas as restrições relativas à produção são apoiadas inteira ou parcialmente em alegações que pretendem provar que elas aumentam a produtividade, e não que a reduzem. A própria legislação que reduz a mão de obra de mulheres e crianças foi aprovada por se acreditar que traria desvantagens apenas para empresários e capitalistas: os grupos de mão de obra protegidos teriam de trabalhar menos.

As obras dos Socialistas de Cátedra têm sido corretamente criticadas pelo fato de que, numa análise final, não têm nenhum conceito objetivo de produtividade e de que suas ponderações, em relação às metas econômicas, são subjetivas.

Quando afirmamos, porém, que as restrições à produção reduzem a produtividade da mão de obra, ainda não entramos no campo em que diferenças de opiniões subjetivas impedem que se considerem os fins e os meios de ação. Quando a formação de blocos econômicos quase autônomos prejudica a divisão internacional do trabalho, impedindo as vantagens decorrentes de ter uma produção especializada em grande escala e de empregar a mão de obra nos pontos mais vantajosos, vamos enfrentar consequências desagradáveis, a respeito das quais as opiniões da maioria dos habitantes da Terra certamente coincidem. Sem dúvida, alguns podem acreditar que as vantagens da autonomia excedem as desvantagens. No debate dos prós e contras, os defensores dessa tese afirmam despudoradamente que a autonomia não diminui a quantidade e nem a qualidade dos bens econômicos ou, então, nem mesmo falam sobre isto de forma aberta e clara. É óbvio, porém, que estão todos inteiramente cientes de que a propaganda que fazem seria menos eficiente se tivessem de admitir toda a verdade sobre as consequências.

Qualquer restrição de produção prejudica diretamente uma parte dessa produção, assim como impede que determinadas oportunidades de emprego sejam franqueadas aos bens de categoria superior (terra, capital, mão de obra). Nenhum decreto governamental pode criar coisa alguma que já não tenha sido criada antes. Apenas os inflacionistas ingênuos acreditam que o governo pode enriquecer a humanidade através de emissão de dinheiro. O governo não pode criar coisa alguma; suas ordens não podem nem mesmo expropriar nada que pertença ao mundo da realidade, mas podem expulsar qualquer coisa do mundo do permissível. O governo não é capaz de tornar o homem mais rico, mas pode empobrecê-lo.

Quanto à maioria das restrições de produção, isso tudo se torna tão evidente que os responsáveis raramente ousam exigir abertamente para si os créditos das restrições que impõem. Muitas gerações de autores economistas têm procurado, em vão, demonstrar que as restrições de produção não reduzem a quantidade e a qualidade da produção. Não é o caso de voltarmos a ter a preocupação com justificativas a medidas protecionistas, procedentes de um ponto de vista puramente econômico. Há um único aspecto favorável às medidas protecionistas: os sacrifícios que impõem podem ser compensados por outras vantagens, não econômicas, como, por exemplo, do ponto de vista nacional e militar, poderia ser, de alguma forma, desejável o isolamento de um país do resto do mundo[66].

Na verdade, dificilmente se pode deixar de levar em consideração o fato de que as restrições à produção sempre reduzem a produtividade da mão de obra, diminuindo, desta forma, o dividendo social. Por isso mesmo, ninguém ousa defender as restrições como um sistema de política econômica à parte. Seus defensores — pelo menos a maioria deles — estão agora as promovendo como simples complementos da interferência do governo na estrutura de preços. A tônica do sistema intervencionista é a intervenção nos preços.

4 - Intervenção nos preços

A intervenção nos preços visa determinar preços diferentes daqueles que seriam determinados pela ação do mercado.

Quando é o mercado livre que determina os preços, se o governo não interferir, o preço do produto cobre os custos de produção. Se o governo fixar um preço mais baixo, os lucros serão inferiores ao custo de produção. Os comerciantes e produtores venderão então apenas as mercadorias perecíveis,

---

[66] Para uma crítica destas noções, especialmente com relação às políticas alemãs, a partir da década de 1870, ver: MISES, Ludwig von. *Nation, Staat und Wirtschaft*. Wien: Manzsche Verlags, 1919. p. 56 ss. [Sem tradução para o português até o momento, a obra se encontra disponível em inglês na seguinte edição: MISES, Ludwig von. *Nation, State, and Economy: Contributions to the Politics and History of Our Time*. Ed. Bettina Bien Greaves; trad. Leland B. Yeager. Indianapolis: Liberty Fund, 2006. (N. E.)].

as que rapidamente perdem seu valor, guardando as outras para épocas mais favoráveis, quando, afortunadamente, seja suspenso o controle. Se o governo quiser evitar que as mercadorias desapareçam do mercado – uma consequência de sua própria intervenção – não pode limitar-se a determinar o preço: terá de exigir, simultaneamente, que todos os suprimentos existentes sejam vendidos pelos preços que determinou.

Nem mesmo essa medida resolveria o problema. Na vigência ideal das leis do mercado, oferta e demanda coincidem. No momento em que o governo decreta um preço mais baixo, a demanda passa a ser maior, e a oferta continua inalterada. Consequentemente o suprimento existente não será suficiente para atender à demanda pelo preço fixado. Parte da demanda deixará, então, de ser atendida. O mecanismo do mercado, que normalmente aproxima demanda e oferta pelas mudanças de preços, para de funcionar. Os consumidores que querem pagar o preço oficial ficam de mãos vazias, porque os primeiros compradores ou aqueles que conheciam pessoalmente os vendedores terão comprado o estoque inteiro. Assim, se o governo quiser evitar as consequências de sua própria intervenção – que, afinal, são exatamente o contrário do que pretendia – deve lançar mão do racionamento como medida complementar ao controle de preços e de ordens de liberação dos estoques. Dessa forma, é o governo que vai determinar a quantidade de um produto que pode ser vendida para cada comprador, ao preço tabelado.

Um problema muito mais difícil de resolver surge, quando os estoques, que existiam no momento da intervenção nos preços, se esgotam. Como a produção não é mais lucrativa ao preço fixado, ela é reduzida ou mesmo interrompida. Ora, se o governo quiser que a produção tenha continuidade, terá de não só forçar os produtores a não interrompê-la, mas também controlar os preços das matérias-primas, dos produtos semiacabados e salários. Esse controle, porém, não pode ser exercido apenas sobre algumas indústrias cujos produtos o governo acha que são, especialmente, importantes. Deve abranger todos os ramos da produção, os preços de todas as mercadorias, todos os salários, e as medidas econômicas tomadas por todos os empresários, capitalistas, proprietários e trabalhadores. Se alguma indústria permanecer fora do controle governamental, o capital e a mão de obra vão atuar livremente, frustrando, consequentemente, o propósito inicial da intervenção do governo. O governo – a quem certamente interessaria um considerável estoque dos produtos que julga essenciais, a ponto de procurar regulamentá-lo – não pode admitir que esses produtos desapareçam, por causa da intervenção[67].

Nossa análise revela que, num sistema de propriedade privada, a intervenção isolada não consegue atingir os objetivos traçados pelos responsáveis. Sob seu ponto de vista a intervenção é não só inútil, mas também uma

---

[67] Em relação à eficácia de controles de preços *versus* preços monopolizadores, ver: MISES, Ludwig von. "Preistaxen: I. Theorie". *In: Handwörterbuch der Staatswissenschaften*. Jena: Gustav Fischer, 4ª ed., 1923. Vol. 6, pp. 1061-62. Esse ensaio também consta neste livro como o capítulo 5. Para entender o controle de preços que visa ao estabelecimento de preços monopolísticos, não nos devemos deixar influenciar pela terminologia popular, que vê "monopólios" em toda parte, mas trabalhar com os conceitos estritamente econômicos de monopólio.

medida inteiramente inadequada, já que agrava o "mal" que se pretendia eliminar. Antes da fixação dos preços, os bens de consumo eram extremamente caros, na opinião das autoridades. Com os preços tabelados, esses bens desaparecem do mercado, embora não fosse essa a intenção das autoridades, quando resolveram baixar o preço para os consumidores. Pelo contrário, as autoridades governamentais julgam que a escassez e a incapacidade de encontrar um suprimento têm de ser encarados como o maior problema. Nesse sentido, pode-se afirmar que intervenção limitada não é lógica nem adequada e que o sistema econômico que funciona através dessas intervenções não é exequível nem adequado, pois contradiz a lógica econômica.

Se o governo não se mostrar inclinado a melhorar a situação, retirando a intervenção limitada e suspendendo o controle de preços, o primeiro passo deve ser seguido de outros. Ao decreto que estabelece os preços máximos devem-se seguir, não apenas decretos relativos à venda de todos os estoques existentes e à introdução do racionamento, mas também medidas para o controle de preços de bens de categorias superiores, para o controle de salários e, finalmente, deve exigir trabalho compulsório para homens de negócios e trabalhadores. Tais decretos não podem restringir-se a uma única indústria, ou a algumas indústrias, mas devem abranger todos os ramos da produção. Não há outra escolha: ou o governo abandona a interferência restritiva nas forças de mercado, ou assume o controle total da produção e da distribuição. Ou o capitalismo ou o socialismo; não há meio-termo.

Vamos tomar outro exemplo: o salário mínimo e o controle de salários. Não importa se é o governo que impõe esse controle diretamente, ou se ele é imposto por sindicatos que, através de pressões e ameaças, impedem que os empregadores contratem trabalhadores dispostos a trabalhar por salários mais baixos[68]. Quando os salários se elevam, também se elevam os custos de produção e, consequentemente, os preços. Se esses assalariados fossem os únicos consumidores dos produtos finais, na qualidade de compradores, o aumento dos salários reais, por esse método, não seria possível: os trabalhadores perderiam, enquanto consumidores, o que ganhassem a título de aumento de salários. É preciso, porém, considerar que há, também, consumidores cuja renda provém de bens imóveis e de atividade empresarial. A elevação dos salários não aumenta suas rendas; não podendo pagar os preços mais altos, eles terão de reduzir seu consumo. A redução da demanda leva à dispensa de trabalhadores. Se a coerção dos sindicatos não surtisse efeito, os desempregados pressionariam o mercado de trabalho, que reduziria os salários, artificialmente elevados ao nível normal de mercado. Essa saída,

---

[68] Deve-se observar que a questão que estamos examinando aqui não é a de se os níveis salariais podem ou não ser elevados permanente e universalmente pela negociação coletiva. Queremos avaliar as consequências de uma alta geral de salário obtida artificialmente por pressão. Para evitar o surgimento de uma dificuldade teórica relacionada ao dinheiro, tal como a impossibilidade de haver um aumento geral nos preços sem que haja uma alteração na razão entre a quantidade de dinheiro e sua demanda, é preciso pressupor que, juntamente com a alta de salários, se vá verificar uma redução correspondente na demanda pelo dinheiro através de redução nas reservas de caixa (por exemplo, em consequência de pagamentos adicionais).

contudo, foi bloqueada. O desemprego, fenômeno de atrito, que logo desaparece numa ordem de mercado livre, toma-se uma instituição permanente, quando há intervencionismo.

Como o governo não tinha a intenção de criar tal situação, vê-se obrigado a intervir de novo. Força os empregadores a readmitir os trabalhadores desempregados e a pagar os salários fixados, ou, então, a pagar impostos a título de compensação do desemprego. Tal gravame consome a renda dos proprietários, ou, no mínimo, a reduz drasticamente. É muito possível que a renda dos empresários e proprietários não possa cobrir essas despesas: será necessário, então, utilizar o capital para cobri-las. Ora, se a renda não proveniente de trabalho tiver de cobrir esses ônus, conclui-se que isso conduz a um dispêndio do capital. Capitalistas e empresários também precisam consumir e viver, mesmo que não tenham renda. Vão lançar mão do capital e, assim, enfrentar uma descapitalização. Entretanto, não é conveniente nem lógico privar empresários, capitalistas e proprietários de terra de suas rendas e, ao mesmo tempo, deixar em suas mãos o controle dos meios de produção. É também evidente que a descapitalização acaba por reduzir os salários. Se a estrutura salarial do mercado não for aceitável, todo o sistema da propriedade privada terá de ser abolido. Os controles dos salários podem elevá-los apenas temporariamente, e à custa de futuras reduções salariais.

A questão do controle de salários é, hoje, de tão grande importância que devemos analisá-la, ainda, sob outro prisma, qual seja, o da troca internacional de mercadorias. Suponhamos que haja uma troca de mercadorias entre dois países: a

Atlântida e Tule. A Atlântida fornece produtos industriais, e Tule produtos agrícolas. Influenciado por Friedrich List (1789-1846)[69], o governo de Tule começa a achar necessário fomentar a indústria do país, por meio de tarifas protecionistas. Essas medidas e o programa de industrialização de Tule acarretarão uma queda no volume de importação e exportação: menos produtos industriais serão importados da Atlântida, e menos produtos agrícolas serão exportados para aquele país. Os dois países satisfazem, assim, o desejo de atingir um maior nível de produção interna, o que vem a tornar o volume do produto social inferior ao que costumava ser, na medida em que as condições de produção passam a ser menos favoráveis.

Isso pode ser explicado da seguinte forma: numa reação às taxas de importação estabelecidas por Tule, a indústria de Atlântida baixa seus salários. É impossível, porém, compensar todo o ônus acarretado pela medida, com salários mais baixos. Quando os salários começam a cair, torna-se lucrativa a expansão da produção de matérias-primas. Por outro lado, a redução nas vendas de produtos agrícolas dos habitantes de

---

[69] Friedrich List foi um economista alemão defensor do uso de tarifas protecionistas, de gastos estatais em infraestrutura e do controle governamental da economia como meios necessários para estimular o desenvolvimento da indústria nacional, cuja obra *Das Nationale System der Politischen Ökonomie* [*Sistema Nacional de Economia Política*] foi até meados do século XX um dos trabalhos econômicos mais traduzidos e comercializados em outros idiomas, ficando atrás somente das principais obras marxistas. O livro foi lançado em português como parte da coleção "Os Economistas" na seguinte edição: LIST, Georg Friedrich. *Sistema Nacional de Economia Política*. Apres. de Cristovam Buarque; trad. Luiz João Baraúna. São Paulo: Abril Cultural, 1983. (N. E.)

Tule para os de Atlântida tende a baixar os salários na produção de matéria-prima de Tule, o que proporciona à indústria de Tule a oportunidade de competir com a de Atlântida pelos custos mais baixos de mão de obra. É evidente que além da baixa no rendimento do capital da indústria em Atlântida e da queda de rentabilidade da terra em Tule, os salários, em ambos os países, devem cair. Consequentemente, a baixa na renda corresponde à baixa do produto social.

Mas a Atlântida é um país "socialista". Os sindicatos impedem uma redução dos salários. Os custos de produção da indústria de Atlântida permanecem nos mesmos níveis da fase pré-impostos de importação. Quando as vendas em Tule baixam, a indústria de Atlântida é obrigada a dispensar alguns operários. O seguro-desemprego evita que o operário não alocado se volte para a agricultura; o desemprego, portanto, torna-se uma instituição permanente[70].

Na Grã-Bretanha, a exportação de carvão tem diminuído. Como os mineiros desnecessários não podem emigrar – pois os outros países não os querem – eles procuram indústrias britânicas que estejam expandindo-se para compensar a diminuição das importações decorrentes do declínio nas exportações. Esse fluxo pode ser provocado por uma redução

---

[70] Sobre a questão de como um acordo coletivo pode elevar temporariamente os índices salariais, ver o seguinte ensaio de minha autoria: MISES, Ludwig von. "Die allgemeine Teuerung im Lichte der theoretischen Nationalökonomie". *Archiv für Sozialwissenschaft und Sozialpolitik.*, Vol. 37 (1913): 557-77. Sobre as causas do desemprego, ver: VERRIJN STUART, Coenraad Alexander. *Die heutige Arbeislosigkeit im Lichte der Welwirtschaftschaltsiage.* Jena: G. Fischer, 1922. p. 1ss; ROBBINS, Lionel. *Wages: An Introductory Analysis of the Wage System under Modern Capitalism.* London: Jarrolds, 1926. p. 58ss.

de salários dos mineiros de carvão. Mas os sindicatos podem impedir, durante anos, se bem que temporariamente, esse ajuste inevitável. Em resumo, um desequilíbrio na divisão internacional do trabalho pode causar uma deterioração nos padrões de vida, que será tanto maior quanto maior tiver sido a depreciação do capital em função de uma intervenção de caráter "social".

A indústria austríaca passa por dificuldades porque outros países vêm continuamente elevando suas taxas de importação sobre produtos austríacos e impondo cada vez mais restrições à importação, tal como o controle cambial. Em reação a essa elevação de tarifas, se sua própria carga de impostos não for reduzida, a Áustria se verá obrigada a reduzir os salários. Todos os outros fatores de produção são inalteráveis. A matéria-prima e os produtos semiacabados têm de ser adquiridos no mercado internacional. Os lucros empresariais e as taxas de juros devem corresponder às condições do mercado internacional, uma vez que se investe mais capital estrangeiro na Áustria do que capital austríaco no exterior. Apenas os salários são fixados em nível nacional, porque a emigração de operários austríacos sempre encontra obstáculos político-"sociais" no exterior. Apenas os níveis salariais podem cair. Políticas que defendam altos níveis salariais artificiais e a concessão de seguro-desemprego só servem para gerar mais desemprego.

É absurdo exigir a elevação dos salários na Europa, só porque os salários nos Estados Unidos são mais altos que os europeus. Se as barreiras à imigração para os Estados Unidos, Austrália etc. fossem suspensas, os trabalhadores europeus poderiam emigrar, o que gradativamente levaria a uma uniformização internacional dos níveis salariais.

O desemprego permanente de centenas de milhares e milhões de pessoas, de um lado, e a depreciação do capital do outro, são consequências da elevação artificial dos salários, pelos sindicatos, e do seguro-desemprego, ambos resultantes do intervencionismo.

5 - A Destruição Resultante da Intervenção

Pode-se compreender a história das últimas décadas a partir de um simples exame das consequências da intervenção estatal nas operações econômicas da iniciativa privada. Desde o desaparecimento do liberalismo clássico, o intervencionismo tem sido a essência da política em todos os países da Europa e da América.

O leigo em economia observa apenas que as "partes interessadas" conseguem, frequentemente, escapar às restrições da lei. O fato de que o sistema funciona precariamente é censurado exclusivamente quanto à lei, que não é aplicada com profundidade e suficiência, e à corrupção, que impede esta aplicação. O próprio fracasso do intervencionismo vem reforçar a convicção do leigo de que a iniciativa privada deve ser rigorosamente controlada. A corrupção dos órgãos controladores não abala a confiança cega na infalibilidade e perfeição do Estado; apenas provoca grande aversão pelos empresários e capitalistas.

Entretanto, a violação da lei não é simplesmente um mal que precisa ser erradicado para que se crie um paraíso na terra, não é um mal que nasce da fraqueza humana, extremamente difícil de ser exterminado, como os estadistas tão ingenuamente proclamam. Se todas as leis intervencionistas fossem realmente observadas, levariam a uma situação de absurdo. Todas as engrenagens acabariam parando, emperradas pelo braço forte e inoperante do governo.

Hoje em dia, o problema pode ser visto desta forma: fazendeiros e produtores de laticínios unem-se para provocar a subida do preço do leite. Vem, então, o Estado, interessado no bem-estar social, tranquilizar a todos colocando o interesse comum acima do interesse particular, o ponto de vista da economia pública acima do interesse da iniciativa privada. Dissolve o "cartel do leite", estabelece preços máximos e enquadra criminalmente os violadores das regras estabelecidas pelo intervencionismo. Como o leite não fica tão barato quanto os consumidores pretendiam, as críticas se voltam contra as leis, que não são suficientemente rigorosas, contra as medidas, ainda não muito severas, de combate ao não cumprimento das leis. Como é muito difícil lutar contra os interesses pelo lucro de certos grupos de pressão, que são prejudiciais ao público, faz-se necessário reforçar e executar as leis implacavelmente, sem quaisquer considerações.

Na verdade, a situação real é bem diferente. Se os preços máximos forem efetivamente mantidos à custa de fiscalização, o fornecimento de leite e seus derivados às cidades acabará sendo interrompido. Pouco ou nenhum leite chegará ao mercado. O consumidor, aliás, ainda consegue leite, porque as leis são burladas. Se aceitarmos do Estado o antagonismo inadmissível e capcioso que ele aponta, entre interesses públicos e privados, chegaremos à conclusão de que o vendedor de leite que viola a lei está servindo ao interesse público e o funcionário do governo que procura manter à força o preço tabelado está, na verdade, agindo contra esse interesse.

Evidentemente, o negociante que, a fim de produzir, viola as leis e suas regulamentações e produz, apesar dos obstáculos governamentais, não leva em conta aquelas considerações a respeito do interesse público, de que tanto abusam os próprios "defensores" desse interesse. Ele é movido pelo desejo de ter lucro ou de, pelo menos, evitar o prejuízo que teria se obedecesse à lei. A opinião pública, que se mostra indignada com a vileza de tal motivação e com a iniquidade de tais atitudes, não consegue compreender que a impraticabilidade dos decretos e proibições logo levaria a uma catástrofe, por ser sistemático esse desrespeito às ordens e proibições governamentais. A opinião pública espera que o cumprimento rigoroso da regulamentação das leis governamentais criadas "para a proteção dos fracos" seja a salvação. Censura o governo apenas porque ele não é suficientemente forte para fazer aprovar todas as regulamentações necessárias e porque ele não confia a execução das leis e decretos às mais capazes e íntegras pessoas. Os problemas básicos do intervencionismo não são absolutamente questionados. Aquele que timidamente ousa duvidar de alguma justificativa das restrições impostas aos capitalistas e empresários será com toda a certeza, ou tachado de mercenário, que só pensa em seus interesses particulares

– aliás, sempre considerados extremamente prejudiciais para a sociedade como um todo – ou, então, na melhor das hipóteses, tratado com mudo desprezo. Até mesmo, numa análise dos métodos de intervencionismo, aquele que não quiser pôr em risco sua reputação e, principalmente, sua carreira, deve usar de muita cautela. Qualquer pessoa pode facilmente cair na terrível suspeita de servir aos interesses do "capital". E quem lançar mão de argumentos econômicos não há de conseguir escapar dessa suspeita.

Na verdade, a opinião pública não está errada em suspeitar de corrupção em todos os cantos do Estado intervencionista. A corruptibilidade dos políticos, deputados e funcionários é a própria base do sistema. Sem ela, o sistema se desintegraria e seria substituído ou pelo socialismo ou pelo capitalismo. O liberalismo clássico considerava melhores as leis que não propiciavam total plenipotência às autoridades executivas, por diminuírem as ocasiões de arbitrariedades e abusos. O Estado moderno, ao contrário, procura expandir essa plenipotência; tudo deve ser deixado a critério dos funcionários competentes.

Não podemos, aqui, investigar o impacto da corrupção nos costumes públicos. É lógico que nem os que subornam nem os que se deixam subornar se dão conta de que é seu tipo de comportamento que preserva o sistema, considerado certo pela opinião pública e por eles próprios. Eles estão conscientes de que, com a violação da lei, o bem-estar público fica prejudicado. No entanto, com a constante violação das leis criminais e dos decretos éticos, eles acabam perdendo a capacidade de distinguir o certo do errado, o bem do mal. Se, na verdade, são poucos os bens de consumo que podem ser produzidos ou vendidos sem que se tenha de violar alguma norma, a desobediência à lei e à autoridade torna-se um "mal necessário". E os que gostariam que as coisas fossem diferentes são ridicularizados, tratados pejorativamente de "teóricos". O comerciante que viola o controle do câmbio, restrições de importação e exportação, preços máximos etc., certamente também poderá enganar seu próprio sócio. A decadência ética da conduta comercial – que se costuma chamar de "efeito da inflação" – é a decorrência inevitável das restrições impostas ao comércio e à produção durante a inflação.

Pode-se dizer que o sistema de intervencionismo se tornou suportável por causa do descaso dos responsáveis pela execução das leis. Considera-se mesmo que as interferências nos preços podem perder seu poder restritivo quando os empresários conseguem "corrigir" a situação através de dinheiro e persuasão. Todos concordam, porém, que seria melhor se não houvesse intervenção. Afinal, a opinião pública sempre procura a acomodação. O intervencionismo é visto como um tributo que deve ser pago à democracia, para que se possa preservar o sistema capitalista.

Essa linha de raciocínio pode ser entendida do ponto de vista dos empresários e capitalistas que adotaram o pensamento marxista-socialista ou estatal-socialista. Para eles, a propriedade privada dos meios de produção é uma instituição que, à custa do povo, favorece os interesses dos proprietários de terra, dos capitalistas e dos empresários. A preservação dessa ordem serve, apenas, aos interesses das classes proprietárias. Consequentemente, se pequenas concessões forem feitas, essas classes podem salvaguardar a instituição que lhes confere tanto proveito, embora isto venha a ser muito prejudicial para as outras classes. Por que pôr em risco a manutenção desse estado de coisas recusando, inflexivelmente, essas concessões?

Naturalmente, aqueles que não concordam com esse modo de reconhecer os interesses da "burguesia" não podem aceitar esse raciocínio. Não vemos por que razão a produtividade do trabalho econômico deva ser reduzida através de medidas falsas. Se a propriedade privada dos meios de produção é, de fato, uma instituição que favorece uma parte da sociedade em detrimento de outra, ela deve ser abolida. Mas, caso se chegue à conclusão de que a propriedade privada é útil para todos, e de que a sociedade, com suas divisões de trabalho, não poderia ser organizada de outra forma, ela deve ser, então, salvaguardada de modo a poder cumprir sua função da melhor forma possível. Não é preciso nos referirmos à conclusão que naturalmente surge em relação aos mais diversos preceitos morais, se os preceitos da lei e da moral rejeitam ou, no mínimo, reprovam o que deve ser preservado, como base da vida social. Pergunto-me, aliás, se há algum fundamento em se proibir alguma coisa na expectativa de que essa proibição seja totalmente desrespeitada.

Qualquer pessoa que defenda o intervencionismo com esses argumentos está, sem dúvida, seriamente enganada quanto à extensão do prejuízo causado na produtividade pelas intervenções governamentais. A adaptabilidade da economia capitalista tem, sem dúvida, conseguido afastar muitos dos obstáculos à atividade empresarial. Constantemente observamos que empresários conseguem fornecer aos mercados mais e melhores produtos e serviços, apesar de todas as dificuldades colocadas em seu caminho pela lei e pela administração. Contudo, não podemos calcular qual seria o reflexo na qualidade e na quantidade desses produtos e serviços se não houvesse o dispêndio de mais energia e dinheiro, ou seja, se o governo, com suas iniciativas precipitadas não agravasse as coisas inintencionalmente, é claro. Referimo-nos às consequências de todas as restrições de importação e exportação sobre as quais não pode haver diferença de opinião. Referimo-nos aos obstáculos aos melhoramentos da produção gerados pelo combate aos cartéis e trustes. Referimo-nos às consequências do controle de preços, às elevações artificiais dos salários pela pressão dos sindicatos, à falta de proteção para todos aqueles que querem trabalhar, ao seguro-desemprego, à negação da liberdade de ir de um país para outro e, finalmente, a tudo o que tornou o desemprego de milhões de trabalhadores um fenômeno permanente.

Os estatizantes e os socialistas estão chamando a grande crise, que a economia mundial vem sofrendo desde o término da Grande Guerra[71], de "crise do capitalismo". Na verdade, trata-se da crise do intervencionismo.

Numa economia estável pode haver terra ociosa, mas não pode haver capital ou mão de obra ociosa. Sob a ação livre do mercado, com os salários em níveis razoáveis, todos os trabalhadores encontram emprego. Mas se estiverem

---

[71] O autor se refere à Primeira Guerra Mundial. (N. E.)

inalteradas outras condições, e houver desemprego – em decorrência da introdução de novos processos de produção que exijam menos trabalhadores, por exemplo – os níveis salariais caem. Então, com os novos salários mais baixos, todos encontram trabalho. Na ordem social capitalista, o desemprego não passa de um fenômeno de transição sazonal. As medidas que impedem o fluxo livre de mão de obra de um lugar para outro, de um país para outro, podem tornar mais difícil o nivelamento dos salários. Podem, também, levar a diferentes remunerações os vários tipos de trabalho. Contudo, se houver liberdade para empresários e capitalistas, não teremos nunca o desemprego permanente e em larga escala. Trabalhadores à procura de emprego sempre encontram trabalho, quando acomodaram suas exigências salariais às condições de mercado.

Se os índices salariais continuassem a ser determinados pelo mercado, os efeitos da Guerra Mundial e das políticas econômicas destruidoras das últimas décadas teriam levado a uma baixa nos salários, mas não ao desemprego. O alcance e a duração do desemprego, atualmente interpretados como prova do fracasso do capitalismo, resultam do fato de que os sindicatos e o seguro-desemprego estão mantendo os níveis salariais mais altos do que os que seriam determinados pela ação do mercado. Sem o seguro-desemprego e sem a força dos sindicatos, impedindo a competição dos não sindicalizados que queiram trabalhar, a pressão da oferta logo provocaria um ajuste de salário que asseguraria emprego para todos. Podemos lamentar as consequências da política antimercadológica e anticapitalista das últimas décadas, mas não podemos mudá-las. Só com redução do consumo e trabalho árduo pode-se recuperar o capital perdido, e com a formação de novo capital pode-se elevar a produtividade marginal do trabalho e, por sua vez, os salários.

O seguro-desemprego não é capaz de erradicar o mal. Apenas adia o inevitável ajuste final dos salários à produtividade marginal reduzida. E, como o seguro normalmente não é pago pela renda, mas pelo capital, este se vai depreciando cada vez mais, e vai-se reduzindo a futura produtividade marginal da mão de obra.

Não devemos presumir, entretanto, que a eliminação imediata de todos os obstáculos para o bom funcionamento da ordem econômica capitalista acabaria prontamente com as consequências de muitas décadas de intervenção. Grandes quantidades de mercadoria dos produtores foram destruídas. Restrições ao comércio exterior e outras medidas mercantilistas levaram a desastrosos investimentos de capital mais vultoso, que resultaram em pouca ou nenhuma compensação. O fato de se alijarem do sistema cambial internacional grandes áreas férteis do mundo (como as da URSS) leva a reajustes ineficazes na produção e beneficiamento do setor primário. Mesmo em condições mais favoráveis, hão de se passar muitos anos antes que os vestígios das políticas errôneas das últimas décadas possam desaparecer. Contudo, não há outro meio de chegar a um maior bem-estar para todos.

6 - A Doutrina do Intervencionismo

Para os pensadores pré-científicos, uma sociedade baseada na propriedade privada dos meios de produção parecia ser naturalmente, caótica. Sua organização dependeria – assim pensavam – apenas dos preceitos impostos pela moralidade e pela lei. Essa sociedade só poderia existir se o comprador e o vendedor observassem a justiça e a integridade. O governo deveria intervir, a fim de evitar o mal que decorre de um desvio arbitrário "do preço justo". Essa teoria prevalece em todos os comentários sobre a vida social até o século XVIII. Apareceu, pela última vez, em toda a sua ingenuidade, nas obras dos mercantilistas.

Os escritores anticapitalistas dão muita ênfase ao fato de que a economia clássica servia aos "interesses" da "burguesia", o que, supostamente explicaria seu êxito, levando, por sua vez, ao êxito da burguesia. Ninguém ousaria duvidar de que a liberdade alcançada pelo liberalismo clássico proporcionou o incrível desenvolvimento das forças de produção durante o último século. Mas infelizmente é um engano acreditar que, por se opor à intervenção, o liberalismo clássico tenha obtido uma aceitação mais fácil. Ele enfrentou a oposição de todos aqueles a quem a atividade febril do governo concedia proteção, favores e privilégios. O liberalismo clássico, não obstante, só pôde prevalecer em decorrência de ter sobrepujado intelectualmente os defensores do privilégio. Não havia novidade no fato de as vítimas do sistema de privilégios reivindicarem a extinção desse sistema. A grande novidade foi o enorme sucesso obtido pelas críticas ao sistema de privilégios, sucesso que deve ser atribuído exclusivamente ao triunfo das ideias do liberalismo clássico.

O liberalismo clássico venceu com a economia e através dela. É a única ideologia econômica que se pode adaptar à ciência da cataláctica. Durante as décadas de 1820 e 1830, na Inglaterra, fez-se uma tentativa no sentido de usar a economia para demonstrar que a ordem capitalista, além de injusta, não funciona satisfatoriamente. A partir daí, Karl Marx (1818-1883) criou seu socialismo "científico". No entanto, mesmo que Marx e seus seguidores tivessem conseguido provar, com sucesso, suas teses contra o capitalismo, teriam, ainda, de provar que outra ordem social, como o socialismo, seria melhor do que o capitalismo. E isso não foram capazes de fazer. Não conseguiram nem mesmo provar que uma ordem social pode, de fato, ser fundamentada na propriedade pública dos meios de produção. Pelo simples fato de rejeitarem ou deixarem de lado qualquer análise das "concepções utópicas" do socialismo, eles, evidentemente, não resolveram nada.

Alguns pensadores do século XVIII descobriram, então, o que já havia sido publicado por autores que os precederam, a respeito de dinheiro e de preços. Descobriram a existência de uma ciência da economia, que substituía o conjunto de máximas morais, os manuais de normas de controle, e as observações aforísticas sobre seus sucessos e fracassos. Aprenderam que os preços não são estabelecidos arbitrariamente, mas são determinados – dentro de estreitos limites – pela situação do mercado, e que todos os problemas práticos podem ser analisados com precisão. Reconheceram que as leis do mercado forçam os empresários e os proprietários dos meios de produção a se colocarem a serviço dos consumidores, e que suas ações econômicas não resultam de arbitrariedades, mas do imprescindível ajuste às condições dadas. Esses fatos foram suficientes para gerar uma ciência da economia e um sistema de cataláctica. Nas situações em que os primeiros pensadores viam apenas arbitrariedade e coincidência, os economistas clássicos passaram a ver necessidade e regularidade. De fato, eles substituíram os debates sobre normas de controle pela ciência e pelo sistema.

Os economistas clássicos não estavam ainda inteiramente cônscios de que o simples sistema da propriedade privada é capaz de oferecer o fundamento para uma sociedade com base na divisão de trabalho e de que o sistema de propriedade pública não é funcional. Influenciados pelo pensamento mercantilista, confrontaram produtividade com rentabilidade, o que fez com que se começasse a investigar se a ordem socialista é, ou não, preferível à ordem capitalista. Mas entenderam claramente – exceto no que tange ao sindicalismo – que as únicas alternativas são capitalismo e socialismo, e que a "intervenção" no funcionamento da ordem de propriedade privada é inadequada, embora seja extremamente bem vista, tanto pelo povo, quanto pelo governo.

As ferramentas da ciência não nos habilitam a afirmar se uma instituição ou ordem social é "justa" ou não. Certamente, podemos censurar isto ou aquilo como "injusto" ou "impróprio". Mas, se não conhecemos nada melhor para substituir o que censuramos, é melhor não emitirmos opinião.

Nada disso, porém, nos interessa neste momento. Apenas um fato importa agora: jamais alguém conseguiu demonstrar que – excluindo o sindicalismo – exista uma terceira ordem social concebível e possível, que não se baseie ou na propriedade privada ou na propriedade pública dos meios de produção. O sistema intermediário de propriedade – obstruído, orientado e regulado pelo governo – é por si mesmo, contraditório e ilógico. Qualquer tentativa no sentido de introduzi-lo seriamente deve levar a uma crise da qual só pode emergir o socialismo ou o capitalismo.

Esta é a conclusão irrefutável da economia. Quem tentar recomendar uma terceira ordem social – a da propriedade privada sob controle – terá de negar categoricamente a possibilidade de conhecimento científico no campo da economia. A Escola Historicista Alemã fez isto, e os institucionalistas, dos Estados Unidos, atualmente estão fazendo o mesmo. A economia está formalmente abolida, proibida e substituída pelo Estado e por uma ciência política, que registra o que o governo decretou e recomenda o que ainda deve ser decretado. Os institucionalistas e históricos estão perfeitamente cientes de que estão voltando ao mercantilismo, à doutrina do princípio fundamental do preço justo e abandonando todas as teorias econômicas.

A Escola Historicista Alemã e seus inúmeros seguidores no exterior nunca julgaram necessário lutar contra os problemas de cataláctica. Satisfizeram-se plenamente com os argumentos de Gustav von Schmoller (1838-1917) expressos no famoso *Methodenstreit* e que seus discípulos – Wilhelm Hasbach (1849-1920), por exemplo – repetiram depois dele. Nas décadas situadas entre o conflito constitucional prussiano em 1862 e a Constituição de Weimar em 1919, apenas três homens perceberam os problemas da reforma social – Eugen von Philippovich (1858-1917), Rudolf Stolzmann (1852-1930) e Max Weber (1864-1920). Desses, apenas Philippovich tinha algum conhecimento sobre a natureza e o conteúdo da economia teórica. Em seu sistema, cataláctica e intervencionismo convivem lado a lado (embora nenhuma ponte ligue um ao outro), e não se propõe solução para esse grande problema. Stolzmann, basicamente, procura compreender o que Gustav von Schmoller e Lujo Brentano (1844-1931) tinham apenas sugerido. É triste, entretanto, observar que o único representante da Escola que realmente atacou o problema ignorasse totalmente o que os seus oponentes diziam. Max Weber, preocupado com assuntos bem diferentes, parou na metade do caminho porque se opunha à economia teórica. Talvez viesse a aprofundar o problema, não fosse sua morte prematura.

Por várias décadas, tem-se falado nas universidades alemãs de uma retomada do interesse pela economia teórica. Podemos mencionar um bom número de autores, tais como Robert Liefmann (1874-1941), Franz Oppenheimer (1864-1943), Friedrich von Gottl-Ottlilienfeld (1868-1958) e outros, que ardentemente se opuseram ao sistema da moderna economia subjetiva, da qual só conheciam a dos "austríacos". Não precisamos levantar aqui a questão de serem ou não justificáveis esses ataques. Gostaríamos, porém, de mostrar o efeito interessante que tiveram na discussão da viabilidade do sistema do intervencionismo. Todos esses autores rejeitaram sumariamente o que tem sido preconizado pela economia teórica – pelos fisiocratas, autores clássicos e modernos. Em especial, descrevem o trabalho da economia moderna, especialmente o dos austríacos, como aberrações inacreditáveis do espírito humano. Em seguida apresentam seus próprios sistemas de economia teórica, supostamente originais, afirmando ter dirimido todas as dúvidas e solucionado todos os problemas. O público, infelizmente, é levado a crer que, em economia, tudo é incerto e problemático, e que a teoria econômica consiste, apenas, nas opiniões pessoais de vários especialistas. O entusiasmo gerado por esses autores nos países de língua alemã logrou encobrir o fato de que existe uma ciência econômica teórica que, apesar das diferenças de detalhes e, especialmente, de terminologia, está desfrutando de boa reputação entre todos os que se dedicam a ciência. E, apesar de todas as críticas e reservas, até mesmo esses autores basicamente concordaram com o sistema teórico no que diz respeito às questões essenciais; mas, como não se conscientizaram disso, eles não veem necessidade de examinar o intervencionismo do ponto de vista do conhecimento econômico.

Além disso, havia o efeito do debate sobre a possibilidade de, em ciência, se fazerem julgamentos de valor. Com a Escola Histórica, a ciência política tornara-se uma doutrina de arte para estadistas e políticos. Nas universidades e em manuais, reivindicações econômicas eram apresentadas e proclamadas como "científicas". A "ciência" condenava o capitalismo, tachando-o de imoral e injusto, rejeitando como "radicais" as soluções oferecidas pelo socialismo marxista e recomendava o socialismo estatal ou, às vezes, até o sistema de propriedade privada com intervenção do governo. Economia não era mais questão de conhecimento e capacidade, mas de boas intenções. Particularmente, desde o início da segunda década deste século, quando a ingerência da política no ensino nas universidades tornou-se extremamente reprovável. O público começou a menosprezar os representantes oficiais da ciência, porque eles se utilizavam da "ciência" para promover as plataformas dos partidos de seus amigos, assim como não podia mais tolerar o aborrecimento que representava o fato de que cada partido político invocava sua própria ideia do que fosse "ciência", isto é, que sempre houvesse um professor universitário em suas fileiras. Quando Max Weber e alguns de seus amigos exigiram que a "ciência" renunciasse a julgamento de valor e que as universidades não fossem usadas para propaganda política e econômica, obtiveram um apoio quase unânime.

Entre os autores que concordaram com Max Weber, ou que, pelo menos não ousaram contradizê-lo, havia muitos cuja obra estava total e abertamente em contradição com o princípio de objetividade e cujos esforços literários nada mais eram que paráfrases de determinados programas políticos. Interpretavam a expressão "ausência de julgamento de valor" de uma forma especial. Ludwig Pohle (1869-1926) e Adolf Weber (1876-1963) tocaram nos problemas básicos do intervencionismo, quando de seus debates sobre políticas salariais de associações trabalhistas. Os seguidores das doutrinas sindicalistas de Lujo Brentano e Sidney Webb (1859-1947) foram incapazes de levantar quaisquer objeções pertinentes. Mas o novo postulado de "ciência livre de valor" parecia tirá-los da situação embaraçosa em que se encontravam. Agora, podiam arrogantemente rejeitar tudo o que não lhes agradava, sob o pretexto de que a interferência nas disputas de partidos políticos se coadunava com a dignidade da ciência. De boa-fé, Max Weber introduzia o princípio de *Wertfreiheil* visando a uma retomada da investigação científica dos problemas da vida social. E, no entanto, isso foi usado pela Escola Histórico-Realista-Social como uma proteção contra a crítica da economia teórica.

Frequentemente – e talvez intencionalmente –, alguns escritores se recusam a reconhecer a diferença entre a análise de problemas econômicos e a formulação de postulados políticos. Não fazemos julgamentos de valor quando, por exemplo, averiguamos as consequências do controle de preço e concluímos que um preço máximo, estabelecido abaixo do estipulado pela ação do mercado, reduz a quantidade de bens oferecida, sem que haja alterações nas condições restantes. Não fazemos um julgamento de valor quando concluímos que os controles de preços não trazem os resultados esperados pelas autoridades, e que são medidas políticas absurdas. Um fisiologista não emite julgamento de valor, quando observa que o consumo de ácido cianídrico destrói a vida humana e, portanto, é ilógico que essa substância seja usada num "sistema nutricional". À fisiologia não cabe julgar se um indivíduo quer nutrir ou matar, ou se deve proceder dessa ou daquela forma. A fisiologia apenas descreve o que é ou não lesivo à vida humana, o que aquele que deseja nutrir, ou aquele que deseja matar deve fazer, para atingir seu objetivo. Quando digo que o controle de preços é ilógico, estou afirmando que ele não atinge o objetivo que, comumente, se propôs a atingir. Um comunista poderia replicar: "Apoio o controle de preços só porque impedem o livre funcionamento do mecanismo de mercado, porque transforma a sociedade humana num 'caos absurdo' e conduz rapidamente ao meu ideal de comunismo". A teoria de controle de preços não vai poder responder-lhe, assim como a fisiologia não vai poder responder ao homem que quer utilizar o ácido cianídrico para matar. Não nos valemos de julgamentos de valor quando demonstramos da mesma forma, a falta de lógica do sindicalismo e a impraticabilidade do socialismo.

Destruiremos a economia se todas as suas investigações forem rejeitadas por inadmissíveis. Podemos observar quantos espíritos jovens – que em outras circunstâncias se teriam voltado para os problemas econômicos – se entregam a pesquisas que não correspondem aos seus talentos e, portanto, pouco acrescentam à ciência. Emaranhados nos erros já descritos, afastam-se de importantes investigações científicas.

7 - Os Argumentos Históricos e Práticos do Intervencionismo

Postos em evidência pela crítica econômica, os representantes da Escola Histórico-Realista, finalmente, invocam os "fatos". Segundo eles, não se pode negar que todas as intervenções, teoricamente impróprias, foram e continuam, realmente, a ser feitas. Não podem acreditar que a prática econômica não tenha notado essa suposta impropriedade. Ocorre que as normas intervencionistas já existem há centenas de anos e, desde o declínio do liberalismo, o mundo vem sendo governado novamente pelo intervencionismo. Consideram que é prova suficiente o fato de que, se o sistema é realizável e bem-sucedido, não pode ser ilógico de forma alguma. Dizem que a rica literatura da Escola Histórico--Realista sobre a história da política econômica confirma as doutrinas do intervencionismo[72].

O fato de que tenham sido tomadas medidas que continuam a ser tomadas não prova que elas sejam apropriadas. Prova, apenas, que seus patrocinadores não reconheceram sua impropriedade. De fato, embora os "empíricos" não pensem assim, é extremamente difícil compreender a importância de uma medida econômica. Não podemos compreender sua importância sem um exame aprofundado do desenvolvimento da economia como um todo, isto é, se não buscarmos uma teoria abrangente. Os autores de obras sobre história e política econômica, descrições e estatísticas econômicas normalmente agem com muita imprudência. Sem ter o necessário conhecimento teórico, empenham-se em tarefas para as quais estão totalmente despreparados. Tudo o que os autores consultados deixaram de descobrir normalmente escapa, também, à atenção dos historiadores. Num debate sobre uma norma econômica, raramente estão propensos a examinar correta e cuidadosamente não só se o resultado almejado foi, de fato, alcançado, como também, no caso de ter sido alcançado, se isso resultou daquela norma ou de qualquer outro fator. Certamente, não têm capacidade

---

[72] ZWIEDINECK-SÜDENHORST, Otto von. "Macht oder ökonomisches Gesetz". *Schmollers Jahrbuch*, 49. Jahrgang: Heft 2, S. 4, p. 278ss.

de perceber todos os efeitos concomitantes que, do ponto de vista dos responsáveis pelos regulamentos, eram desejáveis ou indesejáveis. Foi apenas no capítulo da história monetária que os historiadores lograram melhor qualidade em alguns trabalhos, justamente por terem algum conhecimento da teoria monetária (Lei de Gresham, Teoria Quantitativa da Moeda) e, consequentemente, por conhecerem mais a fundo o trabalho que se propunham fazer.

A qualificação mais importante que pode caber a um pesquisador de "fatos" é o domínio total da teoria econômica. Ele deve interpretar o material disponível à luz da teoria. Se não tiver êxito nisto ou ficar insatisfeito com seu trabalho, deve indicar, com precisão, o ponto crítico, e formular o problema a ser solucionado teoricamente. A partir daí, outros podem tentar solucioná-lo. O fracasso será dele, não da teoria. A teoria explica tudo. As teorias não falham quanto a problemas individuais: falham por suas próprias deficiências. Quem procura substituir uma teoria por outra deve ou adaptá-la ao sistema dado, ou criar um novo sistema ao qual se adapte. É absolutamente anticientífico partir de "fatos" observados e, em seguida, anunciar o fracasso da "teoria" e do sistema. O gênio é quem faz a ciência progredir com novos conhecimentos e quem obtém informações valiosas a partir da observação de um processo diminuto, que passou despercebido, considerado insignificante por outros antes dele. Sua mente é estimulada por todos os assuntos. O inventor, porém, é que substitui o velho pelo novo, não através da negação, mas tendo em vista o conjunto e o sistema.

Não precisamos, aqui, nos ocupar com a questão epistemológica mais profunda dos sistemas em conflito. Nem precisamos discutir a multiplicidade dos sistemas em oposição. Para examinar os problemas do intervencionismo há, de um lado, a economia moderna juntamente com a teoria clássica e, de outro, os que negam o sistema e a teoria, não importa o cuidado com que formulem essa negação do conhecimento teórico. Nossa resposta a todos eles é simples; tentem criar um sistema de conhecimento teórico que agrade a vocês mais do que a nós. Então podemos voltar a conversar.

Naturalmente, todas as objeções levantadas contra a economia teórica são "teorias" econômicas. De fato, os próprios oponentes estão agora escrevendo "teorias econômicas" e fazendo conferências sobre "economia teórica". O trabalho deles, porém, é inadequado, uma vez que se descuidam de tecer os princípios de sua "teoria" num sistema – uma teoria abrangente da cataláctica. Um princípio teórico torna-se uma teoria apenas por meio de um sistema e dentro de um sistema. É muito fácil falar sobre salário, renda e juros. Só podemos falar, contudo, de uma teoria, quando as afirmações individuais estiverem ligadas a uma explicação que dê conta de todos os fenômenos de mercado.

Em suas experiências, os cientistas naturais podem eliminar todas as influências dissonantes e observar as consequências da mudança de um fator em condições idênticas. Se o resultado da experiência não puder se ajustar satisfatoriamente a seu sistema teórico, eles podem tentar uma expansão do sistema, ou mesmo sua substituição por um novo. Mas quem concluir, a partir do resultado de uma experiência, que não pode haver percepção teórica, corre o risco de cair no ridículo. Os cientistas sociais carecem de experiência. Nunca podem observar as consequências de um fator, se as condições forem imutáveis. Contudo, aqueles que negam o sistema e a teoria ousam concluir, a partir de algum "fato", que a teoria (ou até mesmo todas as teorias), foi contestada.

Que dizer de afirmações genéricas, tais como: "a supremacia industrial da Grã-Bretanha durante os séculos XVIII e XIX foi o resultado da política mercantilista dos séculos anteriores", ou "a elevação nos salários reais, durante as últimas décadas do século XIX e as décadas do início do século XX, deve ser atribuída aos sindicatos", ou "a especulação imobiliária provoca o aumento dos aluguéis". Acredita-se que essas afirmações partiram diretamente da experiência. Dizem eles que não se trata de mera teoria, mas de fatos tirados da vida real. Entretanto os que assim pensam recusam-se, inflexivelmente, a ouvir um teórico que se propõe examinar as diversas opiniões sobre "experiência prática" estudando-as, cuidadosamente, e buscando uni-las numa estrutura sistemática.

Nenhum dos argumentos apresentados pela Escola Empírico-Realista poderá suplantar a falta de um sistema teórico abrangente.

8 - Obras Recentes Sobre os Problemas do Intervencionismo

Na Alemanha, o clássico país do intervencionismo, muito pouco se sentiu a necessidade de uma séria crítica econômica a esse sistema. O intervencionismo chegou ao poder sem luta. Nem tomou conhecimento da ciência econômica criada pelos ingleses e franceses. Friedrich List denunciava-a como prejudicial aos interesses do povo alemão. Entre os poucos economistas alemães, Johann Heinrich von Thünen (1783-1850) era quase desconhecido, Hermann Heinrich Gossen (1810-1858), totalmente desconhecido, e, Friedrich Hermann (1795-1868) e Hans von Mangoldt (1824-1858) exerciam pouca influência. Carl Menger (1840-1921) foi "eliminado" no *Methodenstreit*. A ciência formal da Alemanha não se preocupava com os empreendimentos econômicos posteriores à década de 1870. Todas as objeções foram afastadas e rotuladas de afirmativas de interesse específico dos empresários e capitalistas[73].

Nos Estados Unidos da América do Norte, que agora parecem assumir a liderança do intervencionismo, a situação é bem diferente. No país de John Bates Clark (1847-1938), Frank William Taussig (1859-1940), Frank Fetter (1863-1949), Herbert J. Davenport (1861-1931), Allyn Abbott Young (1876-1929) e Edwin Robert Anderson Seligman (1861-1939), é impossível ignorar todas as realizações da economia. Era de esperar, portanto, que nesse país fosse feita uma tentativa de provar a viabilidade e conveniência do intervencionismo. John Maurice Clark (1884-1963), que já foi professor da Universidade de Chicago e agora, como seu avô

---

[73] Ver a importante descrição desse método feita em: POHLE, Ludwig. *Die gegenwärtige Krisis in der deutschen Volkswirtschaftslehe*. Leipzig: A. Deichert, 2ª ed., 1921, p. 115 ss.

John Bates Clark é professor da Universidade de Colúmbia, na cidade de Nova York, incumbiu-se dessa tarefa⁷⁴.

Lamentamos, entretanto, que ele trate dos problemas fundamentais do intervencionismo, em apenas um capítulo com algumas páginas. O professor Clark distingue dois tipos de regulamento social de ações econômicas: regulamento para assuntos secundários "aqueles em que o Estado trata de assuntos secundários para a transação principal", e regulamento para assuntos essenciais, *"aqueles em que é o 'cerne' do contrato que está em jogo, e o Estado toma a liberdade ou de fixar os termos do intercâmbio e determinar a compensação em dinheiro ou mercadoria, ou de dizer que absolutamente não haverá intercâmbio"*⁷⁵. Esta distinção coincide grosseiramente com a distinção que fazemos entre intervenção na produção e nos preços. Está claro que uma consideração econômica quanto ao sistema do intervencionismo não poderia de modo algum ser diferente.

Em sua análise sobre *"controle de assuntos secundários ao contrato"*, J. M. Clark não chega a nenhuma conclusão diferente daquela a que chegamos na análise sobre a intervenção na produção. Ele também conclui que *"tais restrições impõem alguns ônus à indústria"*⁷⁶. Isso é tudo o que nos interessa na

---

⁷⁴ CLARK, J. M. *Social Control of Business*. Chicago; University of Chicago Press, 1926.

⁷⁵ Idem, *Ibidem*., p. 450. Para evitar qualquer mal-entendido, gostaria de enfatizar que essa distinção nada tem a ver com a distinção da lei pública entre *essentialia*, *naturalia* e *accidentalia negotti* (o indispensavelmente necessário, os recursos naturais e os assuntos de contrato).

⁷⁶ Idem, *Ibidem*., p. 451.

sua argumentação. Seu exame dos prós e contras políticos dessa intervenção é irrelevante para o nosso problema.

Analisando o controle do "cerne do contrato", que, de um modo geral, corresponde à intervenção nos preços, Clark primeiro menciona o controle americano das taxas de juros. Afirma que esse controle é ilusório, em função dos custos adicionais secundários que elevam a taxa nominal para os tomadores de empréstimos. Um comércio ilegal desenvolve-se em torno de pequenos empréstimos para os consumidores. Como as pessoas decentes não se envolvem nessas transações, estas ficam por conta de operadores inescrupulosos. Por outro lado, como nestas transações deve-se evitar a publicidade, são cobradas e aceitas taxas de juros exorbitantes, que excedem em muito às que prevaleceriam se não houvesse tabelamento. *"É comum cobrarem-se taxas de várias centenas de percentual ao ano. A lei multiplica por dez os males da extorsão"*[77].

Não obstante, o professor Clark não acredita que a fixação de taxas seja ilógica. Em geral, o mercado de empréstimo, mesmo para essa categoria de empréstimos ao consumidor, deve ser deixado livre, por uma lei que proíba uma taxa de juros mais alta do que a de mercado. *"A lei (...) pode prestar um grande serviço evitando a cobrança de lucros que materialmente estão acima da taxa real de mercado"*. De acordo com Clark, o método mais simples, portanto, é *"fixar, para essa classe de empréstimos, uma taxa legal que cubra amplamente todos os*

---

[77] Idem, *Ibidem.*, p. 453ss.

custos e procedimentos necessários, e proibir que se cobrem acima desta taxa"[78].

Certamente, o tabelamento dos juros não cria problemas quando segue as taxas de mercado ou mesmo as excede. Mas essa medida será inútil e supérflua. No entanto, se for fixada uma taxa mais baixa do que aquela procedente da ação do mercado, todas as consequências, tão bem descritas por Clark certamente, aparecerão. Por que, então, a fixação de taxas? A resposta de Clark é que ela é necessária para evitar discriminação injusta[79].

O conceito de "injustiça" ou "discriminação indevida" tem origem no campo do monopólio[80]. Se o monopolista, como vendedor, tiver a possibilidade de classificar os compradores em potencial a que oferece sua mercadoria ou serviço, de acordo com seu poder aquisitivo e com a intensidade de seu desejo, podendo assim, estabelecer preços diferentes, é mais vantajoso para ele, portanto, não ter um preço uniforme. Isso é o que acontece na maioria dos casos, com os meios de transporte, as usinas geradoras de energia elétrica e empresas similares. As taxas de fretes ferroviários representam um caso quase clássico de tal diferenciação. Mas não podemos chamar, sem maiores explicações, de "injusta" esta prática, acusação bastante ingênua e emocional dos intervencionistas contra

---

[78] Idem, *Ibidem.*, p. 454.
[79] Idem, *Ibidem.*
[80] Ver a volumosa literatura norte-americana: NASH, L. R. *The Economics of Public Utilities.* New York: McGraw-Hill, 1925. p. 97, 371; WHERRY, William W. *Public Utilities and the Law*, New York: N. L. Brown, 1925. p. 3ss., 82ss., 174. Ver, também: CLARK, J. M. *Social Control of Business. Op. cit.*, p. 398ss.

os monopolistas. Entretanto, não cabe aqui nos envolvermos com a justificativa ética da intervenção. Do ponto de vista científico, devemos apenas observar que é possível haver a intervenção do governo no caso do monopólio.

Mas há, também, um tratamento diferenciado das várias classes de compradores que vai de encontro aos interesses dos monopólios. Esse pode ser o caso em que o monopólio, sendo manipulado como parte de uma empresa de maior vulto, serve a objetivos que não representam o de maior lucro. Excluem-se todos os casos em que o monopolista ou é parte de uma associação compulsória ou age sob a influência desta, procurando alcançar determinados objetivos nacionais, militares ou sociais. Podem ser estabelecidas, por exemplo, taxas de frete convenientes para o comércio exterior ou para os serviços municipais, tarifas de acordo com a renda dos consumidores. Em todos estes casos, os intervencionistas aprovam a diferenciação. Para nós, são importantes apenas os casos em que o monopolista recorre à diferenciação, sem levar em consideração seus interesses de lucro. Pode ser que ele leve em consideração os interesses de outros empreendimentos seus, aos quais dê mais importância, ou então queira prejudicar um comprador por razões pessoais, ou forçá-lo a fazer ou a não fazer alguma coisa. Nos Estados Unidos, há estradas de ferro que têm favorecido determinados transportadores, com a concessão de taxas de frete mais baixas, o que frequentemente acaba forçando os transportadores concorrentes a encerrarem seus negócios ou a vender as firmas a preço muito baixo. O público, geralmente, censura essas medidas, porque favorecem a concentração industrial e a formação de monopólios. A opinião pública teme o desaparecimento da competição entre indústrias isoladas. Não reconhece que a competição entre produtores e vendedores se dá não apenas dentro de um ramo particular de produção, mas entre todos os ramos correlatos e, por fim, entre todos os bens de consumo. E não reconhece também que o preço monopolizador cobrado pelos poucos monopólios verdadeiros – na área da mineração e de outros ramos primários da produção – não é assim tão prejudicial para todos, como os ingênuos adversários dos monopólios estão propensos a admitir[81].

Mas Clark não faz referência a monopólio no caso do mercado de empréstimos a consumidores, pequenos fazendeiros, comerciantes e homens de negócios. Como é possível fazer uma discriminação injusta? Quando um financiador não faz empréstimos à taxa de mercado, o tomador de empréstimo pode, simplesmente, procurar outro. Naturalmente, não se pode negar que todos tendem – particularmente, entre aqueles que tomam o empréstimo, os devedores pertencentes a uma categoria socioeconômica mais baixa – a superestimar sua disponibilidade de crédito na praça e a estimar altas demais as taxas pedidas pelos credores.

---

[81] Ver: MISES, Ludwig von. *Die Gemeinwirtschaft: Untersuchungen über den Sozialismus*. Jena: Gustav Fischer, 1922. p. 382ss. [Na edição em língua inglesa, ver: MISES, Ludwig von. *Socialism: An Economic and Sociological Analysis*. London: Jonathan Cape, 1936. p. 391ss.]. Ver, também: MISES, Ludwig von. *Liberalismus*. Jena: Gustav Fische, 1927. p. 80ss. [Na edição em inglês, ver: MISES, Ludwig von. *The Free and Prosperous Commonwealth*. New York: D. Van Nostrand Co. Inc., 1962. p. 92ss.].

J. M. Clark parte da análise da questão do controle de juros para a do salário mínimo. Ele acredita que a elevação "artificial" do salário leva ao desemprego, uma vez que eleva os custos de produção e, desta forma, o preço do produto. A quantidade que foi vendida a preço mais baixo não pode mais ser comercializada a preço mais alto. E se, por um lado, tal fato gera insatisfação nos compradores, que gostariam de adquirir o produto ao preço mais baixo, já fora de cotação, por outro, causa o desemprego de trabalhadores, dispostos a trabalhar por salários mais baixos. Finalmente, temos os empresários, dispostos a absorver este potencial de oferta e procura.

Até aqui, novamente, podemos concordar com Clark. No entanto, logo surge uma alegação que foge totalmente do assunto, qual seja, a de que *"os controles que afetam as condições secundárias de emprego"* devem ter as mesmas consequências, visto que, também, elevam os custos de produção[82]. Mas isso não corresponde à verdade. Se os salários são livremente determinados no mercado de trabalho, não pode haver, como decorrência de intervenções, aumento nos salários acima dos níveis de mercado. Entre essas intervenções estão a redução do tempo de trabalho, seguro obrigatório de trabalhadores à custa dos empregadores, regulamentação quanto às condições ambientais de trabalho, férias remuneradas etc. Todas essas despesas são transferidas para os salários e suportadas pelos trabalhadores. Esse fato não poderia ser levado em consideração porque essas intervenções de ordem social

---

[82] CLARK, J. M. *Social Control of Business. Op. cit.*, p. 455.

foram introduzidas, em primeiro lugar, numa época em que os salários reais vinham aumentando, enquanto o poder aquisitivo diminuía. A partir daí, os salários líquidos pagos aos trabalhadores continuaram a subir, não só em termos de dinheiro, mas também de poder aquisitivo – apesar de os custos sociais crescentes serem da responsabilidade dos empregadores. Seus cálculos dos custos salariais incluem, além do salário que têm de pagar a seus trabalhadores, todos os encargos sociais resultantes do emprego de cada um deles.

As outras observações de Clark não têm importância para o problema que ora discutimos. Ele acredita que os aumentos salariais, assim como outras intervenções a favor dos trabalhadores, *"podem demonstrar autossuficiência, porque elevam o nível de eficiência pessoal e fornecem um estímulo adicional à pesquisa de métodos de aperfeiçoamento, por parte do empregador ou porque eliminam os empregadores menos eficientes, transferindo os negócios destes para os que os conduzirão com maior eficiência"*[83]. Essa luta pela sobrevivência, porém, aconteceria no caso de um terremoto, ou de qualquer outra catástrofe natural.

O professor Clark tem um excelente conhecimento teórico e é bastante sensível para não notar quão insustentável é, na verdade, seu raciocínio. Conclui, consequentemente, que a questão de uma determinada intervenção ser uma *"violação da lei de economia"*, ou não, é, basicamente, *"uma questão de grau"*. Clark assegura, em sua análise final, que devemos considerar até que ponto a intervenção afeta os

---

[83] Idem, *Ibidem*.

custos de produção ou preços de mercado. A lei da oferta e da procura *"não é de uma precisão e rigidez inexorável"*. Muitas vezes "uma pequena mudança nos custos de produção" não afeta absolutamente os preços finais – é o caso, por exemplo, de quando o preço é, normalmente, cotado em números redondos, e os negociantes absorvem pequenas alterações nos custos ou nos preços de atacado. É essa a palavra final de Clark: *"Uma grande elevação dos salários pode ser uma 'violação da lei econômica', no sentido em que estamos usando o termo, mas um pequeno aumento não"*[84].

Com cuidadosa reflexão, o professor Clark rende-se a todas as objeções daqueles que denominaram o intervencionismo de impróprio e ilógico. É evidente e inegável que as consequências quantitativas de uma intervenção dependem da severidade da intervenção. Um leve terremoto destrói menos que um grande, e um terremoto muito pequeno pode não deixar quaisquer vestígios.

Contudo, é totalmente irrelevante que Clark mantenha-se fiel à afirmação de que estas intervenções podem ser feitas e defendidas. Ele é obrigado a admitir que isso leva a outras medidas que visam a atenuar as consequências. Por exemplo, quando são impostos controles de preços, deve haver também um racionamento, de modo a neutralizar a discrepância entre oferta e demanda. E será necessário estimular a produção diretamente, uma vez que não haverá o impulso normal[85]. Nesse ponto, infelizmente, Clark

---

[84] Idem, *Ibidem*.
[85] Idem, *Ibidem*., p. 456.

interrompe sua análise. Se ele a tivesse continuado teria, necessariamente, chegado à conclusão de que há, apenas, duas alternativas: ou evitar toda e qualquer intervenção ou, então, se não quiser proceder assim, promover sempre novas intervenções, a fim de eliminar *"a discrepância entre oferta e demanda que a política em favor da coletividade criou"*, até o ponto em que toda a produção e distribuição estejam controladas pelo sistema social de coerção, ou seja, até o ponto em que os meios de produção sejam nacionalizados.

No caso da legislação do salário mínimo, a solução do professor Clark é bastante insatisfatória: ele recomenda que os trabalhadores que perderam seus empregos sejam absorvidos pelo serviço público[86]. E quando, ao solicitar a intervenção do governo, aponta para a *"energia, inteligência e lealdade"* dessas pessoas, apenas revela sua falta de discernimento[87].

Do princípio ao fim do capítulo referente a fundamentos, Clark conclui que o *"governo pode fazer um grande bem, se simplesmente cuidar para que todos gozem das vantagens dos níveis de mercado, seja ele qual for, impedindo, desta forma, que os menos esclarecidos sejam explorados por causa de sua ignorância"*[88]. Isso coincide de forma total com a posição do liberalismo clássico: o governo deve limitar-se à proteção da propriedade privada e à eliminação de todos os obstáculos de acesso ao mercado livre por parte de indivíduos ou de grupos. Isto, em outras palavras, nada mais é que o *laissez faire, laissez passer*.

---

[86] Idem, *Ibidem*.
[87] Idem, *Ibidem*., p. 457.
[88] Idem, *Ibidem*., p. 459.

Não importa que o professor Clark aparentemente acredite que um programa de informações especiais seja necessário para a realização desse objetivo; a ignorância da situação de mercado por si só não pode impedir que os compradores em potencial e os trabalhadores tirem partido da situação. Se os vendedores e empresários não forem obstruídos na sua busca de consumidores e empregados, a concorrência entre eles reduzirá os preços dos bens de consumo e elevará os salários até que atinjam os níveis de mercado. Contudo, sejam quais forem esses níveis, os princípios do liberalismo clássico não serão violados, se o governo se encarregar de publicar dados importantes sobre a formação dos preços de mercado.

Assim, o resultado da pesquisa de Clark sobre o problema de que tratamos não contradiz a análise que anteriormente fizemos neste ensaio. Apesar da avidez de Clark em provar que as intervenções populares não são inadequadas e ilógicas, ele não teve êxito em acrescentar ao debater outra coisa além da observação de que as consequências são irrelevantes, se a intervenção não for quantitativamente importante, e que intervenções importantes têm consequências indesejáveis que devem ser amenizadas através de uma intervenção ainda maior. Infelizmente, Clark interrompeu sua análise nesse ponto. Se tivesse prosseguido na sua linha de raciocínio – o que aliás, deveria ter feito – teria chegado às duas únicas alternativas: ou se permite que a propriedade privada dos meios de produção funcione livremente, ou se transfere o controle dos meios de produção para uma sociedade organizada, para seu aparelho de repressão, o Estado. Clark teria concluído que não pode haver alternativa fora do socialismo ou do capitalismo.

Dessa forma, nem a obra de Clark – que é a expressão mais completa do intervencionismo americano – consegue chegar a conclusões diferentes no exame das questões básicas sobre intervencionismo. O intervencionismo é um sistema contraditório e inadequado, mesmo sob o ponto de vista de seus patrocinadores, que não pode ser executado com lógica e cuja introdução só pode acarretar distúrbios no funcionamento uniforme da ordem social com base na propriedade privada.

Devemos a Richard von Strigl (1891-1942), da Escola Austríaca, a mais recente análise alemã sobre o problema em questão. Embora não tão famoso quanto J. M. Clark, ele também simpatiza com o intervencionismo. Todo o seu trabalho – no qual procura analisar, teoricamente, os problemas salariais do intervencionismo[89] – reflete, claramente, seu desejo de enaltecer, tanto quanto possível, a política social em geral e as políticas sindicalistas em particular. Todas as afirmações de Strigl são cuidadosamente apresentadas; ele age da mesma forma como agiam os autores de séculos passados, ou seja, escolhendo as palavras para escapar a questionamentos ou críticas[90]. Mas todas as concessões que faz ao pensamento intervencionista dizem respeito apenas a considerações secundárias e à própria formulação da doutrina. Considerando o

---

[89] Ver: STRIGL. Richard von. *Untersuchungen über die wirtschaftlichen Grundlagen der Sozialpolitik*. Leipzig / Wien: Franz Deuticke, 1926.

[90] Idem, *Ibidem*., Esp. p. 71ss.

problema em si, a análise perceptiva de Strigl chega à mesma conclusão que a apresentada pela análise econômica científica. O ponto principal de sua doutrina está presente nessa frase: *"Quanto mais serviço um trabalhador puder realizar, mais ele ganhará, desde que seu trabalho seja útil à economia; não importa que seu salário seja determinado pelo mercado livre, ou estabelecido pelo contrato coletivo"*[91]. Evidentemente, ele lamenta que seja assim, mas não pode nem quer negar o fato.

Strigl ressalta que as elevações artificiais de salário geram desemprego[92]. Isto acontece, sem dúvida, no caso em que se elevam os salários apenas em certas indústrias ou em determinados países; no caso de os salários sofrerem aumentos desiguais em diferentes indústrias e países ou quando utilizam políticas monetárias que visam refrear uma elevação geral dos preços. Sem dúvida, a questão levantada por Strigl é importante para uma compreensão das condições atuais. Entretanto, para uma compreensão total do problema, devemos considerar outra hipótese básica. Para ter validade universal, nossa análise deve presumir que a elevação nos salários ocorre de maneira homogênea e simultânea nas diferentes indústrias e países, e que os fatores monetários não intervêm. Só então poderemos compreender integralmente o intervencionismo.

De todas as medidas intervencionistas, possivelmente, nenhuma está enfrentando maiores críticas na Alemanha e na Áustria que a da jornada de trabalho de oito horas. Muitos

---

[91] *Ibid.*, p. 106.
[92] Idem, *Ibidem.*, p. 63ss., 116 ss.

acreditam que a emergência econômica pode ser solucionada apenas através da rejeição da lei das oito horas: são necessários mais trabalhos e trabalho mais intensivo. Todos concordam que o prolongamento do horário de trabalho e o melhoramento na eficiência do trabalho não seriam acompanhados de salários mais altos, ou pelo menos, que os aumentos estariam condicionados à elevação da eficiência no trabalho, de modo que o trabalho se tornaria menos caro. Simultaneamente, exige-se uma redução em todas as espécies de "custos sociais", tais como a eliminação do "imposto de previdência social" que os comerciantes da Áustria devem pagar. Admite-se, tacitamente, que o empregador guardaria o dinheiro poupado nestas reduções de custo, e que os custos do trabalho seriam, assim, indiretamente reduzidos. Em nossos dias, pouco se faz no sentido de se reduzirem diretamente os salários.

Em revistas sobre problemas sociais e na literatura sobre economia, a discussão sobre os problemas da jornada de oito horas e da intensidade do trabalho revela um progresso lento, mas firme, rumo à compreensão da economia. Até mesmo os autores que não escondem sua inclinação para o intervencionismo admitem que os argumentos mais importantes contra o intervencionismo são convincentes. Raramente ainda encontramos a cegueira na compreensão fundamental dos aspectos básicos desses assuntos que eram uma característica de nossa literatura anterior à guerra.

Certamente, a supremacia da escola intervencionista não foi ainda sobrepujada. Do socialismo estatal e estatismo de Gustav von Schmoller e do socialismo igualitário e comunismo de Karl Marx, apenas os nomes sobreviveram na vida política; o ideal socialista em si deixou de exercer uma influência política direta. Seus seguidores, mesmo aqueles que estavam dispostos a derramar sangue em sua defesa há alguns anos, agora o postergaram ou esqueceram-no inteiramente. O intervencionismo, porém, tal como defendido por Gustav von Schmoller e Karl Marx – Schmoller, com determinação, já que era ferrenho inimigo de toda "teoria"; Marx, com consciência pesada, já que o intervencionismo estava em contradição com todas as suas teorias – domina agora a opinião geral.

Não é o caso de examinar, aqui, se já há condições políticas suficientemente desenvolvidas para o povo alemão e para outras nações líderes poderem abandonar as políticas intervencionistas. Uma análise imparcial da situação pode tornar evidente que o intervencionismo continua progredindo, o que é inegável quanto à Grã-Bretanha e aos Estados Unidos da América do Norte. Defender, porém, o intervencionismo como significativo e importante, do ponto de vista da teoria econômica, é tão inútil hoje quanto foi no passado. Na realidade, o intervencionismo não é significativo nem importante qualquer que seja o ponto de vista adotado. Não há uma correlação entre a economia e o intervencionismo. Todos os êxitos intervencionistas na política aplicada sempre foram "vitórias sobre a economia".

Capítulo 2

1 - A Doutrina Dominante na Economia de Mercado Controlada

Com poucas exceções, os comentaristas contemporâneos dos problemas econômicos estão defendendo a intervenção econômica. Essa unanimidade não significa, necessariamente, que eles aprovem as medidas intervencionistas do governo ou outras forças coercitivas. Autores de livros, ensaios e artigos sobre economia e plataformas políticas exigem medidas intervencionistas antes que sejam tomadas, mas, uma vez impostas, ninguém as aprecia. Então, todos – e até as autoridades responsáveis por elas – qualificam-nas de insuficientes e insatisfatórias. Geralmente, a partir daí, surge a

* Texto inédito publicado originalmente em alemão como capítulo do presente livro.

A Economia de Mercado Controlada*

exigência da substituição das intervenções insatisfatórias por outras medidas mais eficientes. E, assim que as novas exigências são atendidas, a mesma cena se repete. O desejo universal do sistema intervencionista tem como contrapartida a rejeição de todas as medidas concretas da política intervencionista.

Às vezes, durante a discussão sobre a revogação parcial ou total de uma medida de controle, alguns se opõem à mudança, embora comumente não aprovem tal medida. Seu desejo é impedir medidas ainda piores. Por exemplo, raramente agradam aos pecuaristas as tarifas e normas de inspeção sanitária, adotadas a fim de restringir a importação de animais, carnes e gorduras do exterior. Mas, tão logo os consumidores exigem a revogação ou relaxamento dessas restrições, os fazendeiros levantam-se em sua defesa. Os maiores defensores da legislação trabalhista têm rotulado todas as medidas de controle adotadas até agora de insatisfatórias – no melhor dos casos, são aceitas como parte do que precisa ser feito. No entanto, se qualquer dessas medidas vier a ser revogada – por exemplo, o limite legal de oito horas para a jornada de trabalho – eles se levantam em sua defesa.

Qualquer pessoa compreenderá de imediato esse posicionamento diante de determinadas intervenções ao admitir que a intervenção seja sempre ilógica e impertinente, uma vez que nunca chega a atingir os objetivos que seus defensores e autores perseguiam. É, contudo, digno de nota que se defenda obstinadamente o intervencionismo, apesar de suas deficiências e do fracasso de todas as tentativas de demonstrar a lógica teórica desse sistema. Para a maioria dos observadores, a ideia de voltar aos princípios liberais clássicos parece tão absurda, que raramente se preocupam com ela.

Os defensores do intervencionismo frequentemente apelam para a tese de que o liberalismo clássico pertence ao passado. Hoje, eles nos dizem, estamos vivendo numa era de "política econômica construtiva", ou seja, na era do intervencionismo. O curso da história não pode voltar atrás, e aquilo que passou não pode ser restaurado. Quem invoca o liberalismo clássico e, desta forma, alardeia que a solução é a "volta a Adam Smith" está pedindo o impossível.

Não é absolutamente verdadeiro que o liberalismo contemporâneo seja idêntico ao liberalismo britânico dos séculos XVIII e XIX. Certamente, o liberalismo moderno baseia-se nas grandes ideias desenvolvidas por David Hume (1711-1776), Adam Smith (1723-1790), David Ricardo (1772-1823), Jeremy Bentham (1748-1832) e Wilhelm von Humboldt (1767-1835). Liberalismo, porém, não é doutrina fechada e dogma rígido. É uma aplicação dos princípios da ciência à vida social do homem, a política. A economia e as ciências sociais deram largos passos desde que se introduziu a doutrina liberal. Assim, também o liberalismo teve de mudar, embora seu ideário básico tenha permanecido inalterado. Quem estudar o liberalismo moderno, logo descobrirá as diferenças entre os dois. Concluirá que o conhecimento do liberalismo não pode provir apenas de Adam Smith, e que o pedido de revogação das medidas intervencionistas não corresponde ao movimento chamado "volta a Adam Smith".

O liberalismo moderno difere do liberalismo dos séculos XVIII e XIX, no mínimo tanto quanto o intervencionismo moderno difere do mercantilismo dos séculos XVII e XVIII. Não faz sentido chamar de anacronismo o retorno ao livre comércio, se o retorno ao sistema de proteção e proibição não for também considerado um anacronismo.

Escritores que atribuem a mudança na política econômica somente ao espírito da época certamente não admitem explicação científica para o intervencionismo. Dizem que o espírito capitalista foi substituído pelo espírito da economia obstruída. O capitalismo envelheceu e, consequentemente, deve render-se ao novo. E dizem que esse novo é a economia obstruída pela intervenção do governo ou por qualquer outro fator. Quem acreditar, seriamente, que estas afirmações podem refutar as conclusões da economia, com relação aos efeitos dos impostos de importação e controles de preços, certamente estará perdido.

Há outra doutrina popular baseada no conceito equivocado de "livre concorrência". A princípio, alguns autores criam um ideal de competição livre, em igualdade de condições – como os postulados das ciências naturais. Descobrem, depois, que a ordem da propriedade privada não corresponde absolutamente a esse ideal. Mas, por acreditarem que a realização deste postulado de "competição realmente livre e em igualdade de condições" seja a mais elevada meta da política econômica, eles sugerem várias reformas. Em nome do ideal, alguns exigem uma espécie de socialismo que chamam de "liberal" porque percebem, visivelmente, neste ideal a essência do liberalismo. Outros exigem várias outras medidas intervencionistas. Contudo, a economia não é um grande prêmio em que os participantes competem de acordo com as regras do jogo. Caso se tenha de determinar qual o cavalo que consegue correr certa distância em menos tempo, as condições devem ser iguais para todos os cavalos. Entretanto, será válido tratarmos a economia como um teste de eficiência para determinar qual dos concorrentes, em condições idênticas, pode produzir a preços mais baixos?

A competição como fenômeno social nada tem em comum com as competições esportivas. Transferir o postulado da "igualdade de condições" das regras do esporte ou da organização de experiências científicas e tecnológicas para a política econômica é um equívoco terminológico. Na sociedade, não apenas sob o sistema capitalista, mas sob qualquer sistema social imaginável, existem competições entre os indivíduos. Os sociólogos e economistas dos séculos XVIII e XIX demonstraram como funciona a competição no sistema social baseado na propriedade privada dos meios de produção. Esta foi a parte essencial da crítica que fizeram às medidas intervencionistas da política mercantilista e do Estado voltado para o bem-estar. Esses cientistas demonstraram como as medidas intervencionistas eram ilógicas e inadequadas. Aprofundando-se ainda mais nas pesquisas, verificaram que a ordem econômica que melhor atende aos objetivos econômicos do homem é a que tem por base a propriedade privada. Certamente, os mercantilistas indagavam como o povo se arranjaria se o governo o abandonasse. Os liberais clássicos respondiam que a competição entre negociantes acabaria suprindo os mercados com os bens de consumo necessários aos consumidores. De um modo geral, para pedir o fim do intervencionismo, expressavam-se da seguinte forma: a liberdade de concorrência não deve sofrer limitações. Com o *slogan* da "livre concorrência" exigiam que a função social da propriedade privada não fosse obstruída pela intervenção do governo. Assim, era possível que, equivocadamente, se pensasse que a essência dos programas liberais não era a propriedade privada, mas a "livre concorrência". Os críticos sociais começaram a perseguir um fantasma nebuloso, a "concorrência genuinamente livre", que nada mais era que o produto de um estudo insuficiente do problema e uma preocupação exagerada com lemas[93].

A apologia do intervencionismo e a refutação da crítica às intervenções, por parte da teoria econômica, são expressas de modo muito superficiais. Tomemos como exemplo a

---

[93] Ver a crítica desses equívocos em: HALM, Georg N. *Die Konkurrenz: Untersuchungen über die Ordnungsprinzipien und Entwicklungstendenzen der kapitalistischen Verkehrswirtschaft*. München / Leipzig: Duncker & Humblot, 1929. Esp. p. 131ss.

afirmação de Adolf Lampe (1897-1948) de que essa crítica só se justifica quando se demonstra, ao mesmo tempo, que a ordem econômica existente corresponde ao ideal da livre concorrência. Apenas sob total condição é que toda intervenção feita pelo governo corresponde a uma redução da produtividade econômica. Hoje em dia, porém, nenhum cientista social sério se arriscaria a mencionar tal harmonia econômica preestabelecida da forma como os economistas clássicos e seus discípulos otimistas liberais a concebem. Existem tendências no mecanismo de mercado que proporcionam um ajuste nas relações econômicas rompidas. Mas essas forças prevalecem apenas "a longo prazo", ao passo que o processo de reajuste é interrompido por atritos mais ou menos acentuados. Isso dá origem a situações em que a intervenção pelo "poder social" pode ser não só politicamente necessária, mas também economicamente conveniente (...) desde que haja, e que sejam seguidas, recomendações técnicas, disponíveis para o poder público, fundamentadas em análise estritamente científica[94].

É extraordinário que esta tese não tenha sido escrita durante as décadas de 1870 ou 1880, quando os Socialistas de Cátedra ofereciam às altas autoridades seus remédios infalíveis para o problema social e suas promessas para a aurora de dias gloriosos. Foi escrita em 1927. Lampe ainda não compreende que a crítica científica ao intervencionismo nada tem a ver com um *"ideal de livre competição"* e *"harmonia*

---

[94] LAMPE, Adolf. *Notstandsarbeiten oder Lohnabbau? Kritik der Wirtschaftstheorie an der Arbeitslosenpolitik*. Jena: G. Fischer, 1927. p. 104ss.

*preestabelecida"*⁹⁵. Os que analisam cientificamente o intervencionismo não chegam a afirmar que a economia não controlada é de algum modo ideal, boa ou isenta de atrito. Não defendem a tese de que toda intervenção corresponde a uma "redução da produtividade econômica". Com sua crítica apenas demonstram que as intervenções não podem atingir os objetivos traçados por seus autores e promotores, e que elas devem ter consequências indesejadas mesmo para seus autores e patrocinadores, por lhes contrariarem as intenções. É assim que os defensores do intervencionismo devem responder. Todavia, não apresentam nenhuma resposta.

Lampe apresenta um programa de *"intervencionismo produtivo"*, que consiste em três pontos⁹⁶. O primeiro é que a autoridade pública "deve, dentro do possível, insistir na redução lenta do nível salarial". Pelo menos, Lampe não nega que qualquer tentativa, por parte da "autoridade pública", no sentido de manter os níveis salariais acima daqueles que a ação do mercado teria estabelecido deve, certamente, gerar desemprego. No entanto, negligência o fato de que sua própria proposta levaria – num grau menor e por um período limitado – à intervenção que ele próprio sabia ser inconveniente. Em relação a essas propostas vagas e incompletas, os defensores de controles totais levam a vantagem de parecerem lógicos. Lampe critica-me por eu não me preocupar com a duração do desemprego sazonal transitório, que provoca

---

⁹⁵ Quanto à "harmonia preestabelecida", ver o ensaio "Antimarxismo", de minha autoria, publicado adiante, como capítulo 4 do presente livro.
⁹⁶ LAMPE, Adolf. *Notstandsarbeiten oder Lohnabbau? Op. cit.*, p. 127ss.

atritos, nem com a gravidade que este poderá atingir[97]. Ora, sem intervenção, o desemprego não durará muito tempo nem afetará a muitos. Contudo, não há dúvida de que a proposta de Lampe, se posta em prática, causaria um desemprego prolongado, com sérias e graves consequências. Isso não pode ser negado nem mesmo por Lampe, à luz de sua análise.

De qualquer forma, devemos ter em mente que uma crítica ao intervencionismo não deixa de lado o fato de que, quando algumas intervenções na produção são eliminadas, surgem atritos específicos. Se, por exemplo, todas as restrições à importação fossem suspensas hoje, grandes dificuldades, causadas por essa revogação se fariam sentir durante algum tempo. Logo depois, porém, haveria uma elevação sem precedentes da produtividade da mão de obra. Esses atritos inevitáveis não podem ser amenizados por um prolongamento regular do tempo destinado à redução da proteção, nem são sempre agravados por tal prolongamento. Contudo, no caso de interferências governamentais nos preços, uma redução lenta e gradual, em vez da abolição imediata, apenas prolonga o tempo em que as consequências indesejáveis da intervenção continuam a ser sentidas.

Os dois outros pontos do "intervencionismo produtivo" de Lampe não requerem crítica especial. Aliás, um deles nem é intervencionista e o outro, na verdade, visa à abolição da intervenção. No segundo ponto de seu programa, Lampe exige que a autoridade pública elimine os numerosos obstáculos

---

[97] Idem. *Ibidem.*, p. 105.

institucionais que reprimem a mobilidade ocupacional e regional da mão de obra.

Mas isso significa a eliminação de todas as medidas governamentais e sindicalistas que impedem a mobilidade e corresponde, basicamente, à antiga exigência do *laissez passer*, exatamente o oposto do intervencionismo. E, no terceiro ponto, Lampe sugere que a autoridade política central faça "um exame antecipado e fidedigno da situação econômica geral", o que certamente não é intervenção. Um exame geral da situação econômica pode ser útil para todos, até mesmo para o governo, na medida em que, a partir dele, se pode chegar à conclusão de que não deve, de modo algum, haver interferência.

Quando comparamos o programa intervencionista de Lampe com outros de alguns anos atrás, reconhecemos como as reivindicações de sua escola se tornaram modestas. Esse é um progresso do qual os críticos do intervencionismo podem se orgulhar.

2 - A Tese de Schmalenbach

Ao examinar a pobreza e a esterilidade do conteúdo intelectual de quase todos os livros e monografias em defesa do intervencionismo, devemos observar a tentativa de Eugen Schmalenbach (1873-1955) de provar a inevitabilidade da "economia obstruída".

Schmalenbach parte da suposição de que a intensidade de capital da indústria está em constante crescimento. Isto leva à conclusão de que os custos fixos se tornam cada vez mais importantes, ao passo que os custos proporcionais vão perdendo a importância.

O fato de ser fixada uma cota sempre maior para os custos de produção provoca o fim da antiga era de economia livre e o princípio de uma nova era de economia controlada. Os custos proporcionais incidem, caracteristicamente, sobre todo item produzido, toda tonelada entregue...

Quando os preços caem abaixo dos custos de produção, a produção é reduzida, com economia correspondente dos custos proporcionais. Mas, se o grosso dos custos de produção consiste em custos fixos, um corte de produção não reduz os custos de forma correspondente. Então, quando os preços caem, é inútil compensar a queda com cortes na produção. É mais barato continuar a produção a custos médios. Naturalmente, o negócio passa a sofrer um prejuízo que, contudo, é menor do que seria o acarretado por cortes na produção, aliados a custos praticamente sem redução. Desta forma, a economia moderna, que tem altos custos fixos, se vê privada dos recursos que, automaticamente, coordenam produção e consumo e, desse modo, restauram o equilíbrio econômico. A economia perde a capacidade de ajustar a produção ao consumo porque uma grande parte dos custos proporcionais perdeu a flexibilidade[98].

---

[98] SCHMALENBACH, Eugen. "Die Betriebswirtschaftslehre an der Schwelle der neuen Wirtschaftsverfassung". *Zeilschrift für Handeiswhsenschaltetche Forschung*, Vol. 22 (1928). p. 244ss.

Esta transferência dos custos de produção dentro da empresa *"quase que por si só"* está *"levando-nos da velha ordem económica para a nova"*. *"A antiga grande fase do século XIX, a época da livre empresa, só era possível, quando os custos de produção em geral, eram, de fato, proporcionais. Deixou de ser possível quando a proporção dos custos fixos passou a tornar-se cada vez mais significativa"*. Como o aumento dos custos fixos ainda não parou e, provavelmente, continuará por muito tempo, é evidente que não se espera contar com a volta da economia livre[99].

A princípio, Eugen Schmalenbach oferece provas de uma relativa elevação nos custos fixos, observando que o crescimento contínuo do volume da empresa *"está necessariamente relacionado com a expansão, ainda que relativa, do departamento que está à frente de toda a organização"*[100]. Tenho minhas dúvidas a esse respeito. A superioridade de uma grande empresa consiste, entre outras coisas, em manter custos administrativos inferiores aos das empresas menores. O mesmo acontece com os departamentos comerciais, especialmente os setores de vendas.

Naturalmente, o professor Schmalenbach está inteiramente certo quando enfatiza que os custos de administração, bem como muitos outros custos gerais, não podem ser reduzidos substancialmente quando a empresa trabalha apenas com a metade ou com uma quarta parte de sua capacidade. Contudo, à medida, que os custos de administração

---

[99] Idem. *Ibidem.*, p. 242 ss.
[100] Idem. *Ibidem.*, p. 243.

calculados por unidade de produção caem com o crescimento da empresa, passam a ser menos importantes nessa fase de grandes negócios e empresas gigantescas, do que eram antes, na fase de operações menores.

Todavia, Schmalenbach coloca ênfase apenas nisso: ele enfatiza também a elevação de grande aplicação do capital. Acredita que pode, simplesmente, concluir, a partir da formação contínua de novo capital e da aplicação progressiva em máquinas e equipamentos – o que, incontestavelmente, ocorre numa economia capitalista –, que a proporção de custos fixos subirá. Primeiro, porém, ele deve provar que, de fato, este é o caso de toda a economia, não apenas de empresas isoladas. De fato, a continuidade da formação de capital conduz a um declínio na produtividade marginal do capital e a um aumento na do trabalho. A parte que vai para o capital baixa, e a que vai para o trabalho se eleva. Schmalenbach não considerou esse ponto, que nega a própria premissa de sua tese[101].

Mas vamos ignorar também esta falha e examinar a doutrina de Eugen Schmalenbach em si. Vamos questionar se uma elevação relativa dos custos fixos pode, realmente, acarretar uma atitude empresarial que prive a economia de sua capacidade de ajustar a produção à demanda.

Vejamos uma empresa que, desde seu início – ou em decorrência de uma mudança de situação –, não atinge suas expectativas primordiais. Quando foi constituída, seus

---

[101] Ver: WEBER, Adolf. *Das Ende des Kapitalismus*. München: Max Hueber, 1929. p. 19.

fundadores esperavam do capital de investimento não só que fosse amortizado e pagasse a taxa de juros devida, mas também que desse algum lucro. E, no entanto, não foi isso o que aconteceu. O preço do produto caiu tanto que passou a cobrir apenas uma parte dos custos de produção – sem nem mesmo cobrir os custos de juros e amortização. Um corte na produção não pode amenizar a situação, não pode tornar o empreendimento lucrativo. Quanto menos se produzir, mais altos serão os custos de produção por unidade e maiores os prejuízos na venda de cada unidade (de acordo com nossos pressupostos de que os preços fixos são muitos altos em relação aos custos proporcionais, independente até dos custos de juros e amortização). Há apenas uma forma de sair da dificuldade: fechar as portas. Essa é a única maneira de evitar prejuízos maiores. Naturalmente, a situação pode não ser sempre tão simples. Há esperança, talvez, de que o preço do produto suba novamente. Nesse caso, a produção não é interrompida porque as desvantagens do fechamento são consideradas superiores aos prejuízos operacionais durante os períodos de crise. Até recentemente, as estradas de ferro mais deficitárias encontravam-se nessa situação, porque os carros e os aviões passaram a concorrer com elas. Contando com um aumento de tráfego, as ferrovias esperavam obter lucros algum dia. Mas, se essas condições especiais não ocorrerem, a produção paralisará. Empresas, trabalhando em condições menos favoráveis, desaparecem, o que estabelece o equilíbrio entre a produção e a demanda.

O erro do professor Schmalenbach está em crer que o corte na produção – necessário por causa da queda dos preços – deve ocorrer juntamente com um corte proporcional de todas as operações existentes. Ele se esqueceu de que há, ainda, outra possibilidade, qual seja, a de paralisação total de todas as fábricas, que funcionam em condições desfavoráveis, já que não podem mais resistir à competição de fábricas que produzem a custos inferiores. Isso acontece principalmente no caso de indústrias que produzem matéria-prima e produtos de primeira necessidade. Nas indústrias de acabamento, em que fábricas isoladas normalmente manufaturam vários itens, para os quais as condições de produção e mercado podem variar, pode-se ordenar um corte que limite a produção aos itens mais lucrativos.

Isso é o que acontece em uma economia ativa, sem a intervenção do governo. Portanto, é extremamente errôneo sustentar que uma elevação dos custos fixos impeça nossa economia de equilibrar produção e demanda.

É verdade que, se o governo interferir neste processo de ajuste através da imposição de medidas protecionistas de dimensões adequadas, surge uma nova possibilidade para os produtores: eles podem formar um cartel para colher as vantagens monopolísticas das reduções na produção. Evidentemente, a formação de cartéis não resulta de algum processo da economia livre, mas é consequência da intervenção do governo, através da medida protecionista. No caso do carvão e dos tijolos, os custos com transporte – que, aliás, são bastante elevados em relação ao valor do produto – podem, sob certas condições e sem a intervenção do governo, levar à formação de cartéis que têm uma eficiência local limitada. Certos metais são encontrados em tão poucos lugares que, mesmo numa economia livre, os produtores podem tentar formar um cartel mundial. Mas não se pode dizer que todos os outros cartéis devam sua existência à intervenção, em vez de a uma tendência da economia livre. De um modo geral, os cartéis internacionais só podem ser formados porque importantes áreas de produção e consumo são protegidas do mercado mundial por barreiras tarifárias.

A formação de cartéis nada tem a ver com a relação entre custos fixos e proporcionais. O fato de a formação de cartéis nas indústrias de acabamento se processar mais lentamente do que nas indústrias de matéria-prima não se deve à elevação mais lenta dos custos fixos, conforme Eugen Schmalenbach acredita, mas à complexidade da manufatura de bens mais próximos do consumo, o que torna muito complicados os acordos de cartéis. Outra causa é a distribuição da produção entre muitas empresas, o que as torna mais vulneráveis quando da competição com outras que venham a surgir.

Os custos fixos, de acordo com Schmalenbach, estimulam as empresas a expandirem-se, mesmo que não haja demanda. Em todas as fábricas há instalações muito pouco usadas. Mesmo as fábricas que operam com capacidade total, trabalham com custos decrescentes. Para utilizar melhor as instalações, a fábrica é ampliada. "Assim, indústrias inteiras estão expandindo suas capacidades sem que haja a justificativa de aumento da demanda"[102]. Prontamente admitimos que isso acontece na Europa contemporânea, com suas políticas

---

[102] SCHMALENBACH, Eugen. "Die Betriebswirtschaftslehre an der Schwelle der neuen Wirtschaftsverfassung". *Op. cit.*, p. 245.

intervencionistas e, principalmente, na Alemanha, com seu sistema altamente intervencionista. A produção expande-se levando em conta a redistribuição de cotas de cartéis – ou quaisquer outras considerações do gênero, em vez de levar em conta o mercado. Essa é outra consequência do intervencionismo, não um de seus fatores originários.

Mesmo Schmalenbach, cujo pensamento econômico se opõe ao de outros observadores, não pôde evitar o equívoco que, de um modo geral, caracteriza a literatura alemã sobre economia. É incorreto considerar o desenvolvimento na Europa e, principalmente, na Alemanha, sob a influência de medidas altamente protecionistas, uma consequência das forças do mercado livre. É óbvio que as indústrias alemãs de ferro, carvão e carbonato de potássio funcionam sob o efeito de medidas protecionistas – e, no caso do carvão e do potássio, também sob outras intervenções governamentais, que estão obrigando à formação de sindicatos. Consequentemente, é inteiramente incorreto tirar conclusões a respeito da economia livre a partir do que está acontecendo nessas indústrias. A *"ineficiência permanente"*, tão acirradamente criticada por Schmalenbach[103], não é ineficiência da economia livre, mas da economia controlada. A "nova ordem econômica" é fruto do intervencionismo.

Eugen Schmalenbach está convencido de que, num futuro não muito distante, chegaremos a uma situação em que as organizações monopolizadoras receberão seu poder monopolístico do Estado e o Estado supervisionará *"o desempenho*

---

[103] Idem. *Ibidem.*, p. 247.

das obrigações que cabem ao monopólio "[104]. Certamente, se por algum motivo rejeitarmos a volta a uma economia livre, a conclusão de Schmalenbach está inteiramente de acordo com aquela a que qualquer análise econômica dos problemas do intervencionismo deve chegar. O intervencionismo, enquanto sistema econômico, é inadequado e ilógico. Uma vez que se reconheça isso, resta-nos a escolha entre suspender todas as restrições, ou expandi-las para formar um sistema no qual o governo toma todas as decisões econômicas, no qual o Estado determina o que produzir, como produzir e declara em que condições e para quem os produtos devem ser vendidos; é de fato um sistema socialista no qual, da propriedade privada, restará no máximo o nome[105].

Não me cabe nesta análise, fazer um estudo sobre a economia de uma comunidade socialista, uma vez que já tratei desse assunto em outra obra.

---

[104] Idem. *Ibidem.*, p. 249 ss.
[105] Ver: MISES, Ludwig von. *Die Gemeinwirtschaft: Untersuchungen über den Sozialismus*. Jena: Gustav Fischer, 1922. p. 94ss. [Na edição em língua inglesa, ver: MISES, Ludwig von. *Socialism: An Economic and Sociological Analysis*. London: Jonathan Cape, 1936. p. 111ss.].

Capítulo 3

1 - Introdução

Heinrich Herkner (1863-1932), presidente da Associação para a Política Social, recentemente publicou sua autobiografia com o título: *Der Lebenslauf eines Kathedersozialisten* [*A Vida de um Socialista de Cátedra*]. Nela, propôs-se a *"facilitar uma compreensão da era em que se encerrou o ciclo do socialismo acadêmico alemão"*[106]. De fato, não se pode negar que os Socialistas de Cátedra [*Kathedersozialisten*] disseram tudo o que pretendiam dizer:

* Publicado originalmente em alemão como: MISES, Ludwig von. "Sozialliberalismus". *Zeitschrift Für die Gesamte Staatswissenschaft*. Vol. 81 (1926): 242-78. (N. E.)
[106] HERKNER, Heinrich. "Der Lebenslauf eines Kathedersozialisten". *In*: MEIRTER, Félix (Ed.). *Die Volkswirtschaftslehre der Gegenwart in Selbstdarstellungen*. Leipzig: Verlag von Felix Meiner, 1924. pp. 77-116. *Cit.* p. 113.

Liberalismo Social*

aliás, parece mesmo que sua supremacia está agora em declínio. Portanto, é hora de fazer um balanço de suas realizações.

Por ocasião do septuagésimo aniversário de Gustav von Schmoller, os mais eminentes membros da Escola Histórico-Realista reunidos, elaboraram uma extensa obra em que apresentavam os resultados dos esforços da economia alemã, durante o século XIX[107]. Nunca se fez um resumo das 40 monografias deste livro. O prefácio afirma claramente que o estudo da natureza e da extensão do progresso da ciência econômica alemã como um todo deve ser reservado para análise futura[108].

Se alguém tivesse tentado elaborar essa análise, sem dúvida se teria desapontado. O resumo, mais do que as monografias individualmente,

---

[107] *Die Entwicklung der deutschen Volkswirtschaftslehre im 19. Jahrhundert: Gustav Schmoller zur 70. Wiederkehr seines Geburtstages, 24 juni 1908, in Verehrung dargebracht.* Leipzig: Duncker & Humblot, 1908. 2v.
[108] Idem. *Ibidem.*, Vol. 1, p. VIII.

teria revelado que a Escola atingiu muito poucas de suas metas. Teria mostrado como a Escola, toda vez que tocava em questões fundamentais, não podia deixar de apropriar-se de descobertas de outra escola teórica que menosprezava. Em todas as contribuições dessas monografias, que atingem apenas parcialmente o objetivo a que se propõem, evidencia-se o trabalho dos teóricos em economia, apesar de eles estarem separados da Escola Histórico-Realista e serem por ela criticados. No que diz respeito a salários, por exemplo, Ludwig Bernhard (1875-1935), autor de uma das monografias, chega à conclusão de que *"a Escola Histórico-Estatística mal abordou o principal problema relativo a salários"*. Iniciou investigações detalhadas, mas sobre as grandes questões, acabou por confessar *"que os processos eram mais complexos do que todas as detalhadas pesquisas realizadas por nós"*. Não haveria novas pesquisas na Alemanha, não fosse pela ação da Escola Austríaca, conhecida por abstrata[109]. Se isso se aplica aos salários – tópico sobre o qual os Socialistas de Cátedra adoravam fazer comentários –, o que não se poderá dizer de todos os outros problemas!

Também consideramos superficiais e falhas todas as outras coleções de ensaios que essa Escola publicou. Na coletânea *Grundriß der Sozialökonomik* [*Fundamentos de Economia Social*][110], os economistas austríacos preocupavam-se com a história do pensamento e com a teoria econômica. E as

---

[109] BERNHARD, Ludwig. "Der Arbeitslohn". *In*: *Die Entwicklung der deutschen Volkswirtschaftslehre im 19. Op. cit*, Vol. I, p. 11ss.
[110] *Grundriß der Sozialökonomik*. Tübingen: J. C. B. Mohr, 1914. (N. E.)

contribuições clássicas de Carl Menger (1840-1921), Eugen von Böhm-Bawerk (1851-1914), Friedrich von Wieser (1851-1926) e de alguns outros "teóricos" representam os únicos ensaios de interesse permanente na coleção de dez mil páginas da terceira edição do *Handwörterbuch der Staatswissenschaften* [*Dicionário Portátil de Ciência Política*][111].

Há, contudo, outro abrangente *Festschrift*[112], que procura apresentar a ciência inteira em monografias. Mas há sinais de que estas coleções, que abrangem problemas heterogêneos, torturam leitores e estorvam bibliotecários, estão sendo gradativamente substituídas por compilações que tratam de apenas um grupo de problemas. Por ocasião do octogésimo aniversário de Lujo Brentano, o veterano decano do socialismo acadêmico dentro e fora da Alemanha, seus alunos publicaram *Die Wirtschaftswissenschaft nach dem Kriege* [*A Economia do Pós-guerra*][113].

---

[111] *Handwörterbuch der Staatswissenschaften*. Jena: Gustav Fischer, 3ª ed., 1911. (N. E.)

[112] Geralmente traduzido como "livro de homenagem" ou "livro de celebração", o termo alemão *Festschrift* [comemorativo] é utilizado no meio acadêmico em diferentes países, incluindo os Estados Unidos e o Brasil, para se referir a um volume biográfico comemorativo, escrito por vários autores, que reúne contribuições inéditas variadas, de colegas e alunos, em homenagem a um professor, na maioria das ocasiões ainda vivo, sendo publicado na maioria das vezes na aposentadoria do homenageado ou em alguma data especial. (N. E.)

[113] BONN, M. J. & PALYI, M. (Ed.). *Die Wirtschaftswissenschaft nach dem Kriege: Festgabe für Lujo Brentano zum 80. Geburtstag*. München / Leipzig: Duncker & Humblot, 1925. A obra contém vinte e nove ensaios de diferentes autores reunidos em dois volumes, o primeiro *Wirtschaftspolitische Ideologien* [*Ideologias Econômicas*] e o segundo *Der Stand der Forschung* [*O Estado da Pesquisa*]. Abaixo farei citações destas contribuições, indicando nos rodapés o autor, o volume e o número de página dos ensaios.

Naturalmente, a qualidade das contribuições individuais varia muito. Não é preciso ressaltar que os 29 colaboradores trabalharam independentemente e não tomaram conhecimento das teorias e ideologias uns dos outros. Mas uma linha comum aparece em todos os trabalhos, especialmente naqueles que os editores consideram mais importantes e que Brentano, provavelmente, lia com a maior satisfação: a intenção de defender e elaborar o "sistema Brentano". As condições externas para tal tarefa são menos favoráveis hoje do que eram há 17 anos. Quando surgiu o *Festschrift* de Schmoller, em 1908, o socialismo acadêmico e a economia da Escola Histórico-Realista estavam no auge de sua reputação e influência política. Houve uma grande mudança desde então. O *Festschrift* de Schmoller tinha o som de uma fanfarra. O *Festschrift* de Brentano exige uma discussão.

2 - Socialismo de Cátedra

O socialismo acadêmico não é uma ideologia homogênea. Sendo o sindicalismo concorrente do socialismo – embora não se faça, com frequência, uma distinção nítida entre eles, há duas escolas de pensamento no Socialismo de Cátedra: a Escola Socialista (socialismo estatal ou estatismo) e a Escola Sindicalista (às vezes chamada "liberalismo social").

Socialismo e sindicalismo são antagonistas implacáveis, e duas ideologias que, por sua vez, opõem-se de forma irreconciliável ao liberalismo. Nenhum argumento capcioso pode ignorar o fato de que o controle direto sobre os meios de produção só pode ficar ou com os indivíduos, ou com a sociedade como um todo, ou com as associações de trabalhadores de cada indústria. A política, nunca pode ter êxito em dividir o controle direto sobre certos meios de produção entre a sociedade (o Estado), os sindicatos, e os indivíduos. A propriedade, sob a forma de controle direto dos meios de produção, é indivisível. É verdade que pode haver uma ordem social na qual alguns meios são propriedade do Estado ou de outros órgãos administrativos, alguns, dos sindicatos, e alguns, de indivíduos. Neste sentido, pode haver socialismo parcial, sindicalismo parcial, e capitalismo parcial. Contudo, nunca pode haver um acordo entre socialismo, liberalismo e sindicalismo com relação a esses mesmos meios de produção. Esta incompatibilidade fundamental e lógica das três ordens sociais concebíveis tem, muitas vezes, ficado obscurecida na teoria e na política. Todavia, ninguém jamais teve êxito em criar uma ordem social que pudesse ser chamada de síntese – ou mesmo de reconciliação – dos princípios em conflito.

O liberalismo é a ideologia que considera a propriedade privada dos meios de produção como o único alicerce possível ou, pelo menos, o melhor que se pode conceber para a sociedade com base na divisão de trabalho. O socialismo procura transferir a propriedade dos meios de produção para as mãos da sociedade organizada, do Estado. O sindicalismo quer transferir o controle dos meios de produção para a associação de trabalhadores nos ramos individuais de produção[114].

---

[114] O sindicalismo como ideal social não deve ser confundido com sindicalismo como tática. As táticas sindicalistas específicas (a *action directe* dos sindicalistas

O socialismo estatal (estatismo, também socialismo conservador) e os sistemas correlatos de socialismo militar e socialismo cristão almejam a formação de uma sociedade na qual *"a administração da propriedade é reservada aos indivíduos"*, mas seu emprego é supervisionado e orientado pela coletividade como um todo, de modo que *"formalmente a propriedade é privada, mas essencialmente é pública"*[115]. O fazendeiro, por exemplo, torna-se *"um funcionário público, devendo cultivar aquilo de que o país precisa, de acordo com seu conhecimento e consciência, ou por ordem governamental. Receber sua participação e um salário que lhe garanta o sustento, é tudo o que pode exigir"*[116]. Algumas empresas grandes são transferidas diretamente para o Estado ou para a comunidade; todas as outras permanecem formalmente nas mãos de seus proprietários, mas devem ser administradas de acordo com o plano das autoridades. Desta forma, toda empresa torna-se uma repartição pública e toda ocupação, um *"compromisso"*.

Houve época em que ainda foram feitas sérias considerações com relação ao programa socialdemocrata, no sentido de proceder à transferência formal do controle de todos os meios

---

franceses) podem também servir a outras ideologias. Por exemplo, elas podem ser usadas para a efetivação do socialismo.

[115] Também defendido na ideia de reestruturação da sociedade proposta por Othmar Spann. Ver a seguinte obra: SPANN, Othmar. *Der Wahre Staat*. Leipzig: Quelle & Meyer, 1921. p. 249. Ver, também: HONIGSHEIM, Paul. "Romantische und religiös-mystische Wirtschaftsgesinnungen". *In*: BONN, M. J. & PALYI, M. (Ed.). *Die Wirtschaftswissenschaft nach dem Kriege. Op. cit.*, Vol. I, p. 264.

[116] Ver: ARMIN, Philipp von. *Ideen zu einer vollständigen landwirtschaft-lichen Buchhaltung* (1805). Citada em: WALTZ, Wilhelm. *Vom Reinertrag in der Landwirtschaft: eine historisch-kritische Studie*. Stuttgart / Berlim: J. G. Cotta, 1904. p. 21.

de produção para o controle da sociedade, parecia existir uma diferença considerável – embora não fundamental – entre o programa dos estatistas e o dos socialdemocratas. Hoje o programa socialdemocrata simplesmente pede a nacionalização imediata de grandes empresas, e reivindica para lojas comerciais e propriedades rurais, o controle do Estado. Neste sentido, estatistas e socialistas estão muito mais próximos do que estavam há cerca de uma década.

Entretanto, a diferença fundamental entre os ideais sociais do estatismo e os dos socialdemocratas estava no problema de distribuição de renda e não no programa de nacionalização. Para os socialdemocratas estava fora de dúvida de que todas as diferenças de renda deviam desaparecer. O estatismo, porém, tencionava distribuir a renda de acordo com a "dignidade". Cada um devia receber de acordo com sua posição. Neste ponto, também, a diferença que separava socialdemocratas de estatistas diminuiu consideravelmente.

Estatismo também é socialismo genuíno, embora possa diferir, em alguns aspectos, do socialismo do *Manifesto do Partido Comunista*, de Karl Marx e Friedrich Engels (1820-1895), e da social-democracia do *Programa de Erfurt*, de Eduard Bernstein (1850-1932), August Bebel (1840-1913) e Karl Kautsky (1854-1938). Essencial apenas é seu posicionamento quanto ao problema da propriedade privada dos meios de produção. Como os Socialistas de Cátedra representavam o estatismo e exigiam a nacionalização das grandes empresas, bem como a supervisão e o controle pelo governo, de todas as outras, os estatistas adotaram a política socialista.

Mas nem todos os Socialistas de Cátedra foram estatistas. Lujo Brentano e sua Escola promoveram um programa sindicalista, embora, em muitas questões da política cotidiana, tenham-se unido aos outros Socialistas de Cátedra e tenham lutado, juntamente com os socialdemocratas, contra o liberalismo. Como já dissemos, seu sindicalismo não é mais definido e direto que o de qualquer outro programa. Na realidade, é tão contraditório, acarretando consequências tão absurdas, que nunca poderia ser inabalavelmente defendido. Brentano dissimulava sua posição cuidadosamente, mas, não obstante, era um sindicalista. Essa posição tornou-se muito clara, quando Brentano tratou dos problemas de coerção e de greves dos sindicatos, bem como da proteção aos trabalhadores dispostos a trabalhar.

Se os empregados têm o direito de paralisar uma empresa, enquanto o proprietário tem o de rejeitar suas exigências, o controle de produção, em última análise, fica nas mãos dos sindicatos. O problema não deve ser abafado pela confusão entre livre negociação coletiva – a liberdade dos trabalhadores de organizar-se – e a impunidade de trabalhadores que infringirem o contrato. A proteção aos trabalhadores dispostos a trabalhar é uma questão inteiramente diferente. Enquanto a paralisação do trabalho pelos trabalhadores de uma empresa ou de uma indústria inteira puder ser neutralizada pela contratação de trabalhadores provenientes de outras indústrias ou de uma determinada reserva de trabalhadores desempregados, os sindicatos não podem elevar os salários acima do que seriam pagos se não tivessem intervindo. Mas tão logo a força física de trabalho

– com consentimento tácito ou promoção explícita do Estado – torne impossível substituir os grevistas, os sindicatos podem agir como quiserem. Os trabalhadores de empresas "essenciais", então, podem determinar, livremente, os salários. Podem elevá-los tanto quanto quisessem, não fosse a preocupação com a opinião pública e com a suscetibilidade dos trabalhadores de outras indústrias. De qualquer forma, todos os sindicatos têm, transitoriamente, a força de elevar os índices salariais acima daqueles que a situação econômica determinaria sem a intervenção do sindicato.

Quem quiser negar proteção a trabalhadores dispostos a trabalhar deverá preocupar-se em encontrar uma forma de lidar com o excesso de demandas por parte da mão de obra. Não adianta apelar para que os trabalhadores tenham uma conduta razoável ou investir, com poderes de decisão, comitês de patrões e empregados. Comitês com igual força de representação de ambos os lados só podem chegar a um acordo se um dos lados fizer concessões. Mas, se a decisão for tomada pelo Estado – seja através de uma instância jurídica forte, seja por algum membro do comitê que represente o Estado –, a solução adotada será novamente a do estatismo, justamente aquilo que se queria evitar.

Uma ordem social que recusa proteção àqueles dispostos a trabalhar não tem vitalidade e deve desintegrar-se rapidamente. É por este motivo que todos os sistemas políticos, independentemente de quanto colaborem com os sindicatos, precisam, no final, opor-se à coerção dos sindicatos. Sem dúvida, a Alemanha antes da guerra nunca se preocupou com uma legislação que garantisse proteção do governo àqueles que se dispunham a trabalhar; houve uma tentativa de estabelecimento de tais leis, que não teve êxito por causa da resistência de Brentano e de sua Escola. Mas deve-se observar que a Alemanha, antes da guerra, podia facilmente esmagar uma greve em empresas essenciais, convocando-se os grevistas para o serviço militar ativo. A Alemanha republicana de pós-guerra não dispõe mais dessa força. E, contudo, apesar da supremacia do Partido Socialdemocrata, ela assumiu, com sucesso, uma posição contra greves nas empresas essenciais e, dessa forma, assegurou, expressivamente, proteção aos trabalhadores que queriam trabalhar. Por outro lado, na Rússia soviética, as greves são absolutamente impossíveis. O social-democrata Karl Kautsky e o comunista Vladimir Lenin (1870-1924) concordam inteiramente que, aos trabalhadores que desejem trabalhar, deve ser permitido "furar" greves em instalações vitais.

O estatismo confia na experiência e no posicionamento dos representantes do governo. Georg Friedrich Knapp (1842-1926) afirma:

> Nossos representantes estão aprendendo bem rápido como se passam as coisas durante um conflito de interesses econômicos. Não deixarão as rédeas escaparem de suas mãos, nem mesmo para as maiorias parlamentares, que sabemos muito bem como manejar. Nenhum poder surge com tanta facilidade nem é aceito com tanta satisfação quanto o de funcionários magnânimos e com muita instrução. O Estado alemão é burocrata, esperemos que permaneça sempre assim.

Deverá ser, então, bem fácil sobrepujar a confusão e os erros dos conflitos econômicos.[117]

Brentano e sua escola não tinham essa fé na infalibilidade dos funcionários do governo, e nisso baseavam até sua pretensão de serem "liberais". Mas, com o passar dos anos, as duas escolas aproximaram-se muito: a Escola de Brentano defendia a nacionalização ou municipalização de diversas empresas, e a Escola de Schmoller enfatizava a atividade dos sindicatos. Por muito tempo, suas posições quanto à política do comércio exterior separaram as duas escolas. Brentano rejeitava o protecionismo, enquanto este era a meta perseguida pela maioria dos estatistas. Nesse particular os estatistas fizeram algumas concessões: esta mudança revelava uma resolução ambígua em relação ao livre comércio, planejada em 1923 por professores universitários, que se encontravam em Stuttgart.

O próprio Brentano procurou descrever as diferenças entre as duas escolas nas questões fundamentais de política social, como se pode ver a seguir:

> Ambos estamos a favor da atividade de organizações livres, bem como da intervenção governamental, sempre que o indivíduo, abandonado ao seu próprio destino, não contar com a possibilidade de preservar sua personalidade e desenvolver

---

[117] KNAPP, Georg Friedrich. *Die Landarbeiter in Knechtschaft und Freiheit*. Leipzig: Duncker & Humblot, 2ª ed., 1909. p. 86. Ver, também: KNAPP, Georg Friedrich. *Einführung in einige Hauptgebiete der Nationalökonomie*. München/ Leipzig: Duncker & Humblot, 1925. p. 1922.

suas capacidades. Contudo, desde o início, nossas posições relativas a essas duas situações inverteram-se. Meus estudos sobre as condições britânicas levaram-me a fundamentar minhas esperanças na elevação das classes trabalhadoras, primordialmente quanto às atividades de suas organizações, enquanto que, para Schmoller, era muito mais importante que o Estado assumisse o papel de protetor dos fracos.[118]

Brentano escreveu isso na primavera de 1918, pouco depois do colapso do sistema de Schmoller, e pouco antes do colapso do sistema de Brentano tornar-se evidente. As diferenças fundamentais entre as duas escolas podem não estar claramente delineadas, mas são, pelo menos, discerníveis.

3. LIBERALISMO E LIBERALISMO SOCIAL

Os nomes não são importantes: o que importa é a substância. O termo "liberalismo social" soa, de fato, estranho, visto que socialismo e liberalismo são mutuamente excludentes. Mas estamos acostumados com essa terminologia. O socialismo e a democracia também são irreconciliáveis, em última análise e, não obstante, há o velho conceito de "Democracia Social", uma *contradictio in adjecto*. Se, hoje, a Escola de Brentano, que adotava o sindicalismo, e alguns estatistas "moderados" designassem seu movimento de "liberalismo

---

[118] BRENTANO, Lujo. *Ist das "System Brentano" zusammengebrochen? Über Kathedersozialismus und alten und neuen Merkantilismus*. Berlin: E. Reiss, 1918, p. 14ss.

social", não surgiria nenhuma objeção à terminologia. Mas não podemos permitir – não por razões políticas, mas no interesse da clareza científica e do pensamento lógico – que essa designação elimine as diferenças entre liberalismo e socialismo. Ela permite chamar "liberal" o que é justamente o oposto daquilo que a história e a ciência social definem como liberal. O fato de que, na Grã-Bretanha, a terra natal do liberalismo, prevaleça essa confusão semântica, não justifica que nós a adotemos.

Heinrich Herkner está certo quando observa que a inviolabilidade da propriedade privada não é um objetivo fixado dogmaticamente para o liberalismo, mas um meio de atingir as metas fundamentais. Entretanto, está errado quando afirma que isto acontece *"apenas temporariamente"*[119]. Na sua meta mais alta e fundamental, liberalismo e socialismo estão de acordo. Diferem precisamente quanto ao que julgam o mais conveniente meio para atingir essa meta: para o liberalismo é a propriedade privada dos meios de produção, enquanto que para o socialismo é a propriedade pública o meio mais adequado. Essa diferença nos dois programas, e somente essa, corresponde à história do pensamento durante o século XIX. Suas posições diferentes sobre o problema da propriedade dos meios de produção separa o liberalismo do socialismo. A questão ficaria obscura se apresentada de outra forma qualquer.

---

[119] HERKNER, Heinrich. "Socialpolitischer Liberalismus". *In:* BONN, M. J. & PALYI, M. (Ed.). *Die Wirtschaftswissenschaft nach dem Kriege. Op. cit.*, Vol. I, p. 41.

De acordo com Herkner

O socialismo é um sistema econômico no qual a sociedade organizada como Estado assume diretamente a responsabilidade pela existência de todos os seus membros. Como sistema econômico, baseia-se no atendimento das necessidades nacionais mais do que na obtenção de parcos lucros. Todo o processo de produção e distribuição passa a ser atribuição da autoridade pública, em substituição da propriedade privada dos meios de produção e de seu uso para lucro.[120]

Isso não tem muita precisão, mas é exposto com muita clareza. Adiante Herkner afirma:

> Se esse sistema pudesse ser realizado com recursos liberais, isto é, sem a força e a violação da lei, e se pudesse não só melhorar as condições materiais do povo, mas também garantir maior liberdade individual, não se poderia, então, levantar nenhuma objeção contra ele do ponto de vista liberal.[121]

Assim, quando o parlamento discutir a questão da nacionalização, os liberais, de acordo com Herkner, podem votar a favor do bem comum, se a referida questão for apresentada *"sem pressão e sem violação da lei"*, e se não tiverem dúvidas quanto ao que venha a ser bem-estar material do povo.

---

[120] Idem. *Ibidem.*, p. 43.
[121] Idem. *Ibidem.*, p. 44.

Heinrich Herkner parece acreditar que o liberalismo mais antigo defendia a propriedade privada em benefício próprio e não pelas consequências sociais dela. Como Leopold von Wiese (1876-1969) e Otto von Zwiedineck-Südenhorst (1871-1957), ele analisa a diferença entre o liberalismo mais antigo e o contemporâneo. De acordo com Herkner:

> Enquanto o liberalismo mais antigo considerava a propriedade privada uma instituição da lei natural, cuja proteção, juntamente com a proteção da liberdade individual, era o primeiro dever do Estado, o liberalismo contemporâneo enfatiza, com veemência cada vez maior, o fator social da propriedade (...). A propriedade privada não é mais defendida com justificativas individualistas, mas com considerações de conveniência social e econômica.[122]

Numa tendência semelhante, Zwiedineck observa que há razão para otimismo, uma vez *"que uma propriedade privada, em benefício próprio, que só atenda aos interesses dos proprietários seria de curta duração"*. Desta forma, o liberalismo moderno também defende a propriedade privada com base na *"conveniência social"*[123].

Não é nosso dever aqui examinar como as teorias não liberais da lei natural pretendiam defender a propriedade privada como fenômeno natural. Mas deve ser de conhecimento

---

[122] Idem. *Ibidem.*, p. 49.
[123] ZWIEDINECK-SÜDENHORST, Otto von. "Zur Eigentums-und Produktíonsverfassung". *In:* BONN, M. J. & PALYI, M. (Ed.). *Die Wirtschaftswissenschaft nach dem Kriege. Op. cit.*, Vol. II, p. 447.

geral que os liberais mais antigos eram utilitaristas (pelo que são frequentemente criticados), e que, para eles, estava fora de cogitação que alguma instituição social, alguma norma ética, qualquer coisa, em suma, pudesse ser defendida em função do seu próprio interesse, ou de qualquer interesse particular: só admitiam uma defesa fundamentada em razões de conveniência social. O fato de o liberalismo moderno exigir a propriedade privada dos meios de produção em virtude de sua utilidade social, e não visando seu próprio bem, ou os interesses dos proprietários, não indica que o liberalismo esteja caminhando para o socialismo.

"*Propriedade privada e herança*", Herkner continua, "*dão origem a renda não derivada de trabalho. O liberalismo simpatiza com os esforços dos socialistas em opor-se a essa renda não obtida por trabalho em nome da justiça e da igualdade de oportunidades para todos os membros da sociedade*"[124]. O fato de a renda não ganha derivar da propriedade é tão evidente quanto o fato de a palavra "pobreza" derivar de *pauvreté*. De fato, a renda não ganha através do trabalho assalariado provém do controle dos meios de produção. Quem se opõe a essa renda, deve opor-se à propriedade privada dos meios de produção. Os liberais, portanto, não podem simpatizar com a rejeição socialista à renda não derivada do trabalho. Se, por acaso, o fizerem, deixarão de ser liberais.

Então, o que, segundo Herkner, é liberalismo? Sua resposta é esta:

---

[124] HERKNER, Heinrich. "Socialpolitischer Liberalismus". *Op. cit.*, Vol. I, p. 49.

Liberalismo é uma visão de mundo, uma espécie de religião, uma fé. É uma fé na dignidade e bondade naturais do homem, no seu grandioso destino, na sua capacidade de crescer por seus poderes de razão natural e liberdade, uma fé na vitória da justiça e da verdade. Sem liberdade não há verdade. Sem verdade não pode haver triunfo da justiça, não pode haver progresso e consequentemente não pode haver desenvolvimento, cujos estágios posteriores são sempre mais desejáveis que os precedentes. O que a luz do sol e o oxigênio significam para a vida orgânica, razão e liberdade significam para o desenvolvimento intelectual. Nenhum indivíduo, classe, nação, ou raça deve ser considerado simples meio para a consecução dos fins de outro indivíduo, classe, nação ou raça.[125]

Tudo isto é muito bonito e nobre, mas infelizmente tão geral e vago que se aplica igualmente ao socialismo, sindicalismo e anarquismo. Essa definição de liberalismo não contém o ingrediente decisivo, ou seja, uma ordem social que se fundamenta na propriedade privada dos meios de produção.

Não nos surpreende que, com tal desconhecimento sobre liberalismo, Herkner também concorde com praticamente todos os conceitos errôneos que se encontram tão em voga hoje. Entre outros, destaca-se esse conceito: *"Ao contrário dos liberais mais antigos, que almejavam, principalmente, o fim das restrições prejudiciais, o liberalismo moderno (isto é, o liberalismo social) tem um programa construtivo e positivo"*[126].

---

[125] Idem. *Ibidem.*, p. 39.
[126] Idem. *Ibidem.*, p. 47.

Se Herkner tivesse descoberto que a propriedade privada dos meios de produção é o ingrediente básico do liberalismo, teria sabido que o programa liberal não é menos positivo e construtivo que qualquer outro. A mentalidade burocrática – que, de acordo com Brentano, é *"a única caixa de ressonância da Associação para a Política Social"*[127] – considera construtiva e positiva apenas a ideologia que exija o maior número de repartições públicas e de funcionários. E quem procura reduzir o número de agentes do Estado é tachado de "pessimista" ou de "inimigo do Estado".

Tanto Heinrich Herkner quando Leopold von Wiese[128] salientam categoricamente que o liberalismo nada tem a ver com o capitalismo. Richard Passow (1880-1949) tentou mostrar que os termos ambíguos "capitalismo", "ordem econômica capitalista" etc., são palavras de ordem políticas que, com algumas exceções apenas, nunca são usadas objetivamente para classificar e compreender os fatos da vida econômica. Ao contrário, são usadas para criticar, acusar e condenar fenômenos que são mais ou menos mal compreendidos[129]. É claro que quem aprecia o liberalismo, independentemente da definição que lhe dê, procura defendê-lo dos rótulos considerados aviltantes, difamatórios e ofensivos. Entretanto, se concordamos com Passow, quando observa que, para a maioria dos

---

[127] BRENTANO, Lujo. *Ist das "System Brentano" zusammengebrochen? Uber Kathedersozialismus und alten und neuen Merkantilismus*. Op. cit., p. 19.

[128] Ver: HERKNER, Heinrich. "Socialpolitischer Liberalismus". Op. cit., Vol. I, p. 38; WIESE, Leopold von. "Gibt es noch Liberalismus?" *In:* BONN, M. J. & PALYI, M. (Ed.). *Die Wirtschaftswissenschaft nach dem Kriege*. Op. cit., Vol. I, p. 22.

[129] Ver: PASSOW, Richard. *Kapitalismus*. Jena: G. Fischer, 1918. p. 1ss.

escritores que deram ao termo "capitalismo" um significado definido, sua essência está no desenvolvimento e expansão de grandes empresas[130], devemos admitir que liberalismo e capitalismo estão estreitamente relacionados. Foi o liberalismo que criou as condições ideológicas que deram origem à moderna produção industrial em grande escala. Se usarmos o termo "capitalista" para designar um método econômico que organiza a atividade econômica de acordo com a previsão de capital[131], devemos chegar à mesma conclusão. Mas se não levarmos em conta a forma pela qual definimos capitalismo, o desenvolvimento dos métodos de produção capitalistas foi e é possível apenas dentro do quadro de uma ordem social fundamentada na propriedade privada dos meios de produção. Consequentemente, não podemos concordar com Wiese quando defende a ideia de que a essência do liberalismo ficou obscurecida em decorrência de *"sua coincidência histórica com o capitalismo de grande escala"*[132].

O que faz o capitalismo parecer "não liberal", de acordo com Wiese, é *"a falta de sensibilidade para com os que sofrem, a brutal competição, e a luta para dominar e escravizar o semelhante"*[133]. Essas expressões vêm dos velhos registros de queixas socialistas sobre a corrupção e crueldade do capitalismo.

---

[130] Idem. *Ibidem.*, p. 132ss.
[131] Ver, de minha autoria, a obra: Ver: MISES, Ludwig von. *Die Gemeinwirtschaft: Untersuchungen über den Sozialismus*. Jena: Gustav Fischer, 1922. p. 110ss. [Na edição em língua inglesa, ver: MISES, Ludwig von. *Socialism: An Economic and Sociological Analysis*. London: Jonathan Cape, 1936. P. I111 ss].
[132] WIESE, Leopold von. "Gibt es noch Liberalismus?" *Op. cit.*, Vol. I, p. 23.
[133] Idem. *Ibidem.*

Revelam a errônea interpretação socialista quanto à natureza e à substância de uma ordem social baseada na propriedade privada. Se, numa sociedade capitalista, o comprador procura comprar um bem econômico onde for menos caro, sem se preocupar com outras considerações, ele não demonstra *"falta de sensibilidade para com os que sofrem"*. Se a empresa superior compete, com sucesso, com uma que funcione de modo menos econômico, não há *"competição violenta"* nem *"luta para dominar ou escravizar o semelhante"*. Esses exemplos não indicam efeitos colaterais negativos nem são um "resultado" do capitalismo indesejado pelo liberalismo. Pelo contrário, quanto mais acirrada for a competição, melhor ela atende à sua função social de melhorar a produção econômica. O fato de que o cocheiro da diligência tenha sido substituído pela estrada de ferro, o tecelão pela tecelagem mecanizada, o sapateiro pela fábrica de sapatos não ocorreu contra as intenções do liberalismo. Quando pequenos proprietários de veleiros foram substituídos por uma grande companhia de navios a vapor, quando algumas dúzias de açougueiros foram substituídos por um matadouro, algumas centenas de comerciantes por uma loja de departamentos, isso não significou *"domínio e escravidão do semelhante"*.

Wiese observa corretamente que *"na realidade, o liberalismo nunca existiu em larga escala, e a comunidade de liberais ainda precisa ser criada e incentivada"*[134]. Dessa forma, ainda não se completou inteiramente o quadro a que o desenvolvimento pleno do capitalismo pode atingir. Esse quadro não

---

[134] Idem. *Ibidem.*, p. 16.

se delineou nem mesmo na sociedade britânica no auge do capitalismo, quando o liberalismo ditava o caminho. Hoje, é comum culpar o capitalismo por tudo o que causa desagrado. Aliás, quem sabe o que nos poderia acontecer se não fosse o "capitalismo"? Quando grandes sonhos não se realizam, o capitalismo é imediatamente acusado. Esse procedimento, possível na política partidária, deve ser evitado na discussão científica.

4 - Controle ou Lei Econômica?

Entre os vários erros, a que os Socialistas de Cátedra de todas as espécies se aferram obstinadamente, está a confiança nas limitadas intervenções governamentais na vida econômica. Estão convencidos de que, com exceção do sindicalismo, há três possibilidades concebíveis de controle dos meios de produção numa sociedade pública e da privada, existe uma terceira possibilidade: a propriedade privada sujeita ao controle do governo. A possibilidade e a conceptibilidade desse terceiro sistema serão examinadas nesta parte, com base na antítese "controle ou lei econômica".

Para os Socialistas de Cátedra essa questão tinha importância política especial. Só podiam manter sua reivindicação de uma posição intermediária imparcial entre a Escola de Manchester e o comunismo, se essa posição apontasse para um ideal social aparentemente "equidistante" dos ideais dos dois movimentos em competição. Rejeitaram como irrelevante para seus ideais toda censura endereçada ao ideal socialista. Podiam agir assim, porque não levavam em conta que intervenções limitadas na ordem da propriedade privada são improfícuas, e que os objetivos desejados pelos estatistas só podem ser atingidos quando a propriedade privada existir apenas formalmente, e quando uma autoridade central controlar toda a produção. Hero Möeller (1892-1974) observa, corretamente, que a Escola Histórica mais nova se opôs à economia clássica por razões práticas: *"Schmoller não se preocupou em buscar justificativa científica da política social bloqueada pelo conceito da regularidade econômica externa, independente do homem"*. Mas, Hero Möeller está enganado, quando comenta uma observação de Charles Rist (1874-1955), segundo a qual a escola clássica não sustentou a validade geral das leis econômicas. Está enganado, quando insiste que *"não eram as 'leis' de economia clássica propriamente ditas que criavam obstáculos"*[135]. Na verdade, elas representaram um obstáculo porque revelaram que a intervenção do governo nas operações de uma ordem social capitalista é incapaz de atingir os resultados desejados, o que deixa duas alternativas: a de renunciar a tal intenção ou ir até o fim e assumir o controle total dos meios de produção. A esse respeito, nenhuma das críticas feitas pela Escola Histórico-Realista vem ao caso. Não era importante que essas leis econômicas não fossem "leis naturais" e que a propriedade privada não fosse eterna, mas "apenas" uma categoria histórico-legal. A nova economia deveria ter substituído a teoria da cataláctica, desenvolvida

---

[135] MÖELLER, Hero. "Zur Frage der Objektivität des wirtschaftlichen Prinzips". *Archiv für Sozialwissenschaft*, Vol. 47, p. 163.

pelos fisiocratas e economistas clássicos, por outro sistema que não demonstrasse a inutilidade da intervenção do governo. Como não teve êxito, teve que rejeitar categoricamente todas as investigações "teóricas" de problemas econômicos.

Às vezes, diz-se que há várias espécies de economia. Isto não é mais correto do que dizer que há várias biologias e várias físicas. Certamente, em toda ciência, várias hipóteses, interpretações e debates procuram resolver problemas concretos. Mas há uma lógica coerente em toda ciência. Isso vale também para a economia. A própria Escola Histórico-Realista, que por razões políticas discordou das teorias tradicionais e modernas, prova este fato, quando, em vez de substituir as doutrinas rejeitadas por suas próprias explicações, nega, simplesmente, a possibilidade de conhecimento teórico.

O conhecimento econômico leva necessariamente ao liberalismo. Por um lado, demonstra que há apenas duas possibilidades para o problema de propriedade em uma sociedade baseada na divisão de trabalho: propriedade privada ou pública dos meios de produção. O chamado sistema intermediário da propriedade "controlada" ou é ilógico, porque não conduz ao objetivo pretendido e não produz nada a não ser uma ruptura do processo de produção capitalista, ou acaba conduzindo à socialização total dos meios de produção. Por outro lado, prova o que apenas recentemente foi aprendido com clareza: uma sociedade fundamentada na propriedade pública não é viável, uma vez que não permite previsão monetária e, consequentemente, não permite a ação econômica racional. O conhecimento econômico, portanto, representa um obstáculo às ideologias socialista e sindicalista que prevalecem em todo o mundo. E isto explica a guerra movida em toda parte contra a economia e os economistas.

Zwiedineck-Südenhorst procura dar à doutrina indefensável da terceira ordem social possível uma nova feição. Diz ele:

> Não estamos tratando apenas da instituição da propriedade, mas, provavelmente, com maior destaque, também, da totalidade de padrões legais que formam uma superestrutura, acima de todo o sistema de propriedade e, desse modo, de toda ordem econômica. Devemos perceber que esses padrões legais são decisivos para o modo de cooperação dos vários fatores de produção (isto é, não apenas capital, terra e trabalho, mas também as diferentes categorias de trabalho comum). Em suma, estamos tratando de tudo aquilo que compreende a organização da produção. Essa organização só pode servir ao objetivo de colocar as condições de controle momentâneas acima dos vários fatores de produção que estão a serviço da economia como um todo. E, só desta forma, terá caráter social. Naturalmente, essas condições de controle momentâneas, isto é, o instituto da propriedade, constituem uma parte da organização da produção. Isto, porém, não conduz à conclusão de que a organização teria de ser diferente nas economias individualista e coletivista. Na verdade, o fundamental é conhecer as condições para a existência dessa diferença e o modo pelo qual ela pode ocorrer.[136]

---

[136] ZWIEDINECK-SÜDENHORST, Otto von. "Zur Eigentums-und Produktíonsverfassung". *Op. cit.*, Vol. II, p. 442ss.

Nesse ponto novamente – como ocorre com todos os representantes do estatismo – o autor apresenta a ideia de que uma estrutura legal que coloque a propriedade privada "a serviço da economia como um todo", pode atingir os objetivos que as autoridades governamentais pretendiam atingir. Afinal, foi apenas recentemente que Zwiedineck assumiu seu posicionamento sobre o problema da opção entre "controle e lei econômica", questão tão característica de todos os Socialistas de Cátedra[137].

É notável que todos estes estudos nada tenham produzido de novo. Velhos equívocos que já tinham sido contestados uma centena de vezes voltaram a ser cometidos. A questão não é saber se o poder do Estado "pode" intervir na vida econômica. Hoje nenhum economista negaria, por exemplo, que é possível o bombardeio de uma cidade, ou uma proibição de exportações. Mesmo o livre-cambista não nega que sejam possíveis taxas de importação; sustenta, apenas, que as tarifas protecionistas não têm os efeitos que seus defensores lhes atribuem. E até quem rejeita controles de preços por julgá-los inadequados, não nega que o governo pode impô-los e fiscalizá-los. O que podem negar é a possibilidade de que os controles conduzam ao objetivo que o governo pretendia atingir.

---

[137] Ver: ZWIEDINECK-SÜDENHORST, Otto von. "Macht oder ökonomisches Gesetz". *Schmollers Jahrbuch*, 49. Jahrgang: Heft 2, S. 4, pp. 273-92.

5 - O *Methodenstreit*

Na década de 1870, Walter Bagehot (1826-1877) reprovou, de forma irrefutável, os argumentos com que os seguidores da Escola Historicista rejeitavam a credibilidade de investigações "teóricas" no campo da economia. Chamou os dois métodos – que a Escola Historicista considerava como os únicos permissíveis – de o *"método de todos os casos"* e o *"método do caso único"*. O primeiro usa apenas a indução e supõe erroneamente que é esse o caminho que normalmente conduz as ciências naturais a suas descobertas. Bagehot demonstrou que este caminho é inteiramente impraticável e que, por ele, ciência alguma jamais atingiu resultados satisfatórios. O "método do caso único", que aceita apenas descrições de dados históricos concretos, não percebe, de acordo com Bagehot, que não pode haver história econômica nem descrição econômica, *"sem que haja um acúmulo anterior considerável de doutrina aplicável"*[138].

O *Methodenstreit* foi há muito decidido. Jamais uma mudança de método científico provocou, para uma das partes, uma derrota tão esmagadora. Felizmente, admite-se isso abertamente em *Die Wirtschaftswissenschaft nach dem Kriege* [*A Economia do Pós-guerra*]. No seu trabalho de pesquisa sobre o ciclo econômico, fundamentada no conhecimento total do material, Adolf Löwe (1893-1995) aborda, superficialmente,

---

[138] BAGEHOT, Walter. "The Postulates of English Political Economy". *In: The Works and Life of Walter Bagehot*. Ed. Russel Barrington. London: Longman, Green, 1915. 10v. Vol. VII, p. 100-04.

a questão do método, provando, habilmente, a indefensabilidade das objeções, que os empíricos levantam contra a teoria. Infelizmente, devemos também concordar com Löwe, quando ele observa que *"a heresia da pesquisa 'imparcial' de dados, que privou uma geração inteira de eruditos alemães de atingir resultados"*, recentemente, também se impôs na pesquisa americana[139]. Contudo, é ainda mais lamentável que, apesar dos debates metodológicos minuciosos dos últimos anos, frequentemente encontremos na ciência alemã os velhos erros há muito contestados. Moritz Julius Bonn (1873-1965), por exemplo, elogia Lujo Brentano porque, no seu livro *Agrarpolitik* [*Política Agrária*], ele não se satisfez em *"descrever o esqueleto de um sistema, separado da carne viva. Detestava abstrações incruentas, deduções de conceitos estéreis, como as que combatera na juventude. Procurava a plenitude da vida"*[140].

Devo admitir que achei o termo "carne viva" vazio. O uso de Bonn do adjetivo "incruenta" relativo ao substantivo "abstração" me parece ilógico. Qual é o contrário de uma abstração "incruenta" – uma abstração "sanguinária" talvez? Nenhuma ciência pode furtar-se a emitir conceitos abstratos, e quem os detesta deve permanecer distante da ciência e tentar viver sem eles. Quando examinamos o *Agrarpolitik* [*Política Agrária*] de Brentano, encontramos diversas análises

---

[139] LÖWE, Adolf. "Der gegenwärtige Stand der Konjunkturforschung in Deutschland". *In:* BONN, M. J. & PALYI, M. (Ed.). *Die Wirtschaftswissenschaft nach dem Kriege. Op. cit.*, Vol. II, p. 365ss.

[140] BONN, Moritz Julius. "Geleitwort: Lujo Brentano als Wirtschaftspolitiker". *In:* BONN, M. J. & PALYI, M. (Ed.). *Die Wirtschaftswissenschaft nach dem Kriege. Op. cit.*, Vol. I, p. 4.

sobre arrendamento, preço de terras, custo etc., investigações puramente teóricas, que evidentemente se relacionam com abstrações e conceitos abstratos[141]. Toda investigação que, de alguma forma, toca em questões econômicas deve necessariamente "teorizar". Na verdade, o empírico não sabe que está teorizando, assim como Monsieur Jourdain[142] jamais soube que estava sempre dizendo coisas sem importância. E, como os empíricos não estão cientes disso, adotam descuidadamente teorias incompletas, ou mesmo incorretas, e evitam considerá-las quanto à lógica. Pode-se criar facilmente uma teoria explicativa para cada "fato": todavia, apenas quando as teorias individuais estão ligadas, constituindo um todo, podemos determinar o valor ou a inutilidade da "explicação". Mas a Escola Historicista rejeitou todas; não queria admitir que as teorias devem ser estudadas e ligadas num todo coerente. De forma eclética, essa Escola lançou mão de pedaços de todas as teorias possíveis, seguindo, indiscriminadamente e sem nenhum senso crítico, ora essa, ora aquela opinião.

Os Socialistas de Cátedra, além de não construírem um sistema próprio, equivocaram-se inteiramente na crítica à moderna economia teórica. A teoria de valor subjetivo não recebeu a crítica externa, que é tão indispensável para o progresso científico. Essa teoria deve seu progresso nas últimas décadas, à sua própria iniciativa, à crítica vinda de suas próprias fileiras de defensores. Os seguidores da

---

[141] Ver Brentano, *Agrarpolitík* (Política agrícola), Sluttgart, 1897, pp. 60 ss. e 83 ss.
[142] Personagem principal da comédia *Le Bourgeois gentilhomme* [*O Burguês Ridículo*], do dramaturgo francês Jean-Baptiste Poquelin (1622-1673), mais conhecido como Molière. (N. E.)

Escola Historicista nem mesmo notaram esse fato. Sempre que se fala sobre economia moderna, eles se voltam para 1890, quando a maior parte das obras de Carl Menger e Eugen von Böhm-Bawerk, já estavam, em geral, concluídas. Os avanços teóricos ocorridos a partir dessa época na Europa e América são praticamente desconhecidos para eles.

A crítica que os próceres do socialismo acadêmico fizeram à economia teórica provou ser bastante irrelevante e – aparentemente sem razão – não isenta de ressentimentos pessoais. Como acontece nos escritos de Karl Marx e seus discípulos, em que uma pilhéria de mais ou menos bom gosto, frequentemente substitui a crítica, Lujo Brentano achou conveniente lançar uma crítica à obra *Kapital und Kapitalzins* [*Capital e Juro*] de Eugen von Böhm-Bawerk – uma crítica que, a propósito, ninguém avaliou nos dezessete anos decorridos de sua publicação – da qual se destaca o trecho seguinte; *"Como um dos meus discípulos do primeiro semestre corretamente observou (...)"*[143]. O professor armênio Vachan Totomianz (1875-1964), escreve na sua *Geschichte der Nationalökonomie und des Sozialismus* [*História Econômica e Socialismo*]:

> Um crítico alemão da escola psicológica observa ironicamente, não sem um mínimo de verdade, que o solo no qual a Escola Austríaca cresceu foi a cidade de Viena, com seus inúmeros estudantes e militares. Para um jovem estudante à procura dos prazeres da vida, os bens presentes, naturalmente, são mais

---

[143] BRENTANO, Lujo. *Konkrete Grundbedingungen der Volkswirtschaft*. Leipzig: Meiner, 1924. p. 113.

valiosos que os bens futuros. Da mesma forma, um elegante militar, sofrendo cronicamente de falta de dinheiro, pagará qualquer taxa de juros sobre o dinheiro que lhe emprestarem.[144]

Esse livro de Totomianz, com essa pesada crítica à teoria de Böhm-Bawerk, apareceu primeiro em língua russa. Charles Rist escreveu uma introdução para a edição francesa; Achille Loria (1857-1943), para a edição italiana, e Jan Masaryk (1886-1948), para a edição tcheca. Na sua introdução para a edição alemã, Heinrich Herkner elogia a obra por ser "simples e clara". Todas as ideias importantes e produtivas da Grã-Bretanha, França, Alemanha, Áustria, Bélgica, Itália, Rússia e Estados Unidos são analisadas *"com carinho e compreensão"* por Totomianz, que mostra *"notável capacidade de*

---

[144] TOTOMIANZ, Vachan. *Geschichte der Nationalökonomie und des Sozialismus.* Jena: Thüringer Verlagsanstalt, 1925, p. 152. Mesmo se desprezarmos essa crítica de Böhm-Bawerk, o empenho de Totomianz é inteiramente insatisfatório e equivocado. Por exemplo, ele afirma: *"Enquanto o empreendimento de Menger visava principalmente o desenvolvimento de uma nova metodologia, os dois outros representantes da Escola Austríaca, Böhm-Bawerk e Wieser, construíram uma teoria inteligente de valor psicológico"* (p. 146). Dessa afirmação, devemos concluir que Menger contribuiu menos para o desenvolvimento da nova teoria de valor do que Böhm-Bawerk e Wieser, o que não é de forma alguma verdadeiro. Totomianz introduz seu trabalho sobre a teoria utilitarista marginal com a seguinte afirmação: *"A economia consiste em bens de consumo. Esses bens, de certa forma, relacionam-se com o bem-estar do homem. Essa relação está expressa em dois graus ou estágios diferentes: o inferior e o superior. Estamos utilizando o estágio superior, quando o bem econômico não é apenas útil, mas também necessário ao bem-estar, de modo que sua posse ou perda implique uma perda de consumo ou de prazer".* Sua análise sobre outros economistas não é melhor. Como não leio russo, não posso determinar se este contrassenso é da responsabilidade do original russo ou da tradução para o alemão.

fazer justiça a ideias tão diferentes como as de Charles Fourier (1772-1837), John Ruskin (1819-1900), Karl Marx, Johann Karl Rodbertus (1805-1875), Gustav von Schmoller, Carl Menger e Charles Gide (1847-1932) "[145]. Tal julgamento, por parte de Herkner, é muito estranho, já que ele conhece bem a história do pensamento econômico[146].

Na *Methodenstreit*, a ala da Escola Histórico Realista, que apoiava Brentano, age com mais prudência que os seguidores de Schmoller. Devemos dar crédito pessoal a Brentano, que uma geração antes, teceu críticas veementes à pesquisa da Escola no campo da história econômica.

Muitos autores, cujos trabalhos não passam de citações retiradas de documentos econômicos, acreditam que escreveram um tratado sobre economia. Ora, quando a citação termina, a análise econômica está apenas começando. Seu conteúdo deve, então, ser analisado e transformado num quadro cheio de vida; e deve-se tirar uma lição desta pesquisa. Não basta preparar com eficiência os trechos dos documentos. É preciso a força da intuição, combinação, sagacidade, e o *mais importante dom científico; a capacidade de reconhecer elementos comuns na multiplicidade dos fenômenos.*

Quando isto falta, nada ganhamos a não ser detalhes sem interesse... Essa espécie de análise histórico-econômica não tem nenhum valor para a economia[147].

---

[145] Idem. *Ibidem.*, p. 7ss.
[146] Ver: HERKNER, Heinrich. "Die Geschichte der Natilionatökonomie" *In*: *Festschrift für Lujo Brentano zum siebzigsten Geburtstag*. München / Leipzig: Duncker & Humblot, 1916. pp. 223-35.
[147] O grifo é meu. Ver: BRENTANO, Lujo. "Über den grundherrlichen Charak-

Levando-se em conta a tendência estatizante das obras da Escola de Schmoller, Brentano considera uma aberração *"confundir citações entusiásticas de arquivos com investigações e pesquisas econômicas"*[148].

6 - As Doutrinas Econômicas do Liberalismo Social

Fiéis ao seu princípio, os Socialistas de Cátedra não criaram um sistema de economia, o que era o objetivo dos fisiocratas e economistas clássicos, e passou a ser o dos economistas subjetivistas modernos. Os socialistas não estavam preocupados em criar um sistema de cataláctica.

Karl Marx simplesmente adotou o sistema dos clássicos e concluiu que, numa sociedade com base na divisão do trabalho, não há uma terceira possibilidade, em termos de organização, além dos sistemas privado e público. Zombava de todas as tentativas de estabelecimento de um terceiro sistema, chamando-as de burguesas. A posição do estatismo é diferente. Desde o início não procurou entender, mas julgar. Trouxe opiniões éticas preconcebidas: "Deve ser feito" e "Não deve ser feito". Tudo era caótico, enquanto o Estado não interveio. Apenas a intervenção do governo poderia pôr fim à arbitrariedade das ambições individuais. A ideia de que uma ordem

---

ter des hausindustriel-len Leinengewerbes in Schlesien". *Zeitschrift für Sozial- und Wirtschaftsgeschichte*, Vol. I. (1893), p. 319ss.
[148] Idem. *Ibidem.*, p. 322.

social podia ser baseada num sistema contra o qual o Estado nada faria senão proteger a propriedade privada dos meios de produção pareceu-lhe inteiramente absurda. Considerava ridículos os "inimigos do Estado", os que acreditassem nessa "harmonia preestabelecida". Os estatistas consideravam extremamente ilógico rejeitar toda "intervenção" por parte do governo na vida econômica, já que essa rejeição levaria ao anarquismo. Se for permitida a intervenção do governo para proteção da propriedade privada, não é lógico rejeitar qualquer outro tipo de intervenção. A única ordem econômica razoável é a social na qual a propriedade privada existe formalmente, porém, na prática, foi abolida, pois é o Estado que detém os controles finais da produção e distribuição. A situação reinante no auge do liberalismo pôde prevalecer apenas porque o Estado descuidou-se de seus deveres e assegurou liberdade exagerada aos indivíduos. Sob esse ponto de vista, o desenvolvimento de um sistema cataláctico é desnecessário, e até ilógico.

O melhor exemplo da ideologia do bem-estar social é a teoria da balança de pagamento. Um país pode perder todo seu poder monetário se o Estado não intervir, segundo a versão mercantilista mais antiga. Entretanto, os economistas clássicos demonstraram que o perigo tão temido pelos mercantilistas não existe: há forças em movimento que, em longo prazo, evitam a perda de dinheiro. É por isto que a teoria da quantidade foi sempre tão censurada pelos estatistas. Eles apoiavam a Escola Bancária. A vitória da Escola Historicista trouxe, praticamente, a excomunhão da Escola Monetária.

Karl Marx[149], Adolph Wagner (1835-1917), Karl Helfferich (1872-1924), Rudolf Hilferding (1877-1941), Rudolf Havenstein (1857-1923) e Friedrich Bendixen (1864-1920) defenderam as doutrinas da Escola Bancária.

Após duas gerações de ecletismo e fuga de conceitos claros, muitos escritores contemporâneos sentem dificuldade de compreender as diferenças entre estas duas famosas escolas britânicas. Assim Melchior Palyi (1892-1970) admira-se por *"um seguidor resoluto do Princípio Bancário, Maurice Ausiaux, ocasionalmente"* defender *"o contabilismo de Ernest Solvay (1838-1922)"*[150]. Não vamos ignorar o fato de o "contabilismo" e todos os outros sistemas correlatos serem aplicações lógicas do Princípio Bancário. Se os bancos não estiverem em

---

[149] Karl Marx não percebeu que, adotando o Princípio Bancário, reconhecia o fundamento em que se baseavam as ideias de banco de operações cambiais de Proudhon. Marx não tinha uma noção bastante clara de operações bancárias. Muitas vezes ele adotou, sem nenhuma objeção, as ideias dos teóricos bancários. Pelas poucas observações que colocou nas citações, evidencia-se que ele entendia muito pouco de problemas tais como o caráter católico do sistema monetário e o caráter protestante do sistema de crédito (MARX, Karl. *Das Kapital*. Hamburg: Otto Meissners Verlag, 3ª ed., 1911. Vol. III, parte II, p. 132). Ainda mais característica é outra observação que se relaciona com o fundamento básico do Princípio Bancário de que a "emissão de uma determinada quantidade de notas de uma libra substitui uma quantidade igual de soberanos". De acordo com Marx, "um passe de mágica bem conhecido de todos os bancos"! (MARX, Karl. *Das Kapital*. Hamburg: Otto Meissners Verlag, 7ª ed., 1914. Vol. I, p. 84). Qual a finalidade desse "passe de mágica"? Os bancos não estavam interessados em atrair soberanos pela emissão de notas. Estavam interessados, apenas, em conceder mais créditos pela emissão de mais notas e, com isto, elevar sua renda de juros. Este "passe de mágica", bem conhecido dos bancos, não correspondia, todavia, ao mencionado por Marx.

[150] PALYI, Melchior "Ungelöste Fragen der Geldtheorie". *In:* BONN, M. J. & PALYI, M. (Ed.). *Die Wirtschaftswissenschaft nach dem Kriege*. Op. cit., Vol. II, p. 514.

posição de emitir mais notas que as necessárias (a "elasticidade da circulação"), pode não haver objeção à adoção da reforma monetária de Solvay.

A posição de adepto do estatismo de Palyi explica por que não podia acrescentar uma única palavra às velhas observações mercantilistas, e por que toda a sua teoria se limitava a mostrar a disposição egoísta dos súditos do Estado, em quem não se deveria confiar[151]. O liberalismo social não podia compartilhar dessa posição estatista. Para melhor ou pior, tinha de mostrar como, de acordo com seu ideal social, os membros de uma sociedade de trocas cooperam sem auxílio do governo. Contudo, o liberalismo social, por sua vez, nunca desenvolveu uma teoria abrangente. Provavelmente, alguns dos seus seguidores acreditavam que ainda não era a hora oportuna, pela insuficiência do preparo de coleta de dados; provavelmente, a maioria jamais sentiu necessidade de uma teoria abrangente. Sempre que surgia a necessidade de uma teoria, os liberais sociais, geralmente, recorriam ao sistema clássico, a maioria das vezes no estilo do marxismo. Neste particular, os liberais sociais diferiam dos estatistas, que preferiam voltar ao mercantilismo.

O liberalismo social, entretanto, realmente procurou dar uma contribuição independente à teoria: uma doutrina sobre salários. Não podia usar nem a teoria clássica nem a moderna. Karl Marx, com muita lógica, tinha negado que a negociação coletiva, através dos sindicatos, pudesse elevar os salários.

---

[151] Apenas súditos têm *"interesses particulares"* egoístas e não sabem o que é bom para eles. Funcionários do governo e "o soberano" são sempre altruístas e sábios.

Apenas Lujo Brentano e Sidney Webb procuram provar que a negociação coletiva pode elevar, permanentemente, a renda de todos os trabalhadores. Essa teoria que é a principal doutrina do liberalismo social, não podia, entretanto, resistir a uma crítica científica, tal como a de Ludwig Pohle[152] e Adolf Weber[153]. No seu último ensaio, Eugen von Böhm-Bawerk, também, chegou à mesma conclusão[154], e hoje ninguém ousa sustentar, com seriedade, a doutrina de Brentano-Webb. É significativo que o abrangente *Festschript*, que reverencia Brentano, não contém uma única contribuição sobre a teoria salarial e as políticas salariais dos sindicatos. Theodor Cassau (1884-?), simplesmente, observa que, antes da guerra, o movimento sindicalista funcionava *"sem nenhuma teoria salarial"*[155].

No seu exame crítico da primeira edição do livro de Adolf Weber, Gustav von Schmoller comentou que, de um modo geral, sem aumento de produtividade, é impossível elevar os salários com a recessão da produção. De acordo com Schmoller, *"tais discussões teóricas e abstratas sobre preços"* não

---

[152] Ver: POHLE, Ludwig. *Die gegenwärtige Krisis in der deutschen Volkswirtsbaftslehre: Betrachtungen über das Verhältnis zwischen Politik u. nationalökonomischer Wissenschaft.* Leipzig: Deichert, 2ª ed., 1921. p. 29 ss.

[153] Ver: WEBER, Adolf. *Der Kampf zwischen Kapital und Arbeit: Gewerkschaften und Arbeitgeberverbände in Deutschland.* Tübingen: J.C.B. Mohr, 2ª. ed., 1920. p. 411ss.

[154] BÖHM-BAWERK, Eugen von. "Macht oder ökonomisches Gesetz". *In: Gesammelte Schriften.* Ed. Franz Xaver Weiss. Wien: Hölder-Pichler-Tempsky, 1924, p. 230 ss. [Edição em língua inglesa: BÖHM-BAWERK, Eugen von. "Control or Economic Law". *In: Shorter Classics, of Böhm-Bawerk.* South Holland: Libertarian Press, 1962. Vol. I, p. 139ss.].

[155] CASSAU, Theodor. "Die sozialistische Ideenwelt vor und nach dem Kriege". *In:* BONN, M. J. & PALYI, M. (Ed.). *Die Wirtschaftswissenschaft nach dem Kriege. Op. cit.*, Vol. I, p. 136.

conduzem a resultados úteis. Só podemos fazer um *"julgamento seguro" "se pudermos avaliar numericamente esses complexos processos"*. Adolf Weber vê nesta resposta uma declaração de falência de nossa ciência[156]. Mas o estatista não precisa estar preocupado com a falência da cataláctica. Na verdade, o estatista coerente nega a existência de qualquer regularidade no processo de fenômenos de mercado. De qualquer forma, como todo político, o estatista sabe como evitar o dilema: o Estado determina o nível de salários. Contudo, a contestação única e exclusiva da doutrina de Brentano-Webb não é decisiva. Mesmo se nós a aceitarmos – o que, conforme demonstramos, ninguém ousaria fazer, a partir dos trabalhos de Adolf Weber, Ludwig Pohle e Eugen von Böhm-Bawerk – a questão decisiva ainda necessitará de uma resposta. Se, na verdade, os sindicatos tivessem o poder de elevar o salário médio de todos os trabalhadores acima do nível que prevaleceria sem sua intervenção, ficaria ainda por determinar o teto que esses salários podem atingir. Poderão os salários médios subir tão alto que absorvam toda a renda "não ganha", devendo por isso ser pagos com capital? Ou haverá um limite inferior para esta elevação. É um problema que a "teoria do poder" deve responder em relação a todo preço. Contudo, até hoje, ninguém jamais tentou resolvê-lo.

Não devemos tratar do problema do poder considerando a intervenção autoritária "impossível", como faz o liberalismo mais antigo. Não pode haver nenhuma dúvida de que os

---

[156] Ver: WEBER, Adolf. *Der Kampf zwischen Kapital und Arbeit. Op. cit.*, p. 405.

sindicatos se encontram numa posição em que podem elevar os salários o quanto quiserem, se o Estado, negando proteção aos trabalhadores dispostos a trabalhar, lhes der apoio e pagar seguro-desemprego ou forçar os empregadores a contratar trabalhadores. Nesse caso, aconteceria o seguinte: os trabalhadores de empresas essenciais ficariam em posição de exigir qualquer salário arbitrário, independente do restante da população. Mas, mesmo que não se leve isso em consideração, os próprios trabalhadores teriam de arcar com o repasse do aumento de salários para os preços ao consumidor, e não os capitalistas e as empresas, cujas rendas não se elevaram devido ao aumento de salários. Os capitalistas e as empresas passarão a reduzir o acúmulo de capital, a consumir menos, ou mesmo a gastar parte do capital. Exatamente o que farão, e até que ponto o farão, depende do volume de redução de sua renda. Certamente, todos concordarão que é inconcebível pretender, dessa forma, eliminar a renda "não ganha" ou simplesmente reduzi-la, sem, pelo menos, reduzir ou estancar a formação de capital e, muito provavelmente, consumir capital (afinal, nada existe que possa impedir os sindicatos de elevar suas exigências a níveis que absorvam toda a renda "não ganha"). Mas é evidente que a depreciação do capital não eleva, permanentemente, os salários dos trabalhadores.

Os estatistas e sociais-liberais divergem no tocante aos métodos de obtenção de salários mais altos para os trabalhadores. Contudo, nenhum dos caminhos que apontam levam ao objetivo. Como o liberalismo social certamente não pode desejar parar, nem mesmo reduzir a formação de capital – e muito menos, provocar a depreciação do capital —, fatalmente terá de escolher entre capitalismo e socialismo. *Tertium non datur* ("Não há terceira opção").

7 - O Conceito e Crise da Política Social

Todas as políticas econômicas das duas últimas gerações são planejadas, passo a passo, no sentido de abolir a propriedade privada dos meios de produção – se não em forma, ao menos em substância – e no sentido de substituir a ordem social capitalista pela ordem socialista. Décadas atrás, Sidney Webb já o anunciava no seu *Fabian Essays* [*Ensaios Fabianos*][157]. Como as concepções da futura ordem social desejada variavam segundo as correntes individuais do socialismo, variavam também as opiniões sobre o caminho através do qual o objetivo devia ser atingido. Havia questões sobre as quais todas as correntes podiam concordar; sobre outras, porém, havia profundas divergências, como, por exemplo, o trabalho de mulheres casadas nas fábricas, ou a proteção de artesãos contra a concorrência dos grandes negócios. Mas todas as correntes concordavam com a rejeição do ideal social do liberalismo. Não importava o quanto diferissem um do outro, cerravam fileiras na luta contra o "manchesterismo". Nesse ponto, pelo menos, os defensores do Socialismo de Cátedra e os defensores do liberalismo social estavam de pleno acordo.

---

[157] WEBB, Sidney. *Die historische Entwicklung*. Leipzig: Grunwald, 1897. p. 44.

No processo de substituição gradual do capitalismo por uma ordem social socialista ou sindicalista, o termo "política social" lentamente ganhou aceitação. Nunca se elaborou uma definição precisa do termo, visto que a Escola Historicista nunca mostrou interesse em definições conceituais bem delineadas. O uso do termo "política social" permaneceu ambíguo. Apenas nos últimos anos, com a pressão da crítica econômica, os políticos sociais tentaram defini-lo.

Werner Sombart, provavelmente, percebeu a natureza da política social de maneira mais clara. *"Por política social"*, escreveu em 1897, *"entendemos aquelas medidas de política econômica que afetam a preservação, promoção ou repressão de certos sistemas econômicos"*[158]. Alfred Amonn (1883-1962), com razão, encontrou muitas falhas nessa definição, mas, em especial, mostrou que as medidas devem ser caracterizadas por seus objetivos, não pelos seus efeitos na estrutura da política, e que a política social ultrapassa o campo normalmente chamado *"política econômica"*[159]. Contudo, é certo que Sombart viu em uma mudança na ordem econômica o objetivo da política social. Não podemos nos esquecer de que, quando Sombart escreveu isso, estava convicto da doutrina marxista, que o fez pensar na introdução do socialismo como a única política social concebível. Devemos admitir que ele percebeu corretamente o essencial. A única deficiência da sua definição é a inclusão de todos os esforços para a realização do

---

[158] SOMBART, Werner. "Ideale der Sozialpolitik". *Archiv für soziale Gesetzgebung und Statistik*, Vol. X, p. 8ss.
[159] Ver: AMONN, Alfred. "Der Begriff der Sozialpolitik". *Schmollers Jahrbuch*, 48 (1924), p. 160 ss.

programa liberal, esforços feitos num momento em que, no dizer de Marx, a burguesia ainda era uma classe revolucionária. Da mesma forma, Sombart expressamente incluiu, como um exemplo de política social, a libertação dos camponeses da servidão feudal. Muitos escritores imitaram-no neste particular. Frequentemente, procuravam definir o termo "política social" de tal forma que ele incluísse outras medidas políticas além daqueles que visavam à realização do socialismo[160].

Faz pouco sentido aprofundar-se numa discussão inútil acerca do conceito de política social, debate que apenas recentemente se acalorou, desencadeado pela crise que surpreendeu o socialismo e sindicalismo de todas as espécies com a vitória dos democratas sociais marxistas, na Alemanha.

O estatismo prussiano e seguidores intelectuais de outros países tinham-se aproximado ao máximo do ideal socialista sem grande prejuízo visível para a economia e sem redução excessiva na produtividade da mão de obra. Ninguém com horizontes esclarecidos pela política partidária pode negar que a Prússia-Alemanha da era anterior à guerra estivesse mais preparada que qualquer outro país para conduzir as experiências socialistas. A tradição do funcionalismo prussiano, a fé de todas as pessoas educadas na ordem do Estado, a classificação hierárquica militar da população, sua inclinação a obedecer cegamente às autoridades, enfim, todos os pré-requisitos para o socialismo, que não se encontravam em

---

[160] É sintomático que a Escola Histórica, que, sob outras circunstâncias, conhece apenas categorias históricas, procure definir o conceito de política social de modo a poder referir-se também à antiga política social babilônica e asteca.

nenhum outro país. Jamais poderá haver pessoas mais preparadas para a administração de uma operação comunitária socialista que os prefeitos das cidades alemãs, ou que os diretores da ferrovia prussiana. Eles fizeram todo o possível para o êxito das empresas sociais. Se, apesar de tantas vantagens, o sistema fracassou, isso prova exclusivamente que o sistema não podia ser posto em prática; de forma alguma.

De repente, os socialdemocratas subiram ao poder na Alemanha e na Áustria. Durante muitas décadas anunciaram, repetidamente, que seu socialismo genuíno nada tinha em comum com o falso socialismo dos estatistas, e que iriam proceder de forma totalmente diferente dos burocratas e professores universitários. Agora era a hora de demonstrar o que podiam fazer. Entretanto, a única coisa nova que conseguiram introduzir foi o termo "socialização". Em 1918 e 1919, todos os partidos políticos da Alemanha e da Áustria acrescentaram a socialização de indústrias convenientes a seus programas. Naquela época, nenhum passo na direção do puro socialismo da variedade marxista encontrava séria resistência. Mesmo assim, o que foi feito em termos de orientação ou objetivo, não foi além das antigas recomendações e inúmeras tentativas dos Socialistas de Cátedra. Apenas alguns sonhadores, em Munique, acreditavam que o exemplo de Vladimir Lenin e Leon Trotsky (1879-1940), na Rússia agrária, podia ser seguido pela Alemanha industrializada, sem causar uma crise sem precedentes.

O socialismo não fracassou por causa da resistência ideológica – até hoje, a ideologia dominante é a socialista. Fracassou pela sua inviabilidade. À medida que se tomava consciência de que, quanto mais distante se ficava da ordem de propriedade privada, mais reduzida ficava a produtividade da mão de obra e, consequentemente, mais aumentava a pobreza e a miséria, tornou-se necessário não só parar a corrida para o socialismo, mas também anular algumas das medidas socialistas já tomadas. Até os soviéticos tiveram de ceder. Não continuaram a socialização da terra: limitaram-se a distribuir as terras à população rural. No comércio interno e externo, substituíram o socialismo puro pela "nova política econômica". Entretanto, a ideologia não acompanhou esse recuo. Agarrou-se, obstinadamente, às concepções de décadas atrás e procurou atribuir os fracassos do socialismo a todas as causas possíveis, excetuando a única verdadeira: sua inviabilidade básica.

Apenas alguns defensores do socialismo perceberam que o fracasso do sistema, embora não tenha sido concomitante, era inevitável. Alguns, indo ainda mais longe, admitiram que todas as medidas sociais reduzem a produtividade, consomem capital e riqueza e são prejudiciais. A renúncia aos ideais que esses homens anteriormente abraçavam chama-se, na literatura econômica, *"crise da política social"*[161]. Na realidade, é muito mais; é a grande crise mundial do "destrucionismo" – a política que procura destruir a ordem social baseada na propriedade privada dos meios de produção.

---

[161] Ver: PŘIBRAM, Karl. "Die Wandlungen des Begriffes der Sozialpolitik". *In:* BONN, M. J. & PALYI, M. (Ed.). *Die Wirtschaftswissenschaft nach dem Kriege. Op. cit.*, Vol. II, p. 249.

O mundo só pode manter a humanidade em prosperidade, como a tem mantido nas últimas décadas, se o homem trabalhar segundo a ordem capitalista. Só o capitalismo pode aumentar ainda mais a produtividade do trabalho. O fato de a grande maioria das pessoas aderir a uma ideologia, que, por se recusar a admitir isso, conduz a políticas que levam a uma redução da produtividade da mão de obra e ao consumo de capital, está na base da grande crise cultural que ora nos assola.

8 - Max Weber e os Socialistas de Cátedra

A oposição contra os Socialistas de Cátedra, que surgiu na Alemanha, teve início, de modo geral, com a conscientização de que as pesquisas teóricas acerca de problemas econômicos são fundamentais. Como economistas, Heinrich Dietzel (1857-1935), Julius Wolf (1862-1937), Richard Ehrenberg (1857-1921), Ludwig Pohle, Adolf Weber, Richard Passow, e outros se levantaram contra os Socialistas de Cátedra. Por outro lado, historiadores levantaram objeções à maneira como Gustav von Schmoller, Georg Friedrich Knapp e seus discípulos procuravam resolver questões históricas. Equipados com os instrumentos de suas ciências, esses críticos abordavam as doutrinas dos Socialistas de Cátedra sob uma perspectiva externa. Naturalmente, os Socialistas de Cátedra, com posições importantes e de grande prestígio, criaram empecilhos para os críticos, sem que esse combate criasse para eles problemas de consciência. Eles nunca se deixaram seduzir pelo socialismo ou se libertaram dele sem dificuldades.

Com Max Weber, a coisa foi bem diferente. Mais jovem, dava grande importância aos ideais do estatismo prussiano, e Socialismo de Cátedra e a reforma social evangélica. Ele os tinha absorvido antes de ter começado a estudar cientificamente os problemas do socialismo. Considerações religiosas, políticas e éticas tinham determinado sua posição.

A formação universitária de Max Weber foi em Direito, mas seus primeiros trabalhos científicos tratam de história legal. Começou sua carreira como conferencista sem honorários, tornando-se depois professor de Direito. Suas tendências se dirigiam para a história, não para a pesquisa histórica de peculiaridades, que se perde em detalhes e negligencia o todo, mas para a história universal, a síntese histórica e a filosofia da história. Para ele, a história não era a meta em si, mas um meio de chegar a introspecções políticas mais profundas. A Economia era-lhe indiferente. Foi promovido a professor de Economia sem que antes tivesse estudado essa ciência, o que era um procedimento comum na época[162]. Isso refletia a opinião da Escola Empírico-Realista sobre a natureza das "ciências sociais" e sobre a perícia científica de historiadores legais. Pouco antes de sua morte prematura, Weber lamentou que seu conhecimento sobre a economia teórica moderna e sobre o sistema clássico fosse tão limitado. Disse recear não ter tempo para preencher essas lacunas, que considerava lamentáveis.

---

[162] Marianne Weber (1870-1954) recorda-se do tempo de seu marido em Freiburg. *"Ele relata, exagerando de propósito, que está ouvindo grandes conferências sobre economia, dadas por ele mesmo"*. WEBER, Marianne. *Max Weber. Ein Lebensbild.* Tübingen: J. C. B. Mohr, 1926. pp. 21-23.

Quando aceitou o cargo, foi obrigado a dar conferências sobre as questões que os Socialistas de Cátedra consideravam o assunto adequado para o ensino universitário, Weber, porém, não se satisfez com a doutrina dominante. O jurista e o historiador que havia nele rebelaram-se contra a forma como a Escola tratava das questões legais e históricas. Foi por este motivo que ele começou seu pioneirismo em pesquisas metodológicas e epistemológicas. Daí vêm as questões de filosofia materialista da história, a partir das quais abordou os aspectos religiosos e sociológicos. Por fim, empreendeu uma tentativa grandiosa de criar um sistema de ciências sociais.

Contudo, todos esses estudos, passo a passo, afastaram Max Weber dos ideais políticos e sociais de sua juventude. Passou a defender, pela primeira vez, o liberalismo, o racionalismo, o utilitarismo. Foi uma experiência pessoal dolorosa, semelhante à de muitos outros intelectuais que romperam com o Cristianismo. De fato, sua fé e religião eram o estatismo prussiano; romper com ele foi como abandonar, a esperança, seu próprio povo e até a civilização europeia.

Quando ficou claro para ele que a ideologia social dominante era indefensável e quando percebeu em que direção ela se encaminhava, começou a ver o futuro da nação alemã e das outras nações líderes da civilização europeia. De certo modo, assim como o *cauchemar des coalitions* ("pesadelo de coalizões")[163] privava Otto von Bismarck (1815-1898)

---

[163] A expressão *"cauchemar des coalitions"* ("pesadelo de coalizões") aparece no diário do chanceler Otto von Bismarck, na descrição deste sobre os acordos diplomáticos celebrados entre a França, a Áustria e a Rússia contra um possível avanço da Alemanha, após a unificação desta nação em 1871. (N. E.)

de seu sono, também a conscientização decorrente de seus estudos não deu mais descanso a Max Weber. Por mais que se apegasse à esperança de que, no fim, tudo daria certo, uma negra premonição dizia-lhe, repetidamente, que uma catástrofe se aproximava. Essa conscientização consumiu sua saúde, encheu-o de crescente inquietação depois do início da Segunda Guerra Mundial, incitou-o a uma atividade, que para um homem não solicitado por qualquer dos partidos políticos, tornou-se inútil e, finalmente, apressou sua morte.

Desde o começo, em Heidelberg, a vida de Max Weber foi uma luta interior ininterrupta contra as doutrinas dos Socialistas de Cátedra. Contudo, ele não levou tal luta até o fim, morreu antes de conseguir livrar-se completamente do fascínio destas doutrinas. Morreu solitário, sem herdeiros intelectuais que pudessem continuar a luta que teve de abandonar com a morte. Na verdade, seu nome é elogiado, mas a verdadeira essência de seu trabalho não foi reconhecida, e aquilo que ele considerava mais importante não teve reconhecimento e também não encontrou discípulos. Apenas seus opositores reconheceram o perigo que representavam para a sua ideologia as ideias de Max Weber[164].

---

[164] Ver: WILBRANDT, Robert. "Kritisches zu Max Webers Soziologie der Wirtschaft". *Kölner Vierteljahrshefte für Soziologie*, 5 Jahrgang, p. 171ss.; SPANN, Othmar. "Bemerkungen zu Max Webers Soziologie". *Soziologie Zeitschrift für Volkswirtschaft und Sozialpolitik*, N. F., Vol. III, p. 761ss.

9 - O Fracasso da Ideologia Dominante

Em todas as variantes e matizes, as ideias de socialismo e sindicalismo perderam suas amarras científicas. Os que por elas lutaram foram incapazes de apresentar outro sistema mais compatível com seus ensinamentos e, desse modo, contestar a acusação de vazios, que vêm recebendo dos economistas teóricos. Por conseguinte, tinham de negar, fundamentalmente, a possibilidade do conhecimento teórico no campo da ciência social e, especialmente, em economia. Na negação, contentaram-se com algumas objeções críticas referentes ao fundamento da economia teórica. Mas sua crítica metodológica, bem como as objeções às várias teorias provaram ser inteiramente indefensáveis. Nada, absolutamente nada, restou do que, há meio século, Gustav von Schmoller, Lujo Brentano e seus amigos costumavam proclamar como a nova ciência. O fato de que estudos sobre a história econômica podem ser muito úteis e de que devem ser realizados, já era conhecido antes, e nunca antes fora negado.

Mesmo durante o apogeu da Escola Historicista, a economia teórica não permaneceu ineficiente. A data de nascimento da teoria subjetiva moderna coincidiu com a fundação da Vereins für Sozialpolitik [Associação para a Política Social]. Desde então, a economia e a política social vivem em confronto permanente. Os cientistas sociais, que nem mesmo conhecem a fundamentação do sistema teórico, não observaram o importante desenvolvimento do conhecimento teórico nas últimas décadas. Sempre que procuraram abordar o assunto criticamente não conseguiram ir além dos velhos erros, já inteiramente analisados por Carl Menger e Eugen von Böhm-Bawerk.

Nada disso, porém, enfraqueceu a ideologia socialista e sindicalista. Hoje, essa ideologia exerce sobre as pessoas um domínio maior do que nunca. Os grandes acontecimentos políticos e econômicos dos últimos anos estão sendo vistos, quase que exclusivamente, desse ponto de vista, embora, naturalmente, haja exceção. O que Cassau disse sobre a ideologia do socialismo proletário aplica-se, também, à dos Socialistas de Cátedra. Todas as experiências dessa última década *"passaram pela ideologia sem influenciá-la. Nunca ela teve mais oportunidade de expansão, e dificilmente foi tão estéril quanto durante os debates sobre socialização"*[165]. A ideologia é estéril e, contudo, é predominante. Mesmo na Grã-Bretanha e nos Estados Unidos, o liberalismo clássico está perdendo terreno a cada dia. Certamente existem diferenças características entre os ensinamentos do estatismo e do marxismo na Alemanha, de um lado, e os da nova doutrina de salvação nos Estados Unidos do outro. A fraseologia dos americanos é mais cuidadosamente escolhida que a de Gustav von Schmoller, Adolf Held (1844-1880) ou Lujo Brentano. Contudo, as aspirações dos americanos, basicamente, coincidem com as doutrinas dos Socialistas de Cátedra. Eles também partilham do equívoco de que estão defendendo a ordem da sociedade privada.

---

[165] CASSAU, Theodor. "Die sozialistische Ideenwelt vor und nach dem Kriege". *Op. cit.*, Vol. I, p. 152.

Quando, no todo, o socialismo e o sindicalismo se encontram em estado de estagnação, quando notamos que há algum recuo na caminhada para o socialismo, e quando se pensa numa limitação de força dos sindicatos trabalhistas, não se pode dar crédito à percepção científica da economia nem à sociologia dominante. Em todo o mundo, apenas algumas dezenas de pessoas são competentes em economia, e nenhum chefe de Estado ou político se preocupa com isso. A ideologia social, mesmo a dos partidos políticos que se classificam partidos de "classe média", é inteiramente socialista, estatista ou sindicalista. Se o socialismo e o sindicalismo estão em declínio, embora, a ideologia dominante esteja exigindo maior progresso, deve-se exclusivamente ao visível declínio na produtividade do trabalho, em consequência de medidas restritivas. Sob o domínio das ideologias socialistas, todos procuram desculpas para o fracasso e não para as causas desse fracasso. O resultado prático, entretanto, tem sido maior prudência na política econômica.

A política não ousa apresentar o que a ideologia dominante pede, porque subconscientemente perdeu a confiança nessa ideologia, em decorrência de amargas experiências anteriores. Nessa situação, entretanto, ninguém está pensando em substituir essa ideologia obviamente inútil. Não se espera ajuda da razão. Alguns procuram refúgio no misticismo; outros colocam suas esperanças na vinda do "homem forte" – o tirano que pensará por todos e cuidará de todos.

Capítulo 4

Na Alemanha e na Áustria do pós-guerra, ganha firmemente expressão na política e nas ciências sociais um movimento que pode ser mais bem definido como "antimarxismo". Ocasionalmente, os seguidores desse movimento também usam este rótulo[166], mas seu ponto de partida, seu modo de pensar e lutar e suas metas não são de forma alguma uniformes. O principal vínculo que os une é sua declaração de hostilidade ao marxismo. Cumpre observar

---

* Publicado originalmente em alemão como: MISES, Ludwig von. "Antimarxismus". *Weltwirtschaftliches Archiv*. Vol. 21 (1925): 266-93.

[166] Na Alemanha, posteriormente, esses seguidores vieram a ser chamados de "nacional socialistas" ou "nazistas" (Nota do editor norte-americano).

Neste ensaio o autor usou, ainda, o termo "sociologia" para o que depois chamou de *praxiologia*, ou seja, a teoria geral da ação humana (Nota do tradutor para o inglês).

Antimarxismo*

que eles não atacam o socialismo, mas o marxismo, que reprovam por não ser o tipo certo de socialismo, por não ser aquele que é verdadeiro e desejável. Seria, também, um erro grave afirmar – como fazem os escandalosos intelectuais dos partidos Socialdemocrata e Comunista – que este antimarxismo aprova, ou de alguma forma defende o capitalismo e a propriedade privada dos meios de produção. A linha de pensamento adotada, não importa qual seja, não é menos anticapitalista do que a marxista.

Somente no antimarxismo científico analisaremos a linha a ser seguida. O antimarxismo na política prática será abordado superficialmente, apenas na medida em que isso for absolutamente essencial para a compreensão do movimento intelectual.

1 - Marxismo na Ciência Alemã

De um modo geral, podem ser chamados de marxistas só os autores que, como membros do partido marxista, são obrigados a indicar, em suas obras, as doutrinas marxistas sancionadas pelas convenções do partido. Seu conhecimento não pode ir além da "escolástica". Suas obras visam à preservação da "pureza" da doutrina verdadeira, e suas provas consistem em citações de autoridades – em última instância, Karl Marx e Friedrich Engels. Repetidamente, concluem que a ciência "burguesa" desmoronou completamente e que só no marxismo se pode encontrar a verdade. Qualquer de suas obras termina com a afirmativa tranquilizadora de que, no paraíso socialista futuro, todos os problemas sociais terão solução satisfatória.

Essas obras marxistas são significativas apenas porque promoveram as carreiras de seus autores. Elas nada têm a ver com a ciência e, como mostraremos, nem mesmo com a ciência alemã, tão influenciada pelas doutrinas de Marx. Nem um único pensamento surgiu das obras volumosas dos seguidores. Só restam obras de má qualidade e extremamente repetitivas. Os grandes debates, que sacudiram os partidos marxistas – sobre o revisionismo, a ditadura etc. –, não foram científicos; foram discussões puramente políticas. Os métodos científicos usados para conduzi-los foram completamente estéreis aos olhos de todos os não eruditos. Somente Marx e Engels influenciaram a ciência alemã. Seus seguidores não exerceram nenhuma influência.

Durante as décadas de 1870 e 1880, o socialismo de Estado e de cátedra assumiu o poder na Alemanha. Os economistas clássicos abandonaram a cena. Os austríacos, menosprezados por serem considerados excêntricos, foram os únicos autores que contribuíram para a economia moderna, que, assim como a sociologia ocidental, permaneceu, a princípio, totalmente desconhecida. Além disso, ambas eram suspeitas de manchesterismo. Só se admitiam as análises históricas e estatístico-descritivas, e uma convicção "social", isto é, o Socialismo de Cátedra, era a exigência mais importante para um reconhecimento por parte dos eruditos acadêmicos. Talvez por causa dessa afinidade, e apesar dela, os Socialistas de Cátedra opuseram-se à socialdemocracia. Eles mal prestaram atenção a Marx e Engels, que eram considerados muito "doutrinários".

Isso começou a mudar quando surgiu uma nova geração de discípulos dos homens que, em 1872, fundaram a Vereins für Sozialpolitik [Associação para a Política Social]. Essa geração nunca participou de cursos sobre economia teórica em universidades. Conhecia os economistas clássicos apenas de nome e acreditava que eles tivessem sido superados por Gustav von Schmoller. Pouquíssimos foram os que leram ou mesmo viram os trabalhos de David Ricardo ou John Stuart Mill (1806-1873). Mas tiveram de ler Karl Marx e Friedrich Engels, o que era absolutamente necessário, porque tinham que lutar contra a florescente socialdemocracia. Escreveram livros, a fim de contestar Marx. Como resultado desse empenho, eles mesmos e seus leitores sofreram influência das ideias marxistas. Por causa de seu desconhecimento de toda teoria econômica e sociológica, ficaram inteiramente vulneráveis às doutrinas de Marx. Rejeitaram as exigências políticas mais radicais de Marx e Engels, mas adotaram as teorias em formas mais brandas.

Esse marxismo dos alunos logo teve efeito sobre os professores. Em seu artigo "Volkswirtschaft, Volkswirtschaftslehre und methode" ["Poupança, Economia e Método Econômico"][167], Gustav von Schmoller mencionou que William Stanley Jevons (1835-1882) disse *"corretamente"* de David Ricardo que *"ele pôs o vagão da economia política no trilho errado"*. Com visível satisfação, Schmoller acrescentou, então, que segundo Wilhelm Hasbach (1849-1920) *"foi o mesmo trilho que a burguesia inglesa quis seguir"*. Continuando, Schmoller afirma que, por muito tempo, durante a luta da Escola Historicista Alemã contra o *"bitolamento"* de Ricardo, *"muitos seguidores da velha escola"* acreditavam que estavam seguindo os passos metodológicos de Adam Smith. Assim, muitos não estavam cientes *"de que suas teorias tinham se tornado doutrinas de classe restritas"*[168]. Para Schmoller, não se pode negar ao socialismo *"nem justificativa para sua existência, nem alguns efeitos bons"*. *"Nascido como uma filosofia da miséria social, ele representa um ramo da ciência que se adapta aos interesses dos trabalhadores, da mesma maneira que a*

---

[167] SCHMOLER, Gustav von. "Volkswirtschaft, Volkswirtschaftslehre und methode". In: *Handwörterbuch der Staatswissenschaften*. Jena: Gustav Fischer, 3ª ed., 1911. Vol. VII, p. 426.

[168] Idem. *Ibidem.*, p. 443.

filosofia natural pós-Adam Smith se tornou uma teoria a serviço dos interesses capitalistas"[169].

Podemos ver claramente como as noções do marxismo penetraram fortemente nas ideias de Gustav von Schmoller, acerca do desenvolvimento histórico dos sistemas econômicos. Tiveram ainda maior influência no caso de Wilhelm Lexis (1837-1914), cuja teoria de juros, segundo Friedrich Engels, é *"meramente uma paráfrase da teoria de Marx"*[170]. Eugen von Böhm-Bawerk, que concordou com Engels neste particular, observou (em 1900) que as teorias de juros de Heinrich Dietzel e Rudolf Stolzmann (1852-1930) estão, também, intimamente ligadas à opinião de Lexis, e que, também, frequentemente, encontramos ideias e pronunciamentos semelhantes na literatura econômica contemporânea. Parece ser *"uma tendência que está entrando em moda"*[171].

Na economia, essa moda não durou muito tempo. Para a geração de discípulos dos fundadores da Escola Historicista mais nova, Karl Marx era o teórico em economia κατ 'εξοχήν (*kat 'exochín* / por excelência). Mas quando alguns discípulos desses discípulos começaram a voltar as atenções para os problemas da economia teórica, a reputação de Marx, como teórico, rapidamente desapareceu. Finalmente, as realizações da economia teórica, no exterior e na Áustria, durante as duas

---

[169] Idem. *Ibidem.*, p. 445.
[170] ENGELS, Friedrich. "Vorrede zum III. Bana des Kapitals". *In*: MARX, Karl. *Das Kapital*. Hamburg: Otto Meissners Verlag, 3ª ed., 1911. p. XIIss.
[171] BÖHM-BAWERK, Eugen von. *Einige strittige Fragen der Kapitalstheorie*. Wien / Leipzig: 1900, p. 111ss. Também sobre Brentano, ver: SPANN, Othmar. *Der Wahre Staat*. Leipzig: Quelle & Meyer, 1923, p. 141ss.

últimas décadas, foram reconhecidas na Alemanha. Observou-se, então, quanto era pequena e insignificante a posição que Marx ocupava na história da economia.

Todavia, a influência do marxismo na sociologia alemã continuou a crescer. Em sociologia, mais do que na economia, os alemães ignoravam as realizações do ocidente. Como começaram um pouco tarde a lidar com problemas sociológicos, conheciam somente uma ideologia: a filosofia marxista da história e a doutrina de luta de classes. Ela se tornou o ponto de partida para o pensamento sociológico alemão e, através dos problemas que apresentou, influenciou fortemente mesmo aqueles autores que se esforçaram por rejeitá-la mais vigorosamente. A maioria não repudiou a doutrina em si, mas suas consequências políticas e práticas. Na maioria dos casos, caracterizaram a doutrina marxista como exagerada, acusaram-na de ir longe demais, ou de ser parcial demais e, portanto, procuraram completá-la acrescentando novas doutrinas raciais e nacionalistas. A insuficiência básica do conjunto de problemas marxistas e o fracasso de todas as tentativas para solucioná-los não foram absolutamente entendidos. Esses autores iniciaram a pesquisa histórica da origem da filosofia social marxista, ignorando, porém, as poucas ideias possivelmente viáveis que tinham sido anteriormente elaboradas, de forma bem mais concisa na França e Inglaterra, por homens como Hippolyte Taine (1828-1893) e Henry Thomas Buckle (1821-1861). Além do mais, seus interesses principais concentravam-se naquela época em um problema extremamente insignificante para a ciência – a famosa doutrina da "decadência" do Estado. No que diz respeito a este caso, assim como ocorreu com a maioria de suas outras doutrinas, Karl Marx e Friedrich Engels apenas procuraram achar palavras de ordem para promover agitações. Por um lado, queriam combater o anarquismo e, por outro, visavam demonstrar que a "nacionalização" dos meios de produção, exigida pelo socialismo, nada tinha em comum com a nacionalização e municipalização, exigidas pelo socialismo estatal e municipal. Era compreensível, do ponto de vista da política partidária, que a crítica ao estatismo do marxismo visasse principalmente este ponto Parecia muito convidativo revelar a contradição interna da doutrina social marxista e confrontar *"os inimigos do Estado"*, Marx e Engels, com um adepto do Estado: Ferdinand Lassalle (1825-1864)[172].

O fato de que a ciência alemã tenha rejeitado a doutrina social utilitarista do século XVIII explica o sucesso da doutrina social marxista na Alemanha.

A doutrina social teológico-metafísica explica e postula a sociedade, sob um ponto de vista que vai além da experiência humana. Deus – ou a "natureza", ou qualquer valor objetivo – deseja que a sociedade se organize de certa forma a fim de que possa alcançar um destino desejado. O homem deve amoldar-se a esse desígnio. Pressupõe-se que a submissão ao corpo social imponha sacrifícios ao indivíduo, pelos quais não receberá compensação, a não ser a certeza de que agiu bem e a esperança de ser recompensado num outro mundo. As doutrinas teológicas e algumas doutrinas metafísicas acreditam

---

[172] Ver: KELSEN, Hans. *Sozialismus und Staat: eine Untersuchung der politischen Theorie des Marxismus*. Leipzig: C. L. Hirschfeld, 2ª ed., 1923.

que a providência guia os homens de boa vontade em sua caminhada, e orienta os recalcitrantes através de religiosos ou de instituições dedicadas ao serviço de Deus.

O individualismo opõe-se a essa doutrina social. Ele quer saber de ambas as posições, religiosa e metafísica, por que o indivíduo deve ser sacrificado em prol da sociedade. O argumento seguinte, que atinge os alicerces da filosofia social teológico-metafísica, corresponde à distinção, bastante comum na Alemanha, entre a doutrina social coletivista (universalista) e a doutrina individualista[173]. Mas é um erro fatal acreditar que essa classificação abrange todas as doutrinas sociais concebíveis. Ela falhou, particularmente, ao influenciar a filosofia social moderna, fundamentada no utilitarismo do século XVIII.

A doutrina social utilitarista não se dedica à metafísica, mas tem como ponto de partida o fato estabelecido de que todos os seres vivos afirmam a sua vontade de viver e crescer. A maior produtividade efetuada com a divisão de trabalho, quando comparada com a ação isolada, produz uma união cada vez mais forte entre indivíduos em associação. Sociedade é divisão e associação de trabalho. Em última análise, não há conflito de interesse entre a sociedade e o indivíduo, já que cada um pode perseguir seus interesses com mais eficiência na sociedade, do que atuando isoladamente. Os sacrifícios

---

[173] Ver: Dietzel, "Individualismus", in *Handwörterbuch*, 4.n ed., cap. V, p. 408ss. PŘIBRAM, Karl. *Die Entstehung der individualistischen Sozialphilosophie*. Leipzig: C.L. Hirschfeld, 1912, p. 1ss. Para uma crítica desta versão, ver: WIESE, Leopold von. "Dietzel's Individualism". *Kölner Viertcljakrshefte für Sozialwissenschaften*. Munique e Leipzig, vol. II, 1922, p. 54 ss.

que o indivíduo faz em prol da sociedade são meramente temporários: cede numa pequena vantagem, a fim de conseguir outra maior. Essa é a essência da frequentemente citada doutrina da harmonia de interesses.

A crítica estatista e socialista nunca entendeu a "harmonia preestabelecida" da escola de livre comércio desde Adam Smith até Frédéric Bastiat (1801-1850). Sua aparência teológica não é fundamental para a doutrina. A sociologia utilitarista procura explicar o desenvolvimento da sociedade desde a vida supostamente eremita do homem, na era pré-histórica, ou desde o tempo em que menos interferência exercia no curso da história conhecida. Ela procura explicar os vínculos sociais do homem através da história e o auspicioso progresso futuro do homem no sentido da associação, a partir de princípios que existem em todo indivíduo. De acordo com as considerações teleológicas, a associação é considerada "boa" e louvável. Uma alma fiel, à procura da compreensão do desenvolvimento social, vê o princípio da associação como um plano sábio de Deus. Não poderia ser diferente: a virtude, ou melhor, a divisão de trabalho, agora e no futuro, emana da natureza humana. A divisão do trabalho é considerada um bom meio, em função dos seus resultados positivos, ainda que, de diferentes pontos de vista, pudesse parecer vil, fraca ou deficiente. Para Adam Smith, nem mesmo a fraqueza do homem é *"sem utilidade"*; e conclui: *"Cada parte da natureza, quando atentamente examinada, demonstra igualmente o cuidado providencial de seu autor, e podemos admirar a sabedoria e a bondade de Deus, mesmo na fraqueza e na loucura dos homens"*[174]. Obviamente, o tom teísta é somente um apêndice que facilmente poderia ser substituído pelo termo "natureza", conforme Smith faz em outras passagens de seu livro, onde fala do *"grande Diretor da Natureza"* ou, simplesmente, da *"Natureza"*. As doutrinas sociais de Adam Smith e de Immanuel Kant (1724-1804) não diferem nem no posicionamento, nem nos pontos de vista básicos. Kant também tenta explicar como a "natureza" guia o homem para a meta estabelecida para ele. A única diferença entre Smith e Kant consiste no fato de que Smith teve êxito ao restringir a formação da sociedade a fatores cuja presença no homem pode ser provada empiricamente, enquanto Kant só pôde explicar a sociedade a partir de um pressuposto: a "inclinação" do homem para a associação e uma segunda inclinação para a desassociarão, antagonismo do qual surge a sociedade. Kant, entretanto, não esclarece o modo como isto se processa[175].

---

[174] SMITH, Adam. *The Theory of Moral Sentiments*. Edinburgh: Printed for W. Creech, 1813. Parte II, seção III, cap. III, p. 243. [Na edição norte-americana, ver: SMITH, Adam. *The Theory of Moral Sentiments*. Indianapolis: Liberty Classics, 1976. p. 195. Disponível em: https://oll.libertyfund.org/titles/smith-the--theory-of-moral-sentiments-and-on-the-origins-of-languages-stewart-ed, acesso em 26/jun/2019. Em língua portuguesa, a obra foi lançada como: SMITH, Adam. *Teoria dos Sentimentos Morais*. Trad. Lya Luft. São Paulo: Livraria Martins Fontes Editora, 1999. (N. E.)].

[175] Ver: KANT, Immanuel. "Idee zu einer allgemeinen Geschichte in weltbürgerlicher Absicht". *In*: *Sämtlich Werke*. Leipzig: Inselausgabe, 1912. Vol. I, p. 227ss. [Em língua portuguesa a obra se encontra disponível numa edição bilíngue, acrescida de estudos de Ricardo R. Terra, Gérard Lebrun e José Arthur Giannotti, publicada como o seguinte livro: KANT, Immanuel. *Idéia de uma História Universal de um Ponto de Vista Cosmopolita*. Org. Ricardo R. Terra; Trad. Rodrigo Naves e

Cada ponto de vista teleológico pode ser revestido por uma aparência teísta, sem nenhuma mudança no seu caráter científico. Por exemplo, a doutrina da seleção natural de Darwin pode ser facilmente apresentada, de tal maneira, que a luta pela sobrevivência transformasse num sábio planejamento do Criador para o desenvolvimento das espécies. E cada observação teleológica evidencia harmonias, isto é, como aquele que resiste até o final do processo de desenvolvimento provém de forças atuantes. O fato de as condições cooperarem harmoniosamente significa apenas que conduzem ao efeito que cabe a nós explicar. Se deixarmos de chamar um determinado estado de coisas de "bom", todos os dogmas da doutrina permanecem intactos. A explicação de como certo estado de coisas "necessariamente" resultou de determinadas condições, que não podem ser analisadas com maior profundidade, independe da avaliação que podemos fazer desse estado. As críticas à noção de "harmonia preestabelecida" não atingem a substância, atingem apenas a expressão da teoria social utilitarista.

Sem modificação na substância, a doutrina social do marxismo pode também ser compreendida como o anúncio de uma harmonia preestabelecida. A dialética da realidade social necessariamente conduz do mundo primitivo para a meta final, o paraíso socialista. O lado insatisfatório dessa doutrina é seu conteúdo; as palavras continuam a não ter importância.

Os opositores da teoria social utilitarista gostam de combatê-la por seu "racionalismo". Contudo, toda explicação

---

Ricardo R. Terra. São Paulo: Brasiliense, 1986. (N. E)].

científica é racionalista. Sempre que a mente humana não pode compreender, os instrumentos da ciência não podem dominar. Esta crítica frequentemente não leva em consideração o fato de que a teoria social liberal não explica a formação e o desenvolvimento de vínculos e de instituições sociais como iniciativas conscientemente direcionadas para a formação de sociedades, conforme as versões ingênuas da teoria do contrato as explicam. Essa teoria vê as organizações sociais *"como o resultado irrefletido dos esforços específicos* individuais *dos membros da sociedade"*[176].

A incompreensão, que prevalece com relação à doutrina da harmonia, repete-se de forma diferente com relação à propriedade. Podemos defender a opinião de que o sistema da propriedade privada é a forma superior de organização social – isto é, podemos ser liberais – assim como podemos acreditar que o sistema da propriedade pública é superior – isto é, podemos ser socialistas. Mas quem aderir à primeira opinião, estará adotando a doutrina de que o sistema da propriedade

---

[176] MENGER, Carl. *Untersuchungen über die Methode der Sozialwissenschaften, und der politischen Oekonomie insbesondere*. Leipzig: Dunker und Humblot, 1883. p. 78. [Edição em língua inglesa: MENGER, Carl. *Problems of Economics and Sociology*. Urbana: University of Illinois Press, 1963]. A crítica de Friedrich von Wieser à doutrina racionalista-utilitarista em geral, e à formulação de Carl Menger em particular, poupa a essência dessa doutrina. Ver: WIESER, Friedrich von. *Theorie der gesellschaftlichen Wirtschaft*. Tübingen: J. C. B. Mohr, 1914. Sec. I, p. 242 ss. Sua importância está na distinção que faz entre o líder e as massas – provavelmente sob a influência do sociólogo, psicólogo e criminologista francês Gabriel de Tarde (1843-1904) –, bem como na maior ênfase no princípio da heterogeneidade de objetivos – denominação do filósofo e psicólogo alemão Wilhelm Wundt (1832-1920).

privada serve aos interesses de todos os membros da sociedade, não apenas aos dos proprietários[177].

Partimos da hipótese de que não existem conflitos de interesses insolúveis, dentro do sistema da propriedade privada, mesmo reconhecendo que o comportamento belicoso se torna mais raro, à medida que crescem o alcance e a intensidade da relação social. Guerras externas e internas (revoluções, guerras civis) serão tanto mais fáceis de ser evitadas, quanto mais a divisão de trabalho unir os homens. O ser beligerante, o homem, torna-se um industrial, o "herói" torna-se um "comerciante". As instituições democráticas servem para eliminar a ação violenta dentro do Estado, uma vez que procuram manter ou fazer acordos entre os desejos daqueles que governam e daqueles que são governados.

Ao contrário dos utilitaristas, que acreditam que a propriedade privada assegura maior produtividade do trabalho, os socialistas mais antigos estavam convictos de que era o sistema de propriedade pública que poderia trazer maior produtividade, o que exigia a abolição do sistema de propriedade privada. Devemos distinguir este socialismo utilitarista do socialismo que toma como ponto de partida uma teoria social teísta ou metafísica e que invoca um sistema de comando, porque este é mais conveniente para promover empiricamente valores não testados que a sociedade deve adotar.

Fundamentalmente, o socialismo de Karl Marx diverge dessas duas variedades de socialismo, que ele chama de "utópicas". Certamente, Marx também pressupõe que o método

---

[177] Ver: SMITH, Adam. *The Theory of Moral Sentiments*. *Op. cit.*, Parte IV, p. 417ss.

socialista de produção é responsável pela maior produtividade de mão de obra do que o sistema da propriedade privada. Mas nega que a solidariedade de interesses exista, ou sempre tenha existido na sociedade. A solidariedade de interesses, de acordo com Marx, pode existir somente dentro de cada classe. Contudo, é o conflito de interesses existente entre as classes que explica por que a história de todas as sociedades têm sido uma história de lutas de classes.

Para outro grupo de doutrinas sociais, os conflitos também constituem a força acionadora do desenvolvimento social. Para essas doutrinas, a guerra entre raças e entre nações constitui a lei básica da sociedade.

O erro comum a ambos os grupos que defendem a sociologia da luta de classes é o descaso em relação a qualquer princípio de associação. Eles se empenham em mostrar por que deve haver guerra entre as classes, raças e nações. Entretanto se esquecem de mostrar por que existe, ou pode existir, paz e cooperação entre as classes, raças e nações. Não é difícil detectar a razão dessa negligência. É impossível demonstrar um princípio de associação que exista somente dentro de uma coletividade e seja inoperante fora dela. Se a guerra e a discórdia são as forças que acionam todo o desenvolvimento social, por que isso só valeria para as classes, raças e nações, e não para todos os indivíduos? Se levarmos esta sociologia de luta à sua conclusão lógica, não chegaremos a doutrina social alguma, mas a *"uma teoria da insociabilidade"*[178].

---

[178] BARTH, Paul. *Die Philosophie der Geschichte als Soziologie*. Leipzig: O. R. Reisland, 3ª ed., 1922. p. 260.

Nada disso poderia ser entendido na Alemanha, na Hungria e nos países eslavos, por causa da hostilidade básica existente, desde o início, contra todo pensamento utilitarista. Como a moderna sociologia é baseada no utilitarismo e na doutrina de divisão de trabalho, foi sumariamente rejeitada. Esta é a principal razão da relutância dos eruditos alemães em lidar com a sociologia, e da luta que moveram tão tenazmente, durante décadas, contra a sociologia como ciência. Desde que a sociologia não foi bem-vinda, seria preciso encontrar um substituto. Dependendo da sua posição política, esses pensadores adotaram uma das duas "teorias da insociabilidade", que acentuavam o princípio do conflito, e deixaram totalmente de lado qualquer busca de um princípio de associação.

Esta situação científica explica o sucesso que a sociologia marxista conseguiu alcançar na Alemanha, assim como no Leste Europeu. Quando comparada com as doutrinas de conflito racial e nacional, tinha a vantagem de oferecer, pelo menos, num futuro remoto, uma ordem social com um princípio coerente de associação. Sua resposta foi mesmo muito mais aceitável, porque era otimista e mais satisfatória para alguns leitores do que as doutrinas que nada ofereciam em matéria de história, exceto uma luta inglória de uma raça nobre contra a supremacia de raças inferiores. Quem procurava ir além em seu otimismo e era menos exigente no que se refere à precisão científica, encontrou a solução para o conflito não só no paraíso socialista do futuro, mas também já no "reinado social".

Desta forma o marxismo dominava o pensamento alemão na sociologia e na filosofia da história.

A sociologia popular alemã adotou, acima de tudo, o conceito de classe, essencial na sociologia marxista. Othmar Spann observou corretamente: *"até os chamados economistas da classe média estão usando o termo 'classe', em relação às mesmas questões que eram levantadas pelo materialismo histórico de Marx"*, e da mesma forma como os marxistas o usavam[179]. A adoção desse conceito se revestiu de características peculiares a Karl Marx e a Friedrich Engels, assim como de incerteza, imprecisão e obscuridade, características que, mais adiante, seriam repetidas pelos partidos Socialdemocrata e Comunista. Durante os trinta e cinco anos que decorreram entre a publicação do *Manifesto do Partido Comunista*, em 1848, e a sua morte, em 1883, Marx não conseguiu de modo algum definir com mais precisão o conceito da luta de classes. E é significativo que o original póstumo do terceiro volume do *Das Kapital* [*O Capital*] pare, abruptamente, no ponto exato em que devia tratar das classes. Desde a morte de Marx, já se passaram mais de quarenta anos, e a luta de classes tornou-se a pedra angular da moderna sociologia alemã, mas ainda continuamos a aguardar sua definição e delimitação científicas. Não menos vagos são os conceitos de interesses de classes, condições de classes e luta de classes, assim como as ideias sobre as relações entre condições, interesses de classes e ideologia de classes.

Para Karl Marx e seus partidários, os interesses de cada classe são irreconciliavelmente opostos aos das outras. Cada

---

[179] SPANN, Othmar. "Klasse und Stand". *In: Handwörterbuch der Staatswissenschaften*. Jena: G. Fischer, 4ª ed., 1923. Vol. V. p. 692.

classe conhece precisamente seus interesses e sabe como conquistá-los. Só pode haver, portanto, luta, ou, na melhor das hipóteses, um armistício. A ideia de que, em algumas circunstâncias, a luta de classes possa cessar, antes que a felicidade socialista seja alcançada, ou de que as circunstâncias possam moderar a luta é sumariamente rejeitada. Não existe entidade superior que possa abranger as classes e dissolver os conflitos. As noções de pátria, nação, raça e humanidade são meros disfarces para o único fato real, que é o conflito de classes. Todavia, a sociologia popular não vai tão longe. Poderia ser como Marx a descreve, mas não precisa ser assim e, acima de tudo, não deveria ser desse modo. O interesse egoísta das classes deve ser posto à parte, a fim de servir aos interesses da nação, da pátria e do Estado. E o Estado, como um princípio de razão acima das classes, como realização do ideal e da justiça, deve intervir e provocar uma situação social na qual a classe de proprietários seja impedida de explorar os não proprietários, de modo que a luta de classe dos proletários contra os proprietários se torne supérflua.

Ao adotarem a doutrina da luta de classes, os sociólogos estatistas alemães adotaram a parte mais importante da filosofia marxista da história. Para eles, o sistema parlamentar britânico, com todas as suas instituições democráticas, que a doutrina liberal tanto louva, é mera expressão da supremacia da classe burguesa. A partir da forma pela qual os alemães interpretam a história britânica contemporânea, conclui-se que o Estado britânico e suas instituições são mais repreensíveis por serem capitalistas e plutocráticos. O conceito britânico de liberdade choca-se com o conceito alemão. Eles veem a grande revolução francesa e os movimentos das décadas de 1830 e 1840, como movimentos de classe da burguesia. O fato de os principados terem prevalecido sobre os rebeldes de 1848 na Alemanha é considerado muito positivo, porque prepararam o caminho para o governo social dos imperadores da Casa de Hohenzollern, que permaneceram acima das classes e dos partidos. Para os estatistas e marxistas alemães, o imperialismo moderno das potências aliadas provém da propensão capitalista à expansão. Os estatistas também adotaram uma boa parte da teoria de superestrutura marxista, quando descreveram a economia clássica como uma serva dos interesses dos empresários e da burguesia. O exemplo acima mencionado ilustra como isto se aplica mesmo a Gustav von Schmoller.

Deve-se observar que nenhum exame crítico precedeu a adoção das doutrinas marxistas básicas. A atenção dos estatistas concentrou-se no abrandamento do ataque marxista à ideologia do Estado e suas ramificações políticas, durante a liderança prussiana na Alemanha, e na adaptação das doutrinas marxistas às ideias do Estado socialista e conservador. Os estatistas viam o problema marxista não como um problema científico, mas político, ou, na melhor das hipóteses, econômico. Na política, concentraram-se em acusar o marxismo de exagerado e procuraram demonstrar que existe outra solução, ainda melhor: a reforma social. Sua principal crítica ao marxismo não visava seu programa econômico, mas seu programa político, já que colocava o interesse das classes acima dos interesses nacionais.

Somente alguns compreenderam que os problemas levantados pelo marxismo eram de natureza científica. Sombart foi um dos primeiros que, como continuador, renovador e reformador, iniciou a reforma das doutrinas marxistas. Sua mais recente obra, que me impulsionou a escrever este ensaio, proporcionou-me o ensejo de estudá-lo detalhadamente.

A dependência de Marx é a característica especial das ciências sociais alemãs. Certamente, o marxismo igualmente deixou vestígios no pensamento social da França, Grã-Bretanha, Estados Unidos, países escandinavos e Países Baixos. Todavia, a influência das doutrinas marxistas foi incomparavelmente maior na Alemanha. O fato de a sociologia do utilitarismo ser, geralmente, rejeitada na Alemanha, constitui, indubitavelmente, uma explicação para essa profunda influência[180]. Na Itália, também, a influência do marxismo foi particularmente significativa, embora não tão forte como na Alemanha. Na Europa Oriental, na Hungria, e nas nações eslavas, porém, foi ainda maior que na Alemanha – isto é, foi maior nos países que dependiam inteiramente do pensamento alemão, apesar da hostilidade política.

O marxismo dominou o pensamento social russo e, não só o pensamento dos seguidores dos partidos revolucionários, que combatiam abertamente o czarismo, mas também foi dominante nas universidades imperiais russas. Eugen Altschul (1887-1959), o tradutor do *Grundzüge der Volkswirtschaftslehre* [*Fundamentos de Economia*] de Vladimir Gelesnoff (1877-1921), corretamente observou em seu prefácio da

---

[180] Se nos Estados Unidos a influência dos antiutilitaristas (por exemplo, a de Weblen) se propagar, o marxismo também se propagará com todas as suas consequências.

edição alemã: *"Em nenhum outro país, as doutrinas econômicas marxistas invadiram tão rapidamente o ensino na universidade, exercendo uma influência sobre ele tão significativa, como na Rússia"*[181]. Com seu ódio ao liberalismo e à democracia, o próprio czarismo, através da promoção do marxismo, preparou o caminho para a ideologia bolchevista.

2 - Nacional (Antimarxista) - Socialismo

O socialismo marxista prega: "Luta de classe, não a luta entre nações"! Proclama: "Nunca mais guerra (imperialista)". Mas, no fundo do pensamento, acrescenta: "Guerra civil sempre, revolução sempre"!

O nacional-socialismo prega: "Unidade nacional! Paz entre as classes!", e subentende-se que acrescenta a isso: "Guerra ao inimigo estrangeiro"[182].

---

[181] GELESNOFF, W. *Grundzüge der Volkswirtschaftslehre*. Leipzig: Teubner, 1918. p. 111.

[182] Não devemos procurar ideias de socialismo nacionalista apenas dentro do Partido Nazista, que é apenas uma parte – e, em termos de tática de partido, uma parte particularmente radical – do movimento maior do nacional-socialismo que encerra todos os partidos do povo. Os mais eminentes porta-vozes do nacional--socialismo são os autores Oswald Spengler (1880-1936) e Othmar Spann (1878-1950). Um resumo bem esclarecedor das ideias do nacional-socialismo encontra--se no programa do Großdeutschen Volkspartei Österreichs [Maior Partido do Povo Alemão da Áustria], escrito por Otto Conrad (1876-1943) na obra *Richtlinien deutscher Politik, Programmatische Grundlagen der Großdeutschen Volkspartei* [*Diretrizes da Política Alemã: Princípios do Programa do Maior Partido do Povo Alemão*], publicada originalmente em 1920.

Essas duas soluções exprimem os ideais que estão dividindo a nação alemã em dois campos hostis.

O grande problema político da Alemanha é o nacional. Ele aparece sob três formas diferentes: o problema de territórios linguisticamente misturados nas fronteiras das colônias alemãs na Europa; o problema da emigração (criação de colônias alemãs no além-mar); e o problema do comércio exterior, que deve fornecer o sustento material para a população alemã.

O marxismo não levou em conta, de maneira alguma, esses problemas. Afirmava que só no futuro paraíso socialista não haveria disputa nacional. "O ódio nacional se transformou em ódio de classes", alimentado pela "classe média", e tendo como beneficiária a "burguesia", segundo proclamam os intelectuais do partido[183]. Como pode haver conflitos nacionais, depois que as distinções de classes e a exploração forem abolidas?

O problema nacional é um problema político mundial, o maior problema mundial de um futuro previsível. Diz respeito a todas as nações, não apenas à nação alemã. Durante os séculos XVIII e XIX, quando na Inglaterra e na França se formularam modernas doutrinas políticas, esse problema tinha para essas nações um significado diferente daquele que tem hoje. O primeiro país civilizado para o qual o problema nacional, em sua forma presente, se tornou importante, foi a Alemanha. Teria sido, então, tarefa da teoria política alemã

---

[183] Ver: BAUER, Otto. *Die Nationalitätenfrage und die Sozialdemokratie*. Wien: Verlag der Wiener Volksbuchhandlung Ignaz Brand, 1907. pp. 263 e 268.

estudá-lo e encontrar uma solução, através da política prática. A Inglaterra e a França não conheciam os problemas do nacionalismo para os quais a fórmula de autodeterminação nacional não é suficiente. A política alemã que enfrentou esses problemas durante décadas, devia ter aceitado o desafio e buscado a solução. Mas a teoria e a prática alemã só puderam proclamar o princípio da força e da luta. Sua aplicação isolou a nação alemã do mundo e a conduziu para a derrota na Grande Guerra.

As fronteiras populacionais não são claramente delineadas nas áreas em que o povo alemão se fixou, coincidentes com as ocupadas pelos dinamarqueses, lituanos, poloneses, tchecos, húngaros, croatas, eslovacos, italianos e franceses. Em vastas regiões, os povos se misturam, e certos focos linguísticos manifestam-se nas mais distantes áreas estrangeiras, especialmente nos centros urbanos. No nosso país, a fórmula da "autodeterminação das nações" deixa de ser suficiente. Pois aqui estão as minorias nacionais que vão enquadrar-se num governo estrangeiro, se o princípio da maioria determinar a política governamental. Se for um Estado liberal sob o regime da lei, que simplesmente protege a propriedade e a segurança pessoal de seus cidadãos, o regime estrangeiro é menos palpável. Sente-se que, quanto mais fortemente o Estado for governado, quanto mais o Estado se voltar para o bem-estar social, mais o estatismo e o socialismo ganham alicerces.

Para a nação alemã, uma solução violenta para o problema seria menos satisfatória. Se a Alemanha, uma nação cercada por outras nações no coração da Europa, de acordo com esse princípio, tivesse de agredir, provocaria uma coligação de todos os seus vizinhos para uma constelação política mundial: inimigos por todos os lados. Nessa situação, a Alemanha acharia somente uma aliada, a Rússia, que está sendo hostilizada pelos poloneses, lituanos, húngaros e possivelmente pelos tchecos, mas que, em nenhum ponto, está em conflito direto com os interesses alemães. Uma vez que a Rússia bolchevista, assim como a Rússia czarista, só sabe negociar com outros países usando a força, já está procurando aliar-se ao nacionalismo alemão. O antimarxismo alemão e o supermarxismo russo não estão muito distantes um do outro. As várias tentativas de reconciliação do nacionalismo antimarxista alemão com o nacionalismo antimarxista da Itália fascista devem, porém, fracassar nas relações com o Tirol do Sul, do mesmo modo que uma reconciliação do chauvinismo húngaro deve fracassar nas negociações sobre o problema da Hungria Ocidental.

Uma solução violenta para a questão dos alemães que residem em áreas de fronteiras, seria menos aceitável para a própria nação alemã do que para os seus vizinhos, mesmo que houvesse perspectivas de solução. De fato, a Alemanha, mesmo vitoriosa em todos os campos, necessitaria estar sempre preparada para a guerra e teria de enfrentar outra guerra: a de submissão pela fome, e, para tal eventualidade, teria de preparar sua economia. Isto imporia uma carga que, em longo prazo, não poderia ser suportada sem sérias consequências.

O problema do comércio exterior, que a Alemanha precisou resolver durante o século XIX, é decorrência de uma transferência mundial da produção para áreas com condições de produção mais favoráveis. Se houvesse liberdade completa de movimento, uma parte da população alemã teria emigrado, pois a agricultura alemã, bem como alguns ramos da indústria, não podia mais competir com países recentemente abertos à imigração, mais férteis, que ofereciam condições de produção mais favoráveis. Por razões de política nacional, a Alemanha procurou evitar a emigração através de tarifas. Não podemos analisar aqui por que esta tentativa estava destinada a fracassar[184].

O problema da migração é o terceiro dos problemas políticos práticos da Alemanha. Neste país falta território para uma população em excesso. E, mais uma vez, a teoria do nacionalismo alemão de antes da guerra não descobriu melhor solução que a violência para a conquista de mais território.

Na Europa, vivem na pobreza dezenas de milhões de pessoas que viveriam muito melhor na América e na Austrália. A diferença de condições de vida entre um europeu e seus descendentes de além-mar continua a crescer. Os emigrantes europeus encontrariam no além-mar o que seus países de origem não poderiam oferecer-lhes: um lugar ao sol. Mas é muito tarde. Os descendentes daqueles que, há uma, duas ou três gerações escolheram o Novo Mundo em lugar da Europa,

---

[184] Procurei explicar o motivo na seguinte obra de minha autoria: MISES, Ludwig von. *Nation Staat und Wirtschaft: Beiträge zur Politik und Geschichte der Zeit*. Wien / Leipzig: Manzsche Verlags / Universitäts-Buchhandlung, 1919. p. 45ss. [A ser lançada em português pela LVM Editora, a obra está disponível em inglês na seguinte edição norte-americana: MISES, Ludwig von. *Nation, State, and Economy: Contributions to the Politics and History of Our Time*. Ed. Bettina Bien Greaves; trad. Leland B. Yeager. Indianapolis: Liberty Fund, 2006. (N. E.)].

não recebem bem novos emigrantes. Os trabalhadores organizados dos Estados Unidos e dos países da Comunidade Britânica não permitem a entrada de novos competidores. Seus movimentos sindicalistas não são dirigidos contra os empregadores, como a doutrina marxista prescreve; eles empreendem sua "luta de classes" contra os trabalhadores europeus cuja imigração reduziria a produtividade da força de trabalho marginal e, consequentemente, os salários. Os sindicatos de trabalhadores das nações anglo-saxônicas foram favoráveis à participação na Grande Guerra porque queriam eliminar os últimos resquícios da doutrina liberal de livre movimentação e migração de mão de obra. Este era o verdadeiro objetivo da luta a que eles aderiram completamente. Inúmeros alemães que viviam em países estrangeiros foram espoliados da terra, privados de suas propriedades e lucros e "repatriados". Hoje, leis rigorosas proíbem ou limitam a imigração, não somente para os Estados Unidos, mas também para áreas importantes da Europa. Os sindicatos dos Estados Unidos e da Austrália seriam favoráveis, sem hesitação, a uma nova guerra mundial, por mais horrível e sangrenta que fosse, caso se tornasse necessário defender as restrições de imigração contra um agressor, tal como o Japão, ou uma Alemanha rearmada.

Nesse ponto residem as dificuldades insuperáveis para as doutrinas marxistas e a política da Internacional Comunista. Os teóricos procuram contornar as dificuldades, não as mencionando. É significativo o fato de que a copiosa literatura alemã de antes da guerra sobre política social e econômica, que, de modo exaustivo, trata repetidamente do mesmo assunto, não contenha obras de pesquisa que possam explicar as políticas de restrições à imigração. E, no exterior, somente alguns escritores ousaram abordar esse tópico que, obviamente, não combina com a doutrina da solidariedade das classes trabalhadoras[185]. Este silêncio, mais do que qualquer outra coisa, revela a tendência marxista na literatura social, particularmente, na literatura alemã. Quando, finalmente, as convenções internacionais dos socialistas não puderam mais fugir ao exame dessa questão, habilmente a contornaram. Se lermos, por exemplo, as atas da Convenção Internacional dos Socialistas de Stuttgart em 1907, veremos que a Convenção adotou uma resolução pouco convincente, caracterizada pelo próprio redator como um tanto *"grosseira e dura"*. Mas a culpa deveria ser atribuída às circunstâncias. Uma convenção socialista não é feita *"para escrever romances. Duras realidades estão chocando-se, e isso se reflete nessa resolução dura e grosseira"*. (Isto é uma forma de eufemismo para admitir que há alguma coisa de errado nas harmoniosas ideias de solidariedade internacional dos trabalhadores). A ata então recomenda que "esta resolução, tão razoável e penosa seja adotada com unanimidade". Mas o representante australiano Kröner energicamente declarou: *"A maioria do Partido dos Trabalhadores Australianos opõe-se à imigração de trabalhadores negros. Como socialista, eu pessoalmente, reconheço o dever da solidariedade internacional e espero que, no devido tempo,*

---

[185] A análise mais abrangente encontra-se em: PRATO, Giuseppe. *Il Protezionismo Operaio. L'esclusione del Lavoro Straniero*. Turin: Società Tipografico-Editrice Nazionale, 1910. A tradução francesa é: PRATO, Giuseppe. *Le protectionnisme ouvrier: l'exclusion des travailleurs étrangers*. Trad. Georges Bourgin. Paris: M. Rivière, 1912. O livro permaneceu quase desconhecido na Alemanha.

consigamos conquistar todas as nações do mundo para a ideia do socialismo"[186]. Isso significa, em outras palavras: estabeleçam tantas resoluções quantas lhes aprouver; nós agiremos como nos agradar. Desde que o Partido dos Trabalhadores subiu ao poder, a Austrália, como se sabe, tem as mais rígidas leis de imigração, contra trabalhadores negros e brancos.

Os antimarxistas nacionalistas da Alemanha poderiam prestar um grande serviço, solucionando o problema de emigração. O pensamento alemão poderia desenvolver uma nova doutrina de liberdade universal e livre movimentação, que repercutiria junto aos italianos, escandinavos, eslavos, chineses e japoneses e, a longo prazo, nenhuma nação resistiria. Mas nada do que precisa ser feito foi sequer iniciado, e certamente nada foi realizado.

O antimarxismo nacional demonstrou ser improdutivo exatamente no ponto em que deveria ter dado a maior ênfase: o problema da política externa. O seu programa para a integração da nação alemã na economia e na política mundial não é diferente, basicamente, do preceito da política alemã nas últimas décadas. De fato, não é diferente da política recente, mais do que qualquer doutrina teórica é diferente das realidades enfrentadas pelo estatista, cujas tarefas diárias os afastam do que tinham programado. Contudo, uma solução violenta é menos aplicável, hoje, do que foi na Alemanha de antes da guerra. Nem mesmo uma Alemanha vitoriosa seria capaz de enfrentar os verdadeiros problemas da nação alemã.

---

[186] *Internationaler Sozialistenkongreß zu Stuttgart*. 18-24. August 1907. Berlin: Buchhandlung Vorwrts, 1907. p. 57-64.

No estágio atual dos negócios mundiais, a Alemanha jamais poderia prevalecer sobre interesses nacionais antagônicos de outros países. Isto é, não poderia adquirir territórios no além-mar para colonizar e abrir mercados favoráveis à sua indústria. Acima de tudo, ela nunca estaria a salvo de um reinício da guerra, em decorrência de uma nova coalizão de inimigos.

O antimarxismo nacional está deixando, também, de apresentar uma política apropriada para enfrentar os problemas atuais. Na sua luta contra a integração forçada, as minorias alemãs nos países estrangeiros devem exigir a mais ampla democracia, porque apenas um governo autônomo pode protegê-las contra a perda de sua identidade alemã. Devem pedir liberdade econômica total, porque toda intervenção, nas mãos do Estado estrangeiro, torna-se um meio de discriminação contra a população alemã[187]. Mas como pode a população alemã nos territórios fronteiriços lutar por democracia e liberdade econômica se o próprio "Reich" tem uma política contrária?

O antimarxismo nacional também falhou no terreno científico. O fato de as teorias marxistas de valor e distribuição de renda perderem seu prestígio não é da responsabilidade do antimarxismo, mas sim da Escola Austríaca, especialmente em função da crítica de Eugen von Böhm-Bawerk, que os jovens amigos da economia teórica na Alemanha não puderam mais

---

[187] Ver as excelentes análises: WOLFRUM, F. "Der Weg Zur deutschen Freiheit". *Freie Welt*, Vol. IV, 95; WOLFRUM, F. "Staatliche Kredithilfe". *Freie Welt*, Vol. IV, 99. Na Tchecoslováquia, toda intervenção do governo serviu para tornar minoritários os tchecos; no Tirol do Sul e na Polônia, italianos e poloneses fazem o mesmo.

negligenciar. Certamente, as tentativas de alguns autores de prestigiar Karl Marx como filósofo tiveram pouca perspectiva de sucesso, porque, no final, o conhecimento filosófico na Alemanha alcançou um nível que torna os eruditos um tanto imunes às ingenuidades da "filosofia" de Karl Marx, de Joseph Dietzgen (1828-1888), Karl Vorländer (1860-1928) e Max Adler (1873-1937). Todavia, no campo da sociologia, as categorias e ideias do materialismo marxista continuam a propagar-se. Aqui, o antimarxismo poderia ter resolvido um importante problema, mas, em vez disso, se contentava em atacar aquelas conclusões finais do marxismo, que pareciam ser censuráveis politicamente, sem negar sua base e sem procurar substituí-la por uma doutrina abrangente. O antimarxismo tinha de fracassar, porque, por razões políticas, procurou mostrar que o marxismo é animado pelo espírito ocidental, que é produto do individualismo – um conceito que não se coaduna com o caráter alemão.

O próprio ponto de partida é enganador. Já mencionamos que não é permissível contrastar o sistema universalista (coletivista) e o individualista (nominalista) de doutrina e política social como anunciado por Heinrich Dietzel e Karl Přibram (1877-1973), e agora defendido por Othmar Spann com seu antimarxismo nacionalista alemão. Também não é certo considerar o socialismo marxista como sucessor da democracia liberal da primeira metade do século XIX. A ligação entre o socialismo de Karl Marx e de Ferdinand Lassalle com o programa democrático inicial era muito superficial, e foi posta de lado por não ter mais razão de ser, logo que os partidos marxistas subiram ao poder. O socialismo não é um aperfeiçoamento do liberalismo; é seu inimigo. É ilógico deduzir uma similaridade dos dois de uma oposição a ambos.

O marxismo não surgiu do pensamento do Ocidente. Como já mencionamos, essa história não conseguiu encontrar seguidores nos países do Ocidente porque não pôde sobrepujar a sociologia utilitarista. A maior diferença entre as ideias alemãs e as do ocidente é a grande influência do pensamento marxista na Alemanha. O pensamento alemão, porém, não será capaz de superar o marxismo até que descarregue o ódio que vota à sociologia britânica, francesa e americana. O pensamento alemão não pôde, simplesmente, adotar a sociologia do ocidente, mas deve prosseguir modificando-se com base nela.

3 - Sombart como Marxista e Antimarxista

O próprio Werner Sombart confessou com orgulho que dedicou boa parte da vida ao combate a Karl Marx[188]. Foi Sombart, não os desprezíveis pedantes do mesmo estofo de Karl Kautsky e Eduard Bernstein, quem apresentou Marx à ciência alemã e familiarizou o pensamento alemão com as doutrinas marxistas. Até a estrutura da principal obra de Sombart, *Der moderne Kapitalismus* [*O Capitalismo Moderno*], é marxista. O problema que Marx levantou em *Das Kapital* [*O Capital*] e outras obras deve ser resolvido novamente, desta vez com os recursos do conhecimento avançado e,

---

[188] Ver: SOMBART, Werner. *Das Lebenswerk von Karl Marx*. Jena: Gustav Fischer Verlag, 1909. p. 3.

assim como fez Marx, a análise teórica deve se harmonizar com a apresentação histórica. O ponto de partida do trabalho de Sombart é inteiramente marxista, mas pode-se afirmar que suas descobertas ultrapassam as de Marx. Assim, sua obra difere das publicações dos marxistas do partido, cujas ideias são rigidamente circunscritas pela doutrina partidária.

Foi em 1896 que Sombart, com seu pequeno livro *Sozialismus und soziale Bewegung im 19 Jahrhundert* [*Socialismo e o Movimento Social Durante o Século XIX*], erigiu sua reputação como marxista e erudito. O opúsculo teve diversas edições, e cada edição nova evidenciava as mudanças na posição de Sombart com relação aos problemas do socialismo e ao movimento social. A décima edição, revista, está agora disponível em dois respeitáveis volumes[189] e procura demonstrar e justificar seu afastamento do marxismo — mas não do socialismo. De fato, os dois volumes não se referem ao socialismo como tal, mas ao "socialismo proletário", ao "marxismo".

Sombart interessa-se apenas pela história e crítica do socialismo marxista. Evita revelar sua própria doutrina social, que ele aborda ligeiramente em poucos trechos. Com

---

[189] O livro *Sozialismus und soziale Bewegung im 19 Jahrhundert* [*Socialismo e o Movimento Social Durante o Século XIX*], lançado originalmente em 1896, foi lançado na décima edição revista e atualizada como: SOMBART, Werner. *Der proletarische Sozialismus ("Marxismus")*. Jena: Gustav Fischer, 1924. 2v. O primeiro volume é *Die Lehre* [*A Doutrina*] e o segundo é *Die Bewegung* [*O Movimento*]. A edição usada aqui é a seguinte: SOMBART, Werner. *Sozialismus und soziale Bewegung*. Jena: Verlag von Gustav Fischer, 1905. [Em língua inglesa, ver: SOMBART, Werner. *Socialism and the Social Movement in the 19th Century*. New York: G. P. Putnam's Sons, 1898. Disponível em: https://archive.org/details/socialismsocialm00sombuoft/page/n6, acesso em 26/jun/2019 (N. E.)].

visível satisfação, fala das antigas associações da Idade Média – igreja, cidade, vila, clã, família, vocação –, *"que envolviam o indivíduo, aqueciam-no e protegiam-no como a casca envolve a fruta"*. E, com visível horror, fala do *"processo de desintegração que abalou o mundo da fé, substituindo-o pelo mundo do conhecimento"*[190]. A ideologia do socialismo proletário é vista como uma expressão desse processo de desintegração. E, nas entrelinhas, censura o socialismo proletário por sua preferência expressa pelo industrialismo moderno. *"Qualquer que seja a crítica socialista que possa ter surgido contra o capitalismo, nunca se fizeram objeções baseadas no fato de que o capitalismo nos tenha proporcionado estradas de ferro e fábricas, siderurgias e máquinas, telégrafos e motocicletas, gravadores e aviões, cinemas, centrais elétricas, fundições e corantes de anilina"*. O proletarismo, de acordo com Sombart, apenas rejeita a forma social, não o fundamento da civilização moderna. E, explicitamente, enfatizando sua própria posição, confronta o socialismo proletário com a *"quimera pré-proletária"*, de sabor *"bucólico"*, que sempre exaltou a agricultura como a mais nobre vocação e considerou a cultura agrária como seu ideal[191].

Esta paixão pela sociedade agrária e pela Idade Média merece alguns comentários. Nós a encontramos, com frequência, na literatura antimarxista nacionalista, com variações, segundo cada autor. Para Othmar Spann, o líder deste movimento, o ideal seria o retorno à Idade Média[192].

---

[190] Idem. *Ibidem.*, Vol. I, p. 31.
[191] Idem. *Ibidem.*, Vol. I, p. 257 ss.
[192] Ver: SPANN, Othmar. "Klasse und Stand". *Op. cit.*, p. 298ss.

Quem descreve as instituições sociais e organizações econômicas da Idade Média como modelos para o povo alemão deveria estar ciente de que uma Alemanha bucólica poderia sustentar apenas uma fração da atual população, mesmo que fossem mínimas as expectativas. Qualquer proposta que reduzisse a produtividade da mão de obra diminuiria também a população a ser sustentada, e a deterioração dos equipamentos de produção enfraqueceria as defesas nacionais, tão importantes do ponto de vista nacionalista. O nacionalismo não pode buscar uma solução para o problema alemão, retornando à sociedade agrária. A incompatibilidade dos ideais bucólicos com um acentuado desenvolvimento de forças nacionais pode explicar o profundo pessimismo das "teorias do juízo final" que estão surgindo sob várias formas.

Se fosse verdade que o espírito característico da nação alemã exige um retorno a métodos de produção, que conduzam a uma produtividade da força de trabalho mais baixa, e que, inversamente, as nações do ocidente, as nações latinas do sul e as nações eslavas do Leste Europeu pensem de forma diferente e apliquem métodos de produção que assegurem uma produtividade mais alta, haveria um perigo bastante concreto de que inimigos mais numerosos e produtivos viessem a subjugar a nação alemã. Os que filosofam sobre a vitória não podem, então, concluir que foi a falta de capacidade dos alemães de se adaptarem que os impediu de fazer uso dos métodos capitalistas de produção? Não podem considerar a mentalidade dos alemães deficiente e incapaz de manter um equilíbrio espiritual diante dos progressos tecnológicos modernos?

Essa peculiaridade do espírito alemão é certamente uma característica materialista comum a diferentes escritores idealistas que acreditavam que algumas exterioridades da vida bloqueiam o caminho do crescimento interno e do desenvolvimento de forças internas. Quem não sabe como salvaguardar seu equilíbrio, quando cercado por motocicletas e telefones, não o saberá também, seja na selva, seja no deserto. Em outras palavras, não encontrará força para, com o essencial, superar o não essencial. O homem deve estar apto a proteger-se, onde quer que viva e em quaisquer circunstâncias. O que nos compele a procurar em eras passadas e lugares remotos um harmonioso crescimento de personalidade é uma espécie de psicopatia.

Werner Sombart, como já afirmamos, revela o seu ideal social apenas nas entrelinhas. Não pode ser criticado por isto. Pode-se, porém, culpá-lo por não oferecer uma definição precisa do conceito de socialismo num livro em que procura apresentar e analisar um determinado tipo de socialismo. A análise que faz da ideologia socialista, na introdução do seu livro, é a sua parte mais fraca. Sombart rejeita a teoria de que o socialismo é uma ordem social baseada na propriedade pública dos meios de produção. Argumenta que o conceito de socialismo teria, obviamente, de ser um conceito social, ou de ciências sociais, e não de um campo específico da vida social, tal como a economia. As emoções que acompanham a controvérsia sobre o socialismo revelam que o termo socialismo deve abranger problemas ainda mais profundos que os concernentes à *"tecnologia econômica"*[193]. Mas a definição proposta por Sombart implica, afinal, uma volta – não despida de ambiguidade – à única característica relevante do socialismo. Após extensa análise, Sombart chega à conclusão de que a ideia de socialismo contém sempre os seguintes componentes:

> 1) O ideal de uma condição racional da sociedade deve ser confrontado com uma condição histórica irracional, isto é, uma avaliação das condições sociais como perfeitas ou menos perfeitas. Certas características do ideal comum a todos os tipos de socialismo relacionam-se com a essência anticapitalista do socialismo: *o socialismo deve necessariamente rejeitar uma economia que vise a lucros por* causa dos objetivos irracionais que surgem de seu princípio motor. Como o dinheiro simboliza a economia capitalista, que visa ao lucro, ele é um dos alvos favoritos da crítica socialista. Todos os males deste mundo vêm da luta pela posse do anel dos Nibelungos. O socialismo, portanto, deseja a devolução do ouro ao Reno. *O socialismo, assim como se opõe à economia "livre", também se opõe a seus alicerces: propriedade "livre", ou seja, propriedade privada e contrato "livre", ou seja, contrato de trabalho.* É isto que dá origem à exploração, a pior mancha da vida social, cuja erradicação é o objetivo fundamental de todos os tipos de socialismo.

---

[193] Ver SOMBART, Werner. SOMBART, Werner. *Sozialismus und soziale Bewegung. Op. cit.*, Vol. I, p. 5ss.

2) A avaliação das condições sociais e a adoção de um ideal racional correspondem necessariamente ao reconhecimento da liberdade moral, da liberdade de lutar por um conjunto de objetivos, com as próprias forças, e à fé na possibilidade de realização desse ideal.

3) O ideal e a liberdade dão origem inevitavelmente a uma aspiração à realização do ideal, num movimento que, nascendo da liberdade, do historicamente dado, caminha para o racionalmente desejado. Mas toda adesão ao socialismo significa uma renúncia à força motriz, isto é, significa, do ponto de vista do indivíduo, compromisso, sacrifício, limitação do particular[194].

Só pode haver uma razão para Werner Sombart escolher esse desvio, em vez de adotar a única definição comprovadamente viável de socialismo: sua aversão em abordar os verdadeiros problemas econômicos do socialismo, aversão que transparece em toda a sua obra e que é a sua maior deficiência. O fato de Sombart nunca ter levantado a questão de ser ou não possível e exequível um sistema socialista é ainda mais sério que o fato de se recusar a oferecer uma definição clara do socialismo: essa é a única questão fundamental para uma compreensão do socialismo e do movimento socialista. Sombart, porém não quer examinar o socialismo em geral; quer analisar o socialismo proletário, ou marxismo. Entretanto não define de forma satisfatória nem mesmo o socialismo proletário que, de acordo com ele:

---

[194] O grifo é meu. Idem. *Ibidem.*, Vol. I, p. 12ss.

É um resquício meramente intelectual do movimento social moderno, como eu já tinha definido desde a primeira edição deste livro. Socialismo e movimento social são (...) a realização da ordem social do futuro que se ajusta aos interesses do proletariado, ou a tentativa dessa realização. O socialismo procura sua realização no mundo do pensamento, o movimento socialista, no mundo da realidade. Todos os esforços teóricos empreendidos no sentido de revelar a meta desejada ao proletariado que aspira ao poder, para chamá-lo às armas, mobilizá-lo para a batalha e mostrar-lhe o caminho através do qual a meta pode ser alcançada, tudo isso abrange o que chamamos socialismo moderno.[195]

O mais notável nessa definição é seu caráter marxista. Não é mera coincidência que Werner Sombart tenha julgado conveniente manter essa mesma definição inalterada desde a primeira edição do seu livro, ou seja, desde o tempo em que, por conta própria, ainda seguia as pegadas de Karl Marx. Ela contém um importante elemento do discurso marxista: o socialismo convém ao interesse do proletariado. Este é um pensamento marxista específico, expressivo apenas dentro da estrutura marxista como um todo. O socialismo "utópico" da fase pré-marxista e o socialismo estatal nas últimas décadas se voltavam não para os interesses de uma classe, mas para os interesses de todas as classes e de toda a coletividade. O marxismo introduziu dois axiomas: o de que a sociedade está dividida em classes cujos interesses estão em eterno conflito;

---

[195] Idem. *Ibidem.*, Vol. I, p. 19ss.

e o de que os interesses do proletariado – só realizáveis através das lutas de classes – exigem a nacionalização dos meios de produção, de acordo com seus próprios interesses e em oposição aos interesses das outras classes.

Essa mesma ideia perpassa por várias partes do livro. Em determinado momento, Sombart observa que muito poucos autores marxistas influentes vêm do proletariado *"e, portanto, não passam de partes interessadas"*[196]. E é então, categórico:

> O proletariado pertence ao sistema capitalista, e o caráter inevitável das hostilidades contra os capitalistas é decorrente das condições de classe do proletariado. Essa hostilidade assume certas formas no movimento social: sindicatos, partidos socialistas, greves etc.[197]

Não se pode negar que a filosofia materialista da história é, neste ponto, totalmente aparente. Certamente, Sombart não tira a conclusão que Marx, de forma bastante lógica tirou nesse caso: a de que o socialismo está vindo com a inevitabilidade de uma lei natural[198]. De acordo com Sombart, a *"ciência do capitalismo"*, fundada por Marx, introduziu *"a ideia da regularidade da vida econômica em nossa era"*. Revela *"que o cumprimento de qualquer exigência socialista específica depende de condições objetivas bastante reais e que, portanto, o socialismo nem sempre é realizável"*. Marx, assim, criou *"cientificamente"*

---

[196] Idem. *Ibidem.*, Vol. I, p. 75.
[197] Idem. *Ibidem.*, Vol. II, p. 261.
[198] Idem. *Ibidem.*, Vol. I, p. 305.

a ideia da resignação que conduz, de maneira lógica, do socialismo para as reformas sociais[199]. Não precisamos nos deter por mais tempo, questionando se a conclusão de Sombart é uma decorrência lógica das doutrinas de Marx, ou de conscientemente permanecer no terreno científico do marxismo. (Sombart esboçou uma conclusão a partir da reforma social em trabalhos anteriores, criando o "sombartismo", ao qual os marxistas ortodoxos se referem depreciativamente, como sempre fazem, quando alguma coisa lhes desagrada). Sempre que Sombart procura descrever o capitalismo, o faz no contexto de Marx e Engels, quase sempre com as palavras destes[200].

As características da posição de Sombart com relação ao marxismo são, portanto, as seguintes: embora hoje em dia não aceite a versão ingenuamente materialista do socialismo que tinha seu fundador, Sombart edifica suas mais refinadas doutrinas socialistas sobre os alicerces do marxismo. Apesar de esboçar conclusões práticas diferentes daquelas a que chegaram os marxistas ortodoxos, na verdade, não se opõe, de forma alguma, ao socialismo.

Sombart reprova Marx, não por sua doutrina de luta de classes, mas pela politização e conclusão que Marx extrai da doutrina: de que é inevitável a vitória do proletariado[201]. Em outras palavras, Sombart não nega a existência da separação de classes no marxismo; nem diz que os interesses propriamente

---

[199] Idem. *Ibidem.*, Vol. I, p. 304.
[200] Idem. *Ibidem.*, Vol. I, p. 32ss.
[201] Idem. *Ibidem.*, Vol. I, p. 368.

ditos das várias camadas da população, envolvidas numa divisão de trabalho, não conflitem uns com os outros ou estejam em harmonia. Diz, porém, que a ética deve sobrepor-se ao conflito de interesses de classe. Além do princípio de classes *"existem outros princípios sociais – como os de natureza idealista"*. Mas o marxista torna o conceito de classes absoluto[202]. Sombart aparentemente acredita que o homem deve preterir seus interesses de classe e dar prioridade a interesses mais elevados, a interesses nacionais. Reprova os marxistas, porque eles não pensam em termos de pátria, porque conduzem políticas mundiais, advogam a luta de classe na política interna e permanecem pacifistas e antinacionalistas na política externa.

Sombart ignora completamente a crítica científica à doutrina de classe do marxismo. E é necessário que assim seja, uma vez que ele quer ignorar o utilitarismo e a teoria econômica e considera, em última análise, o marxismo a verdadeira ciência do capitalismo. De acordo com Sombart, *"Marx fundou (...) a ciência do capitalismo"*[203]. Há muito tempo, esta ciência *"demonstrou, conclusivamente, que este sistema econômico contém a essência da destruição e dissolução da civilização. Karl Marx foi o maior, se não o primeiro precursor desta sabedoria"*[204]. A fim de fugir das conclusões que devem ser tiradas das teorias de Marx, Sombart não conhece nada melhor que apelar para Deus e os valores externos.

---

[202] Idem. *Ibidem.*, Vol. I, p. 356.
[203] Idem. *Ibidem.*, Vol. I, p, 304.
[204] Ver: SOMBART, Werner. "Das Finstere Zeitalter". *Neue Freie Presse*, 25 Dezember 1924.

Sombart está perfeitamente certo quando declara que não é função da ciência fazer *"julgamentos de valor, isto é, revelar a inferioridade em termos de palavras, análises e princípios particulares do socialismo do proletariado"*. Contudo, está errado quando declara que a crítica científica é *"apenas uma descoberta de relações e a significação dessas relações que se fazem não só entre as diversas doutrinas e os requisitos políticos correspondentes, mas também entre, de um lado, o conteúdo de todo o sistema e, de outro, as questões básicas da civilização intelectual e o destino da humanidade"*[205]. Esta é a posição do historicismo que, abstendo-se de desenvolver suas próprias teorias científicas, se contenta em perseguir as inter-relações das teorias científicas e relações entre as teorias científicas e os sistemas metafísicos de pensamento. A teoria sociológica que o marxismo representa, apesar de suas deficiências, só pode ser analisada à luz de sua notória inutilidade para a explicação de fenômenos sociais. E só pode ser substituída por uma teoria que seja mais abrangente[206].

Como não poderia deixar de ser, a crítica de Sombart ao socialismo do proletariado repousa num julgamento subjetivo do que considera "valores básicos" do proletariado. Aqui, visão do mundo confronta-se com visão do mundo, metafísica confronta-se com metafísica. É uma questão de fé, não

---

[205] Idem. *Ibidem.*

[206] Não posso me aprofundar na crítica da doutrina de classes; recomendo que o leitor consulte minha obra: Ver: MISES, Ludwig von. *Die Gemeinwirtschaft: Untersuchungen über den Sozialismus.* Jena: Gustav Fischer, 1922. p. 265-352. [Na edição em língua inglesa, ver: MISES, Ludwig von. *Socialism: An Economic and Sociological Analysis.* London: Jonathan Cape, 1936. pp. 281-358].

de percepção, sem nenhum suporte científico. Naturalmente, justamente por esse motivo, não existem muitos leitores que apreciem o trabalho de Sombart. Sem se restringir ao campo limitado do trabalho científico, ele oferece sínteses metafísicas. Não se trata de mera pesquisa científica, mas da apresentação de matéria permeada com o espírito e a personalidade do homem e pensador, Sombart. E é justamente isto que confere ao livro seu caráter e importância. Essa obra, no final, só convence os leitores que já compartilham do ponto de vista de Sombart.

Sombart não critica os meios pelos quais o socialismo se propõe alcançar os seus objetivos. Entretanto, qualquer análise científica do socialismo deve, em primeiro lugar, examinar a tese da maior produtividade da produção socialista para depois questionar a viabilidade do método socialista de produção. A crítica de Sombart não vai além de uma abordagem da questão da inevitabilidade do socialismo.

O livro de Sombart é um fenômeno literário especial. Frequentemente acontece que, no curso da vida, intelectuais mudem de opinião, e no livro seguinte defendam aquilo a que se opuseram antes. Mas era sempre através de um livro novo que se revelava a mudança intelectual, como aconteceu, por exemplo, com as *Leis* de Platão (427-347 a.C.), obra que se seguiu à sua *República*. Todavia, é muito raro que um autor revele sua realidade de conflito constante em relação a um problema a cada nova revisão da mesma obra, como faz Sombart. Contudo, não devemos concluir que a presente edição contenha a versão definitiva de suas afirmações sobre socialismo. Há muitos anos de trabalho pela frente, novas edições de *Sozialismus und soziale Bewegung* [*Socialismo e o Movimento Social*] serão necessárias, não só porque as edições anteriores estão esgotadas, mas também porque Sombart ainda não esgotou seu trabalho sobre os problemas do socialismo. O livro na atual forma representa meramente um estágio da luta de Sombart contra o marxismo. Ele ainda não se libertou tanto quanto pensa ter-se libertado. Resta-lhe muito trabalho intelectual a fazer.

A luta interna de Sombart com os problemas do marxismo é sintomática do pensamento de muitos eruditos alemães. Cada edição do livro reflete muito bem o que os líderes intelectuais da Alemanha vêm pensando sobre este problema. As mudanças de opinião contidas nessas diferentes edições refletem as mudanças de opinião dos intelectuais alemães que seguiram a sua liderança durante uma geração.

4 - Antimarxismo e Ciência

O antimarxismo aprova integralmente a hostilidade do marxismo em relação ao capitalismo. Por outro lado, os antimarxistas ficam indignados com o programa político do marxismo, especialmente no que diz respeito a seu suposto internacionalismo e pacifismo. A indignação, porém, não os conduz ao trabalho científico, nem mesmo à política. No melhor dos casos, os leva à demagogia.

Para qualquer pensador que se preocupe com a precisão científica, o ponto censurável do marxismo está na teoria, que, entretanto, parece não incomodar os antimarxistas.

Vimos como Werner Sombart continua a apreciar Karl Marx como homem de ciência. O antimarxismo desaprova apenas os sintomas políticos do sistema marxista, não o conteúdo científico. Lastima os danos causados ao povo alemão pelas políticas marxistas, mas não vê os danos causados à vida dos intelectuais alemães pela vulgaridade e deficiência dos problemas e soluções propostas pelos marxistas. Acima de tudo, os antimarxistas não conseguem perceber que os problemas políticos e econômicos são consequências dessa calamidade intelectual. Não avaliam a importância da ciência para a vida diária e, sob a influência do marxismo, acreditam que a história é formada por uma "força real" em vez de ser um produto de ideias.

Não podemos concordar totalmente com a convicção antimarxista de que a recuperação da Alemanha deva começar com a vitória sobre o marxismo. Mas essa vitória, se tiver de ser permanente, deve ser fruto do trabalho da ciência, não de um movimento político gerado por uma indignação. A ciência alemã deve livrar-se dos grilhões do marxismo, baseado no historicismo, que durante décadas o manteve intelectualmente impotente. Deve pôr de lado o medo de teorizar no campo da economia e da sociologia, passando a considerar as realizações teóricas (mesmo as da Alemanha), que emergiram da última geração.

As declarações de Carl Menger, há mais de quarenta anos, sobre a moderna literatura econômica alemã, são válidas, ainda hoje, e aplicam-se a todas as ciências sociais:

Pouco notada no exterior, raramente compreensível no estrangeiro por causa de suas tendências peculiares, a economia alemã, durante décadas, permaneceu ilesa diante de fortes oponentes. Por ter uma inabalável confiança em seus próprios métodos, muitas vezes lhe fez falta uma séria autocrítica.
Quem seguiu outra direção na Alemanha foi ignorado, não contestado.[207]

Só um estudo aprofundado das obras de sociologia alemã e estrangeira, que fosse diferente do estatismo e do historicismo, poderia ajudar a libertar a sociologia da estagnação da teoria predominante na Alemanha. A ciência alemã não seria a única beneficiária. Graves problemas aguardam uma solução que não pode ser obtida sem a cooperação alemã. Novamente se impõem as palavras de Menger:

> Todas as grandes nações civilizadas têm uma missão particular no progresso da ciência. Qualquer aberração, produzida por um número consideravelmente grande de eruditos de uma nação, deixa uma lacuna no desenvolvimento do conhecimento científico. A economia também não pode passar sem uma colaboração coerente do intelecto alemão.[208]

Acima de tudo, a ciência alemã deve fazer uma correta avaliação sobre a importância do marxismo. É verdade que

---

[207] MENGER, Carl. *Untersuchungen über die Methode der Sozialwissenschaften, und der politischen Oekonomie insbesondere. Op. cit.*, p. XXss.
[208] Idem. *Ibidem.*, p. XXI.

marxistas e antimarxistas superestimam o marxismo como sistema científico. É verdade que, mesmo que neguem ter sido Marx o primeiro autor da essência do conteúdo da doutrina marxista, não negam a validade da doutrina em si. Apenas quem vê o mundo sem antolhos marxistas pode abordar os grandes problemas de sociologia. Só quando a ciência alemã estiver livre dos equívocos marxistas em que se encontra emaranhada hoje, e só então, a força das palavras de ordem marxistas deixará de se fazer sentir na vida política.

Capítulo 5

1 - Introdução

O conhecimento de que a constelação do mercado determina os preços com precisão, pelo menos em determinadas faixas, é relativamente novo. Alguns autores mais antigos podem ter tido uma noção pouco clara disso, mas foi só com os fisiocratas e com os economistas clássicos que se elaborou um sistema de relações de câmbio e mercado. A ciência da cataláctica, assim, substituía o indeterminismo da teoria, que dava

---

* Publicado originalmente em alemão como: MISES, Ludwig von. "Preistaxen: I. Theorie". *In*: *Handwörterbuch der Staatswissenschaften*. Jena: Gustav Fischer, 4ª ed., 1923. Vol. 6, pp. 1055-62. (N. E.)

Teoria do Controle de Preços*

explicações para os preços a partir da procura dos vendedores e não via outros limites para preços que não o valor justo.

Quem acredita que a formação de preços é arbitrária, logo chega à conclusão de que os preços devem ser fixados por controle externo. Se o vendedor não tiver consciência e pedir mais do que é "justo", por não temer a ira de Deus, uma autoridade terrena deve intervir a fim de ajudar a impor a justiça. Devem então ser impostos preços mínimos para determinados artigos e serviços, sobre os quais se acredita, sem muita lógica, que os compradores poderiam ter poder para forçar um desvio do preço justo. O governo é chamado a intervir, uma vez que prevaleçam a desordem e a arbitrariedade. A doutrina prática baseada no conhecimento da economia científica e da sociologia – ou seja, liberalismo – rejeita qualquer intervenção por supérflua, inútil e prejudicial. É supérflua porque estão em ação forças internas que limitam a arbitrariedade das partes em negociação. É inútil porque o objetivo do governo de baixar os preços não pode ser atingido através de controles. E é prejudicial porque desencoraja a produção e o consumo daquelas práticas que, do ponto de vista do consumidor, são as mais importantes. Às vezes, o liberalismo tem considerado altamente inaceitável a intervenção do governo. É claro que o governo pode dar ordens para regular os preços e punir violadores. Por conseguinte, teria sido mais adequado que o liberalismo não considerasse inaceitável o controle de preços, mas sim inconvenientes, na medida em que vão contra os propósitos de seus defensores. A exposição que se segue poderá demonstrar essa inconveniência.

O liberalismo foi logo substituído pelo socialismo, que procura substituir a propriedade privada dos meios de produção pela propriedade pública. O socialismo, como tal, não precisaria rejeitar o conhecimento científico do preço; supõe-se que fosse capaz de reconhecer a utilidade desse conhecimento em função da compreensão dos fenômenos de mercado na sua própria ordem econômica. Para fazê-lo, seria preciso concluir que a interferência nos preços – governamental ou qualquer outra – é tão supérflua, inútil e prejudicial quanto o liberalismo diz que são. De fato, as doutrinas do marxismo contêm, além de exigências e princípios totalmente incompatíveis entre si, os germes da percepção desse fato evidenciado não só pelo ceticismo diante da crença de que os salários podem ser elevados pelas táticas dos sindicatos, mas também pela rejeição de todos os métodos que Karl Marx chama de "burgueses". Mas, no mundo da realidade marxista, o estatismo é dominante. Em teoria, estatismo é a doutrina da onipotência do Estado que, na prática, se reflete na política de governo para dominar todos os assuntos, através de ordens e proibições. O ideal social do estatismo é um tipo especial de socialismo, tal como o socialismo estatal, ou, em certas circunstâncias, o socialismo religioso ou militar. Aparentemente, o ideal social do estatismo não é diferente do ideal do sistema social do capitalismo. O estatismo não procura destruir o tradicional sistema legal e converter formalmente toda a propriedade privada de produção em propriedade pública. Reivindica apenas a nacionalização das maiores empresas industriais, tais como as de mineração e transporte. Na agricultura, bem como na produção em escala média e pequena, a propriedade privada deve ser preservada formalmente. Contudo, em sua substância, todas as empresas deveriam ser dirigidas pelo governo. Nestas condições, os proprietários conservariam seus nomes e marcas registradas no seu produto e teriam direito a uma renda "apropriada" ou "adequada à sua posição social". Todo negócio torna-se uma repartição e toda ocupação, um serviço público. Não há lugar para uma independência empresarial em qualquer das variantes do socialismo estatal. Os preços são fixados pelo governo, e é o governo que determina o que deve ser produzido, como deve ser produzido e em que quantidade. Não há especulação, nem lucros "extraordinários", nem perdas. Não há inovação, à exceção do que é determinado pelo governo. O governo orienta e supervisiona tudo.

Uma das peculiaridades da doutrina estatista é que ela pode prever a vida social do homem apenas em termos de seu especial ideal socialista. A semelhança externa entre o "Estado social", enaltecido pelo estatismo, e o sistema social, baseado na propriedade privada da produção, impede que se veja a diferença essencial que os separa. Para o estatista, qualquer diferença entre os dois sistemas sociais é simplesmente uma irregularidade temporária e uma violação de ordens governamentais, passível de punição. O Estado, depois de afrouxar as rédeas, volta a encurtá-las para que, assim, tudo fique da melhor forma possível. O fato de que a vida social do homem está sujeita a certas condições, a regularidades como a da natureza, é um conceito ignorado pelo estatista. Para ele, tudo é poder, e poder visto inteiramente à luz do materialismo.

Embora o estatismo não tenha tido êxito em suplantar os outros ideais socialistas com seu próprio ideal, conseguiu derrotar todos os outros ramos do socialismo na prática política. Apesar de suas opiniões e objetivos divergentes, hoje, todos os grupos socialistas procuram influenciar os preços de mercado através de intervenção e pressões externas.

A teoria do controle de preços deve investigar os efeitos da interferência governamental sobre os preços de mercado no sistema de propriedade privada. Não é função sua analisar os controles de preços num sistema socialista que formalmente e na aparência externa, preserve a propriedade privada, mas que usa os controles de preços para orientar a produção e o consumo. Nesse caso os controles têm uma importância meramente técnica e não influência sobre a natureza do problema. E esses controles, por si mesmos não configuram uma diferença entre sociedade socialista, que os usa, e as outras sociedades socialistas, que se organizam, segundo linhas diferentes.

A importância da teoria de controle de preços torna-se evidente na argumentação de que há, ainda, um terceiro sistema social, além daquele que se baseia na propriedade privada e o fundamentado na propriedade pública; esse terceiro sistema é o que mantém a propriedade privada dos meios de produção, mas "regulada" pela intervenção do governo. Os Socialistas de Cátedra e os Solidaristas, juntamente com inúmeros estatistas e partidos políticos poderosos, continuam acreditando na possibilidade de que, por um lado, o terceiro sistema desempenhe uma função importante na interpretação da história econômica durante a Idade Média e, por outro, constitua o fundamento teórico do intervencionismo moderno.

2 - Controles de Preços

A - Controles Sancionadores

Podemos denominar de controles "sancionadores" aqueles que estabelecem preços tão próximos aos que o mercado livre estabeleceria, que apenas consequências insignificantes poderiam surgir. Estes controles desempenham uma função simplesmente limitada, não alcançando consideráveis objetivos econômicos através da interferência das forças de mercado. O governo pode apenas aceitar os preços de mercado e sancioná-los com sua intervenção. Ocorre o mesmo, quando o governo impõe preços-teto acima dos preços de mercado, e preços mínimos, abaixo deles. O caso é ligeiramente diferente, quando o governo impõe controles a fim de forçar o monopolista a cobrar preços competitivos em vez de elevar os preços monopolísticos. Se o governo criar monopólios ou limitar o número de competidores, promovendo, desse modo, acordos monopolísticos, deverá, sem dúvida, lançar mão dos controles de preços, se não quiser forçar os consumidores a pagar os preços monopolísticos. Em nenhum desses casos o resultado da intervenção do governo representa um desvio de preço em relação ao mercado ativo.

A situação é um pouco diferente quando o controle do governo, em certas condições, priva um vendedor da oportunidade de pedir e obter um preço que seja mais alto do que poderia normalmente obter. Se, por exemplo, o governo tabelasse o preço das corridas de táxis, os motoristas ficariam impedidos de tirar vantagens nos casos em que os passageiros estivessem dispostos a pagar acima da tabela. O turista rico que chega a uma estação ferroviária desconhecida, tarde da noite, em meio a um temporal acompanhado de crianças pequenas e com volumosa bagagem, pagará de bom grado uma tarifa bem mais elevada, para ir a um hotel distante, se tiver de disputar com outros passageiros os poucos ou talvez o único táxi. Com ganhos extraordinários provenientes de oportunidades excepcionais, os motoristas poderiam, quando o negócio estivesse fraco, cobrar tarifas inferiores à tabela a fim de aumentar a demanda de seus serviços. Contudo, a intervenção do governo elimina a diferença entre a tarifa, em épocas de grande demanda e de pouca demanda, estabelecendo uma tarifa média. Ora, se o governo fixar tarifas que são ainda mais baixas que o preço médio ideal, temos um genuíno controle de preços, sobre o qual voltarei a falar mais adiante.

Acontece o mesmo quando o governo, apesar de não estabelecer preços diretamente, força o vendedor, tal como um proprietário de restaurante, a fixar os preços. Em decorrência dessa imposição, o vendedor fica impedido de tirar vantagem de situações extraordinárias em que poderia obter um preço mais alto de certos compradores. Ora, impedido de cobrar mais em situações favoráveis, ele dificilmente poderá cobrar menos em situações desfavoráveis.

Outros controles de preços visam impedir lucros imprevistos que podem ser colhidos em condições extraordinárias. Se a central elétrica de uma cidade, por algum motivo, paralisasse o fornecimento de energia, por alguns dias, os preços das velas disparariam, e os comerciantes que tivessem grande estoque de velas, obteriam lucros extraordinários. Suponhamos que o governo intervenha e estabeleça um preço-teto para as velas, forçando, ao mesmo tempo, a venda, enquanto houver estoque. Essa medida não terá efeito permanente no fornecimento de velas, desde que o defeito da usina seja rapidamente reparado. A intervenção do governo só terá consequências futuras, na medida em que comerciantes e produtores, considerando as paralisações de energia, calculem os preços e os estoques de velas. Se os comerciantes previrem que, em situações análogas, o governo vai intervir de novo, o preço cobrado em situações de normalidade subirá e o incentivo para maiores estoques será reduzido.

B - Controles Genuínos

Podemos denominar controles de preços "genuínos" aqueles que estabelecem preços diferentes daqueles que o mercado livre estabeleceria. Se o governo procurar fixar um preço acima do preço de mercado, normalmente recorrerá aos preços mínimos. Se o governo procurar fixar um preço abaixo do preço de mercado, normalmente imporá preços-teto.

Vamos primeiro considerar o preço-teto ou máximo. O preço que surge naturalmente de um mercado livre corresponde a um equilíbrio de todos os preços. Nesse ponto, preço e custo coincidem. Agora, se uma ordem do governo exigir reajuste, se os vendedores forem forçados a vender suas mercadorias a preços mais baixos, esse preço de venda será inferior aos custos do produto. Consequentemente, os vendedores ou refrearão as vendas — exceto quando se tratar de mercadorias perecíveis ou que percam seu valor — ou reterão seu estoque, na esperança de que o tabelamento seja logo suspenso. Em contrapartida, os compradores em potencial não poderão comprar a mercadoria desejada. Comprarão, se possível, algum substituto, que em outras circunstâncias não teriam comprado. (Deve ser observado, também, que os preços dessas mercadorias substitutas devem subir por causa da maior procura). O governo, porém, nunca teve a intenção de provocar tais efeitos. Queria apenas que os compradores usufruíssem de mercadorias a preços mais baixos; não era seu desejo, em absoluto, privá-los da oportunidade de comprá-las. Por conseguinte, a tendência do governo é complementar os preços-teto, ordenando que se venda toda a mercadoria por aquele preço, enquanto houver estoque. Nesse ponto, os controles de preços enfrentam sua maior dificuldade. A interação do mercado gera um preço em que oferta e procura tendem a coincidir. O número de compradores em potencial, dispostos a pagar o preço de mercado, é suficientemente grande para que todo o suprimento de mercado venha a ser vendido. Se o governo fizer descer o preço abaixo daquele que o mercado livre estabeleceria, a mesma quantidade de mercadoria enfrentará um número maior de compradores em potencial, que estão querendo pagar o preço oficial mais baixo. A oferta e a procura deixarão de coincidir, a procura excederá a oferta e o mecanismo de mercado, que tende a equiparar procura e oferta através das mudanças de preço, deixará de funcionar.

Passam a ser eliminados, por mero acaso, os compradores que a oferta existente não pode satisfazer. Talvez os compradores que cheguem primeiro, ou os que tenham ligações pessoais com os vendedores consigam obter a mercadoria que desejam. A guerra recente, com suas inúmeras tentativas de controle de preços, fornece exemplos de ambos os casos. Ao preço oficial, a mercadoria poderia ser comprada ou por um amigo do vendedor ou por uma pessoa que se antecipasse para aproveitar a vantagem. O governo, entretanto, não pode ficar satisfeito com essa seleção de compradores. Quer que todos adquiram a mercadoria a preços baixos e gostaria de evitar situações em que as pessoas não possam, com o dinheiro que possuem, obter mercadorias. O governo, portanto, se vê na contingência de ir além da ordem de vender, recorrendo ao racionamento. A quantidade de mercadoria que chega ao mercado não é mais deixada a critério de vendedores e compradores. O governo agora distribui a mercadoria disponível e oferece a todos, ao preço oficial, aquilo a que têm direito, segundo o regulamento do racionamento.

Contudo, o governo não pode parar por aqui ainda. A intervenção mencionada até agora se refere apenas ao suprimento disponível. Quando este estiver esgotado, os estoques vazios não serão reabastecidos, porque os custos da produção não são mais cobertos. Se o governo quiser assegurar suprimento para os consumidores, deve emitir uma ordem para produzir. Se necessário, deve fixar os preços de matérias-primas e produtos semimanufaturados e, eventualmente, também, níveis salariais, forçando comerciantes e trabalhadores a produzirem e a trabalharem com base nos preços estabelecidos.

Pode-se, portanto, facilmente concluir que não é concebível recorrer a controles de preços achando que são uma intervenção isolada na propriedade privada. O governo não tem como conseguir o resultado desejado e, por conseguinte, considera necessário caminhar, passo a passo, desde a intervenção isolada no preço até o controle total sobre a força de trabalho e os meios de produção, sobre o que é produzido, como é produzido e como é distribuído. A intervenção isolada na operação de mercado apenas interrompe o serviço para os consumidores e força-os a procurar substitutos para os artigos que consideram mais importantes; assim, deixa de atingir o resultado pretendido pelo governo. A história do socialismo na guerra ilustrou com clareza esse fato. Os governos que optaram por interferir nas operações de mercado sentiram a necessidade de, a partir da interferência isolada nos preços originais, ir chegando, passo a passo, à socialização completa da produção. Essa passagem poderia ter ocorrido mais rapidamente, se o controle governamental sobre os preços tivesse sido observado com mais firmeza e se os mercados negros não tivessem burlado os regulamentos. O fato de o governo não ter dado o passo final – a nacionalização de todo o sistema de produção – se deve à antecipação do fim da guerra e, consequentemente, do término da economia de guerra. Quem observar uma economia de guerra verá com clareza todas as fases já mencionadas: no início, o controle de preços; depois, as vendas forçadas dos estoques; depois, o racionamento; depois, a regulamentação da produção e distribuição; e, finalmente, as tentativas de planejamento centralizado de toda produção e distribuição.

Os controles de preços representaram um papel especialmente importante na história da desvalorização da moeda e da política inflacionária. Repetidamente, os governos tentaram impor preços antigos, apesar da desvalorização da moeda e da expansão da moeda em circulação. Voltaram a essa tentativa quando do mais recente e maior de todos os períodos inflacionários: a Guerra Mundial. No mesmo dia em que teve início a guerra, a imprensa foi posta a serviço da Fazenda: os preços elevados eram punidos criminalmente. Suponhamos que no início essa medida tenha tido êxito. Esqueçamos o fato de que o fornecimento de mercadorias foi reduzido pela guerra, o que afetou a relação de troca entre bens de consumo e dinheiro. Vamos, ainda, ignorar a maior demanda de dinheiro decorrente do atraso na liberação de dinheiro ou limitações do sistema de compensação e outras restrições. Desejamos simplesmente analisar as consequências de uma política que visa estabilizar os preços, enquanto a quantidade de dinheiro é aumentada. A expansão da base monetária cria uma nova demanda que não existia antes, o chamado "novo poder aquisitivo". Quando os novos compradores competem com os que já estão no mercado, e não se permite o aumento dos preços, apenas uma parte da demanda pode ser satisfeita. Há compradores em potencial, dispostos a pagar o preço de mercado, mas não encontram oferta. O governo, que está colocando em circulação o dinheiro recentemente emitido, procura, desse modo, redirecionar artigos de utilidade e serviços de seus usos anteriores para outros usos mais convenientes. Quer comprá-los, não quer requisitá-los, o que, certamente, poderia fazer. Sua intenção é que o dinheiro, apenas o dinheiro, seja capaz de comprar tudo, e que os compradores em potencial não sejam frustrados na sua busca de bens econômicos. Afinal, o governo, ele próprio, também quer comprar, quer utilizar o mercado e não destrui-lo.

O preço oficial está destruindo o mercado em que artigos de utilidade e serviços são trocados por dinheiro. Sempre que possível, a troca continua de outras formas. Por exemplo, as pessoas recorrem a transações por escambo, isto é, trocas sem interação de dinheiro. O governo, que não vê com bons olhos essas transações, uma vez que não possui mercadorias cambiáveis, não pode aprovar tal procedimento. Entra no mercado apenas com dinheiro e, portanto, espera que o poder aquisitivo da unidade monetária não seja mais reduzido, pelo fato de os portadores de dinheiro não poderem conseguir as mercadorias que desejam, usando seu dinheiro. Como comprador de artigos e serviços, o governo não pode aderir ao princípio de que os preços antigos não devem ser desrespeitados. Em suma, o governo, como emissor do novo dinheiro, não escapa às consequências descritas pela teoria da quantidade.

Se o governo impuser um preço mais alto que o determinado pelo mercado livre, proibindo a venda a preços mais baixos (preços mínimos), a procura necessariamente cai. Ao preço de mercado mais baixo, oferta e procura coincidem. Ao preço oficial mais alto, a oferta tende a acompanhar a demanda e alguns bens de consumo trazidos ao mercado não encontram comprador. Ao impor o preço mínimo, a fim de assegurar aos vendedores vendas lucrativas, o governo não pretendia chegar a esse resultado. Consequentemente, tem de recorrer a outros meios, que novamente, passo a passo, vão levando-o ao controle total dos meios de produção.

Particularmente importantes são os preços mínimos que estabelecem níveis salariais (salários mínimos). Estes níveis podem ser determinados diretamente, pelo governo, ou indiretamente, através da atuação política dos sindicatos, visando estabelecer salários mínimos. Quando, por meio de greves ou ameaças de greves, os sindicatos impõem salários superiores aos estabelecidos pelo mercado livre, fazem isto só porque contam com o auxílio do governo. A greve torna-se eficiente, quando impede que se efetive a proteção da lei e de administradores aos trabalhadores dispostos a trabalhar. Na verdade, é irrelevante para nossa análise que o sistema de repressão, que impõe os controles, seja o sistema estatal "legítimo", seja um sistema sancionado, investido de poder público. Se um salário mínimo, que excede o nível salarial do mercado livre, for imposto numa indústria privada, os custos de produção dessa indústria sofrerão uma elevação, o preço do produto final deve subir e, em contrapartida, as vendas devem diminuir. Os trabalhadores perdem, então, o emprego e os salários de outras indústrias são reduzidos. Até esse ponto, podemos concordar com a teoria do fundo salarial quanto aos efeitos de altas salariais fora do mercado: o que os trabalhadores de uma indústria estão ganhando, corresponde ao que perdem os trabalhadores de outras indústrias. Para evitar tais consequências, a imposição do salário mínimo deve ser acompanhada da proibição de dispensar trabalhadores. A proibição, por sua vez, reduz o índice de retorno da indústria porque empregados, mesmo desnecessários, têm que ser pagos, ou então são utilizados e pagos, com base na produção integral, enquanto o produto é vendido com prejuízo. A atividade individual, então, tende a declinar. Para evitar tudo isso, o governo deverá intervir outra vez, com novas leis.

Se o salário mínimo não for limitado a algumas indústrias, mas for imposto a todas as indústrias de uma economia isolada, ou à economia mundial, a elevação dos preços dos produtos decorrentes disso pode levar a uma redução no consumo[209]. O aumento dos salários vai elevar o poder aquisitivo dos trabalhadores, que passam a ter condições de comprar os produtos de preços mais altos que chegam ao mercado. (Para ser exato, pode haver deslocamentos dentro das indústrias).

---

[209] Não estamos levando em consideração as forças monetárias que influenciam nos preços.

Se os empresários e capitalistas não quiserem consumir seu capital, devem limitar seu próprio consumo, já que sua renda em dinheiro não subiu e não podem, portanto, pagar os preços mais altos. Na medida em que ocorre essa redução de consumo dos empresários, a alta geral dos salários deu aos trabalhadores uma efetiva participação nos lucros empresariais e na renda dos bens de capital. A elevação real do nível de vida dos trabalhadores é visível no contexto em que os preços não se elevam, em função do montante da alta de salário decorrente da redução de consumo dos empresários e capitalistas. Em outras palavras, a elevação dos preços ao consumidor é menor que a dos salários. No entanto, sabe-se perfeitamente que, mesmo se toda a renda derivada dos bens de capital fosse dividida entre os trabalhadores, suas rendas individualmente subiriam muito pouco, o que deve afastar qualquer ilusão relativa a essa redução na renda dos bens de capital. Se admitíssemos, porém, que a subida de salários e a elevação de preços devem distribuir, se não toda, uma grande parte da renda real dos empresários e capitalistas entre os trabalhadores, devemos ter em mente que os primeiros querem viver e, consequentemente, consumirão seu capital por falta de renda empresarial. A eliminação da renda de capital pelas coercitivas altas de salários obrigatórias leva simplesmente ao consumo do capital e, consequentemente, à redução contínua da renda nacional. (A propósito, qualquer tentativa de abolir a renda dos bens de capital deve ter a mesma consequência, a menos que seja feita através da nacionalização total de produção e consumo.) Se, novamente, o governo procurar evitar esses efeitos indesejáveis, não haverá outra alternativa, do ponto de vista do estatismo, senão tomar dos proprietários o controle dos meios de produção.

Nossa análise diz respeito apenas aos controles de preços destinados a estabelecer preços diferentes dos preços do mercado livre. Se os controles visassem forçar a baixa dos preços monopolísticos, as consequências seriam bem diferentes. O governo pode, então, intervir efetivamente, onde quiser, na faixa entre o mais alto preço monopolístico e o mais baixo preço competitivo. Em certas condições, os controles de preço podem impedir os lucros monopolísticos específicos de um monopolista. Suponhamos, por exemplo, que, numa economia isolada, um cartel de açúcar esteja retendo os preços do açúcar acima dos preços que o mercado livre estabeleceria. Neste caso, o governo poderia impor um preço mínimo para a beterraba mais alto que o preço do mercado livre. Os efeitos do controle de preços, porém, não poderiam aparecer, enquanto a intervenção apenas absorvesse o lucro monopolístico específico do monopolista do açúcar. Os efeitos do controle de preços só se fariam sentir quando fosse fixado um preço tão elevado para a beterraba, que a produção de açúcar não seria mais lucrativa, mesmo ao preço monopolístico; o monopólio do açúcar seria forçado a elevar os preços e a reduzir a produção, de acordo com a retração da procura.

3 - A Importância da Teoria de Controle de Preços Para a Teoria da Organização Social

O conhecimento teórico mais importante que se pode adquirir numa análise básica dos efeitos de controles de preços, é que o efeito da intervenção é diametralmente oposto ao que se pretendia conseguir. O governo, se quiser evitar consequências desagradáveis, não pode parar na mera interferência no mercado. Deve continuar, passo a passo, até finalmente tomar o controle da produção das mãos dos empresários e capitalistas. Não importa, então, como vai regular a distribuição de renda, se vai garantir ou não uma situação preferencial de renda aos empresários e capitalistas. O que importa é que o governo pode não se satisfazer com uma simples intervenção e prosseguir até a nacionalização dos meios de produção. Esse resultado nega a teoria de que há uma forma intermediária de organização (a economia "controlada") entre o sistema de propriedade privada e o sistema de propriedade pública. Na primeira, apenas a interação das forças de mercado pode determinar os preços. Se o governo, de alguma forma, impedir esta interação, a produção perde seu significado e torna-se caótica. O governo deverá, então, assumir o controle, a fim de evitar o caos que gerou.

Dessa forma, devemos concordar com os liberais clássicos e alguns antigos socialistas que acreditavam ser impossível, no sistema da propriedade privada, eliminar a influência do mercado sobre os preços e, consequentemente, sobre a produção e distribuição, através do estabelecimento de preços que se diferenciam dos preços de mercado. Não era doutrinarismo vazio, mas um conhecimento profundo dos princípios sociais, que os levava a enfatizar as duas únicas alternativas: propriedade privada ou propriedade pública, capitalismo ou socialismo. De fato, para uma sociedade com base na divisão de trabalho há, apenas, essas duas possibilidades; formas intermediárias de organização são concebíveis apenas no sentido de que alguns meios de produção podem ser de propriedade pública, enquanto outros são de propriedade privada. Contudo, sempre que a propriedade estiver em mãos de particulares, a intervenção do governo não pode eliminar o preço de mercado, sem abolir, simultaneamente, o princípio que regula a produção.

Capítulo 6

Arthur Travers-Borgström (1859-1927), escritor finlandês, publicou um livro intitulado *Mutualismus* [*Mutualismo*], em que discute ideias de reforma social e cultural, lançando um apelo em favor da nacionalização do crédito. Uma edição alemã apareceu em 1923. Em 1917, o autor tinha organizado uma fundação com seu nome, em Berna, na Suíça, cujo objetivo principal era conferir prêmios

---

* Publicado originalmente em alemão como: MISES, Ludwig von. "Verstaatlichung des Kredits?" *Zeitschrift fur Nationalokonomie*, Vol. 1 (1929): 430-39. Na obra *Erinnerungen* [*Memórias*], traduzida para o inglês tanto como *Notes and Recollections* [*Notas e Recordações*] quanto como *Memoirs* [*Memórias*], o autor revelou que pretendia incluir este texto, escrito em 1926, na edição original alemã de 1929 do presente livro. No entanto, o ensaio foi excluído por erro editorial, sendo incluído na edição alemã de 1976, que serviu como base para a primeira edição norte-americana, lançada pela primeira vez em 1977. (N. E.)

Nacionalização do Crédito*

a trabalhos sobre a nacionalização do crédito. A banca de avaliação era constituída pelos professores Karl Diehl (1864-1943), Moritz Rudolf Weyermann (1876-1935), Edgard Milhaud (1873-1964), e Naum Reichesberg (1867-1928), pelos banqueiros Edmund Wilhelm Milliet (1857-1931), Felix Somary (1881-1956), Heinrich Kurz (1867-1934), entre outros. Esses jurados premiaram um ensaio apresentado pelo Doutor Robert Deumer (1882-1956), diretor do Reichsbank de Berlim. Esse ensaio foi publicado sob a forma de livro pela Mutualistische Verein in Finnland [Associação Mutualista da Finlândia][210].

Pelo material que fundamenta o ensaio podemos concluir porque o autor não está interessado na análise racional da nacionalização de

---

[210] DEUMER, Robert. *Die Verstaatlichung des Kredits (Mutualisierung des Kredits)*. Gekrönte Preisschrift der Travers-Borgstroem-Stiftung in Bern. München / Leipzig: Duncker & Humblot, 1926.

crédito, mas apenas nos detalhes de sua realização. O Doutor Deumer apresenta uma proposta, elaborada nos mínimos detalhes, de nacionalização de todas as instituições alemãs de operações bancárias e de crédito, e de estabelecimento de um monopólio do crédito nacional. Mas seu plano não tem nenhum interesse para nós, uma vez que ninguém está pensando na sua aplicação num futuro previsível. E, se algum dia for tomada uma iniciativa nesse sentido, as condições podem ser bem diferentes, de modo que a proposta de Deumer não será aplicável. Por conseguinte, não faria sentido discuti-la pormenorizadamente tal como reza o artigo I, seção 10, do "Entwurfes eines Gesetzes über die Verstaatlichung des Kredit und Bankwesens" [Projecto de Lei sobre a Nacionalização do Crédito e do Sistema Bancário]; *"Quem se envolver em qualquer transação bancária e de crédito, após a nacionalização, estará sujeito a uma multa de até dez milhões de marcos ouro, ou a prisão de até cinco anos, ou ambos"*[211].

O trabalho de Deumer interessa-nos em virtude dos motivos que alinha para a nacionalização do crédito, e das exposições relativas a uma reforma que preserva a superioridade da administração "lucrativa" sobre a administração "burocrática". Essas declarações revelam uma opinião compartilhada por uma grande maioria de nossos contemporâneos e que, na verdade, chega a ser aceita sem restrições. Se compartilharmos dessa posição mutualista de Deumer-Travers-Borgström, devemos receber com agrado uma nacionalização do crédito, bem como todas as outras medidas

---

[211] Idem. *Ibidem.*, p. 335.

que conduzam ao socialismo. De fato, devemos concordar com sua viabilidade e mesmo com a necessidade urgente de sua adoção.

O público acolhe bem todas as propostas que visam limitar o âmbito de ação da propriedade privada e do empresariado, porque prontamente aceita a crítica do sistema de propriedade privada feita pelos Socialistas de Cátedra da Alemanha, pelos Solidaristas da França, pelos Fabianos da Grã-Bretanha e pelos Institucionalistas dos Estados Unidos. Se as propostas para nacionalização ainda não foram totalmente compreendidas, não podemos contar com nenhuma oposição na literatura social e nos partidos políticos. Devemos encarar o fato de que o público compreende que sempre que empresas são nacionalizadas e municipalizadas ou que o governo, de alguma forma, interfere na vida econômica, acontecem um fracasso financeiro e sérias rupturas de produção e transporte, em vez das consequências desejadas. A ideologia ainda não se apercebeu dessa ilusão. Continua defendendo bravamente as empresas públicas e ressaltando a inferioridade das empresas privadas. E continua encontrando apenas má-fé, egoísmo e ignorância nos que se opõem às suas propostas, que todo observador objetivo tem a obrigação de aprovar.

Nestas condições, parece ser necessária uma análise do raciocínio de Deumer.

1 - Interesse Privado e Interesse Público

De acordo com Robert Deumer, os bancos hoje servem aos interesses privados. Só servem aos interesses públicos, desde que estes não entrem em conflito com os privados. Os bancos não financiam as empresas mais essenciais do ponto de vista nacional, mas apenas aquelas que prometem dar maior lucro no investimento. Por exemplo, financiam *"uma destilaria de uísque, ou qualquer outra empresa supérflua para a economia"*. Do ponto de vista nacional, sua atividade não é apenas inútil, mas até mesmo nociva.

> Os bancos permitem o crescimento de empresas cujos produtos não são objeto de demanda; estimulam um consumo desnecessário, que, por sua vez, reduz o poder aquisitivo do povo para mercadorias que são mais importantes cultural e racionalmente. Além disso, seus empréstimos consomem capital socialmente necessário, o que faz diminuir a produção de bens essenciais, ou, pelo menos, subirem seus custos de crédito e, portanto, seus custos de produção.[212]

Obviamente, Deumer não percebe que, num sistema livre de mercado, capital e trabalho são distribuídos na economia de tal forma que, exceto quanto à taxa de risco, em toda a parte o capital rende sempre o mesmo, e trabalhos semelhantes têm o mesmo salário. A produção de bens "supérfluos" compensa tanto quanto a de "bens essenciais". Em última análise, são

---
[212] Idem. *Ibidem.*, p. 86.

os consumidores do mercado que determinam o emprego de capital e trabalho nas diversas indústrias. Quando a procura de um produto aumenta, seus preços sobem e, consequentemente, os lucros, que vão proporcionar a criação de novas empresas e a expansão das existentes. Cabe aos consumidores decidir se é esta ou aquela indústria que receberá mais capital. Se procurarem mais cerveja, mais cerveja será fabricada. Se quiserem mais peças clássicas, os teatros acrescentarão clássicos ao seu repertório, oferecendo menos bufões, comédias pastelão e operetas. O gosto do público, não o do produtor, decide que as operetas *Die lustige Witwe* [*A Viúva Alegre*], de Franz Lehár (1870-1948), e *Der Garten Eden* [*O Jardim do Éden*], de Rudolf Bernauer (1880-1953), sejam representadas com mais frequência que a peça *Torquato Tasso* de Johann Wolfgang von Goethe (1749-1832).

Com certeza, o gosto de Robert Deumer é diferente do gosto do público. Ele está convencido de que as pessoas devem gastar seu dinheiro em outras coisas. Muitos concordarão com ele. Mas, a partir dessa diferença de gosto, Deumer conclui que um sistema de governo socialista deve ser estabelecido através da nacionalização do crédito, de modo que o consumo do público possa ser direcionado. Neste particular, discordamos de Deumer.

Conduzida pela autoridade central, de acordo com o planejamento central, uma economia socialista pode ser democrática ou ditatorial. Numa democracia, em que a autoridade central depende do apoio público manifestado pelos votos em eleições, o governo não pode proceder de forma diferente da que procede na economia capitalista. Produzirá e distribuirá aquilo que o público gosta, isto é, álcool, fumo, livros, peças teatrais, filmes de má qualidade e bens supérfluos que estejam na moda. A economia capitalista, entretanto, cuida da mesma forma do gosto de alguns consumidores. São produzidas mercadorias procuradas apenas por certo tipo de consumidores. A economia de um governo democrático, que é dependente da maioria popular, não precisa levar em consideração desejos especiais da minoria. Cuidará exclusivamente das massas. Mas, mesmo que seja administrada por um ditador que, sem se preocupar com os desejos do público, impõe o que considera apropriado, que veste, alimenta e abriga a todos da forma que quiser, ninguém garante que ele fará o que "nos" pareça adequado. Os críticos do sistema capitalista sempre parecem acreditar que o sistema socialista de seus sonhos fará precisamente o que eles consideram correto. Embora nem sempre eles mesmos possam tornar-se ditadores, têm esperança de que o ditador não agirá sem primeiro vir aconselhar-se com eles. Chegam, assim, ao notório contraste entre produtividade e rentabilidade. Denominam "produtivas" as ações econômicas que consideram corretas. E, como às vezes as coisas podem ser diferentes, rejeitam o sistema capitalista que é guiado pela rentabilidade e pelos desejos dos consumidores, os verdadeiros senhores do mercado e da produção. Esquecem que um ditador pode também agir diferentemente dos desejos deles, e que não há garantia de que ele, de fato, tentará fazer o "melhor" e, mesmo se o fizer, não há garantia de que encontrará um bom meio de conseguir o "melhor".

Uma questão ainda mais séria é saber se uma ditadura do "melhor" ou um comitê do "melhor" pode prevalecer sobre a vontade da maioria. Será que o povo, em longo prazo, tolerará uma ditadura econômica que se recusa a dar-lhes o que eles querem consumir e lhes dá só o que os líderes consideram útil? As massas não acabarão conseguindo obrigar os líderes a dar atenção aos desejos e ao gosto do público, e a fazer o que os reformadores procuravam impedir?

Podemos concordar com o julgamento subjetivo de Deumer de que o consumo dos nossos concidadãos seja frequentemente indesejável. Se acreditarmos nisso, poderemos tentar convencê-los de seus erros. Poderemos informá-los do perigo do uso excessivo do álcool e do fumo, da má qualidade de certos filmes e de muitas outras coisas. Quem quiser estimular a boa literatura, pode imitar o exemplo da Sociedade Bíblica, que faz sacrifícios financeiros a fim de vender Bíblias a preços reduzidos, de modo a torná-las disponíveis em hotéis e outros locais públicos. Se isto ainda for insuficiente, não pode haver nenhuma dúvida de que a vontade de nossos concidadãos deve ser subjugada. A produção econômica que está de acordo com a rentabilidade significa produção que está de acordo com o desejo dos consumidores, cuja demanda determina os preços da mercadoria e, por conseguinte, a renda de capital e o lucro empresarial. Sempre que a produção econômica estiver em conformidade com a "produtividade nacional" e se afastar do procedimento anterior, ela negligencia os desejos dos consumidores, agradando, porém, ao ditador ou ao comitê de ditadores.

Certamente, num sistema capitalista, uma parcela de renda nacional é gasta pelos ricos em bens supérfluos. Contudo, independentemente do fato de esta fração ser muito pequena e não afetar, substancialmente, a produção, os gastos supérfluos dos ricos têm efeitos dinâmicos que parecem torná-los uma das forças mais importantes do progresso econômico. Qualquer inovação toma a aparência de "luxo", acessível apenas à minoria rica. A partir do momento em que a indústria toma consciência dele, o "luxo" passa a ser uma "necessidade" para todos; por exemplo, nossas roupas, os recursos de iluminação, as instalações sanitárias, os automóveis, os meios de transporte. A história econômica mostra como o luxo de ontem tornou-se a necessidade de hoje. Muitas coisas que as pessoas nos países menos capitalistas consideram luxo são apenas artigos comuns nos países que se desenvolveram sob o capitalismo. Em Viena, ter um carro é um luxo (não apenas na opinião do coletor de impostos); nos Estados Unidos, em cada quatro ou cinco pessoas, uma tem carro.

O crítico do sistema capitalista que tem por objetivo melhorar as condições das massas não deve denunciar esse consumo de supérfluos, enquanto não puder rejeitar a afirmação dos teóricos e a prática da realidade de que apenas a produção capitalista assegura a mais alta produção possível. Se um sistema autoritário produzir menos que o sistema de propriedade privada, evidentemente não será possível fornecer às massas mais do que têm hoje.

2 - Administração Burocrática ou Administração do Lucro de Operações Bancárias

A fraca atuação das empresas públicas é atribuída normalmente à administração burocrática. Para que as operações estatais, municipais ou quaisquer outras de caráter público sejam tão bem-sucedidas quanto as de uma empresa privada, deviam ser organizadas e dirigidas nos padrões comerciais. É justamente por isso que, durante décadas, tudo foi tentado para tornar essas operações mais produtivas através da "comercialização". O problema tornou-se mais grave, quando as operações do Estado e do município se expandiram. Mas ninguém se aproximou um passo sequer da solução.

Deumer, que também acha necessário "administrar o monopólio bancário nacional, segundos os padrões comerciais", faz várias recomendações sobre como conseguir isso[213]. Essas recomendações se assemelham a muitas outras que foram propostas nos últimos anos, e não são muito diferentes de algumas que, em determinadas circunstâncias, tiveram êxito. Ouvimos falar de cursos e provas para promoção dos mais "capazes", ouvimos falar de pagamento justo para os empregados, de participação nos lucros para funcionários de chefia. Contudo, Robert Deumer não traz para o problema um esclarecimento maior do que o trazido por outros que também tinham como objetivo tornar mais produtivo o inevitavelmente improdutivo sistema de operações públicas.

---

[213] Idem. *Ibidem.*, p. 210.

Deumer, de acordo com a opinião dominante, parece acreditar erroneamente que a forma "comercial" de organização pode facilmente ser transplantada para empresas governamentais a fim de desburocratizá-las. O que, normalmente, se denomina "comercial" é a própria essência da empresa privada, que visa nada mais, nada menos, que a maior rentabilidade possível. É o que é normalmente denominado "burocrático" é a própria essência das operações do governo, visando atingir objetivos "nacionais". Uma empresa governamental nunca pode ser estruturada em termos comerciais, não importa quantas características aparentes de empresa privada sejam projetadas sobre elas.

O empresário age por sua própria conta e risco. Se não produzir, pelos mais baixos custos de capital e trabalho, o que os consumidores acreditam necessitar mais urgentemente, vai, inevitavelmente, ter prejuízos. Esses prejuízos, entretanto, vão, ao fim, implicar uma transferência de sua riqueza, juntamente com seu poder de controle dos meios de produção, para mãos mais capazes. Numa economia capitalista, os meios de produção estão sempre nas mãos do administrador mais capaz, isto é, aquele que é capaz de usá-los mais economicamente para o atendimento das necessidades do consumidor. Uma empresa pública, entretanto, é administrada por homens que não enfrentam as consequências de seu sucesso ou fracasso.

Costuma-se dizer que o mesmo acontece com os executivos em cargos de chefia de grandes empresas privadas, que seriam administradas tão "burocraticamente" quanto o são as empresas estatais e municipais. Contudo, quem afirma isso parece não levar em conta a diferença básica entre empresa pública e empresa privada.

Numa empresa privada, com fins lucrativos, todos os departamentos e divisões são controlados por registros contábeis com um só objetivo: o lucro. Departamentos e divisões improdutivos são reorganizados ou fechados. Trabalhadores e executivos que deixam de cumprir suas atribuições são demitidos. A prestação de contas em dólares e centavos rege integralmente a empresa. A contabilidade, por si só, já aponta o caminho da maior rentabilidade. Os proprietários, isto é, os acionistas da corporação, dão uma única ordem ao administrador, que a transmite aos empregados: obtenham lucros.

A situação é bem diferente nos escritórios e tribunais que administram os negócios do Estado. Suas atribuições não podem ser medidas e calculadas, tomando por base os cálculos de preços de mercado, e a ordem dada aos subordinados não pode ser tão facilmente definida como é definida a que um empresário dá a seus empregados. Se a administração tiver de ser uniforme, e todo o poder executivo não puder ser delegado aos funcionários de níveis mais baixos, suas ações devem ser controladas em cada detalhe para cada caso concebível. Dessa forma, é dever de cada funcionário seguir as instruções. O sucesso ou o fracasso são de menos importância: o que vale é a observação formal do regulamento. Isto, que fica especialmente evidente na contratação, tratamento e promoção de pessoal, é o que se chama "burocratismo". Não se pode dizer que o erro esteja no fracasso ou deficiência da organização ou na incompetência dos funcionários. O erro está na própria natureza de qualquer empresa que não é organizada para dar lucros.

Quando o Estado e a municipalidade ultrapassam a esfera dos tribunais e da polícia, o burocratismo torna-se um problema básico de organização social. Mesmo a empresa pública que vise o lucro não poderia ser desburocratizada. Foram feitas diversas tentativas no sentido de eliminar a burocracia, nas quais se propunha a participação dos administradores nos lucros. Entretanto, o simples fato de não constar entre as expectativas que suportem eventuais prejuízos já lhes confere a tendência a serem temerários. Para evitar isso, recorre-se à limitação da autoridade do administrador, através de diretrizes traçadas por funcionários em cargos superiores, juntas, comitês e opiniões de "peritos". Desse modo, são criados mais regulamentos, aumentando a burocratização.

Normalmente, porém, supõe-se que as empresas públicas lutem por mais do que a simples lucratividade. Essa é a razão por que são de propriedade do governo e por ele operadas. Deumer também quer que o sistema bancário nacionalizado seja orientado mais por considerações de ordem nacional que privada, que seus investimentos não tenham em vista retorno mais elevado, mas que se norteiem pelos interesses nacionais[214].

Não precisamos analisar outras consequências de políticas de crédito, tais como a preservação de empresas não viáveis economicamente. Vamos analisar, porém, os efeitos dessas políticas na administração das empresas públicas.

---

[214] Idem. *Ibidem.*, p, 184.

Quando o serviço de crédito nacional – ou uma das suas divisões – apresenta uma declaração de renda desfavorável, ele pode justificar-se: "Certamente, do ponto de vista do interesse privado e da lucratividade, não tivemos muito êxito". Mas deve-se ter em mente que o prejuízo demonstrado pela contabilidade comercial é compensado pelos serviços prestados ao público que não aparecem nos registros de contabilidade. Por exemplo, dólares e centavos não podem expressar nossas realizações no que concerne à preservação de pequenas e médias empresas, à melhoria das condições materiais das classes da população que formam a "base da sociedade". Nestas condições, a rentabilidade de uma empresa perde sua importância. Se a administração pública tiver de passar por uma auditoria rigorosa, ela será avaliada segundo os parâmetros do burocratismo. A administração deve obedecer a um regime interno, e os cargos ocupados por pessoas que tenham disposição de obedecer aos regulamentos.

Por mais que investiguemos, é impossível achar uma forma de organização que possa evitar os obstáculos gerados pelo burocratismo nas empresas públicas. Não adianta observar que muitas grandes empresas se tornaram "burocráticas" nas últimas décadas. É um erro acreditar que isto é o resultado do gigantismo das mesmas. Até mesmo a maior das empresas permanece imune aos perigos do burocratismo, enquanto visar exclusivamente à lucratividade. De fato, se lhe forem impostas outras considerações, ela perderá a característica essencial de uma empresa capitalista. Foram as políticas estatistas e intervencionistas dominantes que forçaram grandes empresas a tornarem-se cada vez mais burocráticas. Foram forçadas, por exemplo, a contratar executivos com boa ligação com as autoridades, em lugar de hábeis homens de negócios ou a entrar em operações desvantajosas, a fim de agradar a políticos influentes, partidos políticos, ou o próprio governo. Foram obrigadas a prosseguir com operações que desejavam abandonar, e a fundir-se com companhias e indústrias que não lhes interessavam. A mistura da política aos negócios é prejudicial não só para a política, como se observa frequentemente, mas também e muito mais ainda para os negócios. Muitas grandes empresas devem perder-se em milhares de considerações com relação a assuntos políticos, plantando, assim, as sementes do burocratismo. Contudo, nada disso justifica a proposta de burocratizar total e formalmente toda produção através da nacionalização do crédito. Em que situação estaria a economia alemã hoje, se o crédito já tivesse sido nacionalizado em 1890, ou mesmo 1860? Quem sabe quanto progresso vai-se impedir se, hoje, o crédito for nacionalizado?

3 - O Perigo de Superexpansão e de Imobilização

O que foi dito aqui se aplica a qualquer tentativa de transferir empresas privadas, especialmente do sistema bancário, para as mãos do Estado, o que, em última análise, implicaria nacionalização total.

Além disso, essa transferência criaria problemas de crédito que não podem deixar de ser levados em conta.

Robert Deumer procura mostrar que, graças à, ação fiscal o monopólio de crédito não poderia ser usado de forma indevida. Contudo, os perigos da nacionalização do crédito não estão aí; estão na própria capacidade aquisitiva do dinheiro.

Como se sabe muito bem, os movimentos de depósitos bancários por meio de cheques têm o mesmo efeito de uma unidade monetária no poder aquisitivo que as cédulas. Deumer propõe ainda uma emissão de "certificados de garantia" ou "certificados de câmara de compensação" não resgatáveis[215]. Em resumo, o banco nacional ficará em posição de inflacionar.

O público sempre quer "dinheiro fácil", ou seja, taxas de juros baixas. Mas a função do banco emissor é justamente a de resistir a essas procuras, protegendo sua própria solvência e mantendo a paridade de suas moedas em relação às moedas estrangeiras e ao ouro. Se o banco fosse dispensado da amortização de seus certificados, ficaria livre para expandir seus créditos, de acordo com os desejos dos políticos, bem como demasiado enfraquecido para resistir ao apelo dos solicitantes de crédito. Todavia, segundo Deumer, o sistema bancário deve ser nacionalizado *"para atender ao descontentamento de pequenas empresas industriais e inúmeras firmas comerciais que, só com grandes dificuldades e muito sacrifício, conseguem assegurar os créditos de que necessitam"*[216].

Anos atrás, teria sido necessário prever as consequências da expansão do crédito. Hoje, esse esforço não é mais necessário. Hoje, já se conhecem as relações entre expansão de crédito, preços crescentes dos bens de consumo e taxas de câmbio. Essas relações se evidenciaram não só pelas pesquisas

---

[215] Idem. *Ibidem.*, p. 152ss.
[216] Idem. *Ibidem.*, p. 184.

de alguns economistas, mas também pelas experiências americana e britânica e pelas teorias com que os alemães se familiarizaram. Seria supérfluo alongar-me sobre isso.

4 - Conclusão

O livro de Robert Deumer revela claramente que estatismo, socialismo e intervencionismo traçaram seu rumo. Deumer é incapaz de sustentar suas propostas, a não ser através do velho estatismo e de argumentos do marxismo que já foram refutados uma centena de vezes. Ele simplesmente ignora a crítica que foi feita a esses argumentos e nem mesmo considera os problemas gerados pelas recentes experiências socialistas. Além disso, assume uma posição fundamentada numa ideologia que aprova qualquer nacionalização como progresso, sem levar em conta os sérios abalos que essa ideologia tenha sofrido em suas bases nos últimos anos.

A política, por conseguinte, prefere ignorar o livro de Deumer, o que pode ser lamentável do ponto de vista do autor, uma vez que ele investiu trabalho, inventividade e conhecimento em suas propostas. Esse desconhecimento, contado, é extremamente positivo, quando se considera o interesse que se deve ter em uma recuperação saudável da economia alemã.

POSFÁCIOS À
3ª EDIÇÃO BRASILEIRA

O propósito deste ensaio é descrever a evolução da teoria misesiana do intervencionismo, desde as primeiras articulações realizadas por Ludwig von Mises (1881-1973), até sua reformulação moderna por Murray N. Rothbard (1926-1995). O foco principal será colocado sobre uma tipologia emergente do intervencionismo, de acordo com a qual diversas ações governamentais podem ser classificadas e seus efeitos econômicos podem ser analisados. Argumentarei que a teoria de Mises do intervencionismo passou por mudanças significativas, tanto de Mises quanto de Rothbard

---

* Publicado originalmente em: KIRZNER, Israel M. (Ed.). *Method, Process, and Austrian Economics: Essays in Honor of Ludwig von Mises*. Lexington, Mass.: Lexington Books, D. C. Heath and Company, 1982. pp. 169-183.

O Desenvolvimento da Teoria Misesiana do Intervencionismo*

e, ademais, que essas mudanças podem ser chamadas de extensões e melhoramentos. As mudanças são extensões do escopo do conceito de intervencionismo para uma maior variedade de categorias de políticas governamentais para as quais a forma original do argumento era aplicável. Podem ser chamadas de melhorias porque somente este conceito mais abrangente de intervencionismo pode se encaixar de maneira adequada ao papel analítico que Mises tentou fazê-lo desempenhar em sua teoria geral da política econômica[217].

---

[217] Limitei o foco deste texto ao escopo do conceito de intervencionismo porque acredito que a substância principal da teoria misesiana do intervencionismo não passou por nenhuma mudança importante realizada por Mises ou por seus alunos. Somente o escopo – a gama de aplicações – do argumento evoluiu no transcurso do tempo, enquanto a essência do argumento

I - Origens da Teoria: O Controle de Preços

A primeira discussão que Mises fez do intervencionismo foi uma breve seção de sua *Theorie des Geldes und der Umlaufsmittel* [*A Teoria da Moeda e dos Meios Fiduciários*], de 1912, sobre "A Regulação dos Preços por Decreto Autoritário", na qual podem ser encontradas, em forma embrionária, as principais características — tanto os pontos fortes quanto as fraquezas — de sua análise que foi mais desenvolvida posteriormente. Os pontos fortes, na perspectiva do autor, são: (1) seu tratamento detalhado das "fases" da ação e reação à medida em que as forças espontâneas do mercado respondem e frustram as tentativas do governo de intervir no mercado (neste caso, os controles de preços)[218]; e (2) o lugar da crítica ao intervencionismo no contexto mais amplo da análise comparativa de sistemas econômicos, em particular sua colocação familiar de que "não há meio termo" entre o capitalismo e o socialismo[219]. A principal debilidade de sua crítica ao intervencionismo, conforme argumentarei, é seu foco estreito sobre apenas alguns tipos particulares de intervenção (neste caso, somente o controle de preços), a despeito da lógica básica de sua teoria ser muito mais geral. Dado que o propósito dessa seção, no livro de 1912, limitava-se à

---

permaneceu inalterada e encontra-se firmemente enraizada na teoria de Mises do processo de mercado.

[218] MISES, Ludwig von. *The Theory of Money and Credit*. Traduzido por H. E. Batson. Irvington-on-Hudson: Foundation for Economic Education, 1971. pp. 245-49.

[219] Idem. *Ibidem.*, p. 247.

relevância dos controles de preços para a teoria monetária, um ponto de partida melhor para examinar as origens da teoria de Mises do intervencionismo pode ser seu artigo mais extenso sobre a "Teoria do Controle de Preços", de 1923, que apareceu em 1929 como capítulo 5 do livro *Kritik des Interventionismus* [*Crítica ao Intervencionismo*][220]. Nesse artigo, Mises proporciona uma análise mais detalhada das "fases" da ação do governo e reação do mercado, o que constitui o cerne de sua crítica ao intervencionismo.

Mises não reivindica originalidade completa para a sua teoria. Conforme assinalou no primeiro parágrafo desse ensaio, a ideia fundamental sobre a qual baseia sua crítica ao intervencionismo decorre das demonstrações, por parte dos fisiocratas e economistas clássicos, de que os preços de mercado não são arbitrários, mas sim determinados pelas condições da oferta e demanda no mercado. Daqui, segue-se a crítica dos economistas clássicos, que veem os controles de preços como *"supérfluos, inúteis e prejudiciais"*.

São supérfluos porque forças embutidas que estão em operação limitam a arbitrariedade das partes que realizam as trocas. Inúteis porque o objetivo governamental de abaixar os preços não pode ser alcançado mediante controles. E prejudiciais porque afastam a produção e o consumo dos usos que, desde o ponto de vista do consumidor, são os mais importantes[221].

---

[220] MISES, Ludwig von. "Theory of Price Controls". *In*: *A Critique of Interventionism*. New Rochelle: Arlington House, 1977.

[221] Idem. *Ibidem.*, p. 140.

Claramente, Mises se via como alguém que estava meramente elaborando a partir desta percepção básica da economia clássica, de que as tentativas de fixar preços mediante decreto seriam meios inadequados para atingir os fins procurados. Mises acrescentou o seguinte a esta crítica clássica do intervencionismo: (1) Colocou-a em um contexto mais abrangente, relacionando-a aos sistemas econômicos alternativos do capitalismo e socialismo. (2) Apresentou uma análise lúcida, passo a passo, a respeito de como as forças do mercado reagem à política intervencionista, de maneira a frustrá-la em cada passo.

Os economistas clássicos formularam sua crítica aos controles de preços antes da ascensão do socialismo marxista e de sua defesa não do controle sobre os preços, mas sim da abolição completa do sistema de preços. Os marxistas insistiam em que a ordem do mercado não é a única opção disponível para a sociedade, mas que o planejamento central poderia deliberadamente assumir as funções desempenhadas espontaneamente pelo mercado. A escolha não seria entre o *laissez-faire* e o intervencionismo, que fora desacreditado pelos economistas clássicos; a escolha seria entre a propriedade privada e a propriedade coletiva dos meios de produção. Conforme assinala Mises, as doutrinas do marxismo contêm *"o início da percepção"* de que a intervenção do Estado sobre a ordem da propriedade privada é fundamentalmente incapaz de realizar os objetivos de redistribuição do movimento socialista[222].

---

[222] Idem. *Ibidem.*, p. 140.

Uma das contribuições significativas de Mises foi ter conseguido situar a crítica do intervencionismo no contexto mais amplo do estudo comparativo dos sistemas econômicos. Enquanto para os economistas clássicos a crítica do intervencionismo compreendia a totalidade do seu argumento em prol da política liberal clássica do *laissez-faire*, para Mises não era senão um dos componentes de um argumento em três partes.

1) Temos, à nossa disposição para escolher, três tipos principais de ordem econômica: socialismo, capitalismo ou intervencionismo[223]. Outros sistemas, tais como o sindicalismo, que carecem de qualquer espécie de mecanismo ordenador, não podem ser tratados como uma opção factível para a sociedade. Podemos contar com o mercado desimpedido como o mecanismo ordenador da economia; podemos utilizar a política governamental para intervir sobre esse mecanismo; ou podemos optar pela alternativa marxista do planejamento central como mecanismo ordenador deliberado e abrir mão completamente do mercado. Jamais foi formulada alguma quarta opção que seja viável.

2) Dessas três opções, o socialismo deve ser rejeitado por qualquer sociedade tecnologicamente avançada. Conforme Mises demonstrou em seu "argumento do cálculo", a ordem

---

[223] Aqui, refiro-me livremente às "opções" ou "escolhas" da sociedade entre sistemas econômicos, a despeito do fato de que, estritamente falando, obviamente, as sociedades não escolhem seus sistemas econômicos ou qualquer outra coisa no que diz respeito ao assunto. Um sistema econômico não é escolhido de maneira consciente, mas na verdade evolui sob influências econômicas e ideológicas.

econômica é demasiado complexa para ser suscetível ao controle deliberado na forma de planejamento central compreensivo[224]. Preços de mercado agem como aquilo que chamou de *"auxílios para a mente"* para tomadores de decisões descentralizados; esses auxílios lhes permitem utilizar muito mais conhecimento do que qualquer mente humana poderia assimilar por si só. Assim, o sistema de mercado não pode ser completamente abolido sem reduzir o processo produtivo da sociedade a um nível deveras primitivo. O sistema da propriedade privada não pode ser substituído. Tudo o que resta é a possibilidade de que possa ser regulado por alguma forma de intervenção.

3) Entretanto, o intervencionismo não é, em si mesmo, uma opção viável; ou as tentativas de implementá-lo fracassarão devido a reações por parte das forças espontâneas do mercado, ou deverá ser levado ainda mais longe e com maior extensão, até que atinja o ponto de ser indistinguível do socialismo.

---

[224] Ver: MISES, Ludwig von. *Socialism: An Economic and Sociological Analysis*. Trad. J. Kahane. London: Jonathan Cape, 1936. A ordem cronológica na qual Mises formulou esses três passos do argumento foi (1), (3) e, então, (2), conforme ilustrado pelos comentários citados sobre o intervencionismo por Mises em 1912, escritos antes de ter articulado o argumento do cálculo. Entretanto, a ordem que utilizo aqui é mais conveniente para explicar o posicionamento lógico da crítica do intervencionismo no sistema de pensamento de Mises. [O tratado de Ludwig von Mises, lançado originalmente em alemão em 1922, no qual o autor faz uma análise sociológica e econômica do socialismo, será lançado em português pela LVM Editora. O argumento misesiano sobre a impossibilidade do cálculo econômico socialista aparece pela primeira vez em um artigo acadêmico de 1920, disponível em português na seguinte edição: MISES, Ludwig von. *O Cálculo Econômico em uma Comunidade Socialista*. Apres. Gary North; prefs. Fabio Barbieri & Yuri N. Maltsev; intr. Jacek Kochanowicz; posf. Joseph T. Salerno; trad. Leandro Roque. São Paulo: LVM, 2017. (N. E.)].

A maior parte do ensaio de Mises de 1923 sobre os controles de preços é dedicada a uma discussão sobre como as forças espontâneas do mercado reagem às tentativas de controlar os preços de tal maneira que leva os intervencionistas ou a expandirem o seu controle até o ponto em que a propriedade privada passa a existir apenas nominalmente, subvertendo dessa forma sua função de gerar conhecimento, ou a aceitarem a derrota e pararem completamente de intervir. O ponto não é que o intervencionismo seja impossível, mas, em vez disso, que uma ordem econômica coerente e factível, construída sobre uma aplicação fundamentada no princípio de políticas intervencionistas, isso sim é impossível. Atos isolados de intervenção resultam, invariavelmente, em respostas por parte dos proprietários particulares e dos empreendedores, o que por sua vez suscita políticas intervencionistas mais abrangentes.

Assim, por exemplo, o governo estabelece um teto sobre o preço do leite, que seja mais baixo do que aquele que seria determinado pelo mercado, levando os fornecedores de leite a responderem retirando o leite do mercado enquanto aguardam a suspensão desse teto. Isto, por sua vez, leva os compradores de leite a procurarem por substitutos, cujos preços então aumentam. O governo responde ordenando os fornecedores de leite a venderem ao preço decretado, porém isto causa perturbações na operação do mecanismo de racionamento de preços, conduzindo a uma distribuição arbitrária do leite para aqueles compradores que "chegaram primeiro" ou que "têm contatos pessoais". As tentativas do governo para regular a distribuição não eliminam as filas ou a corrupção e, em todo caso, afetam somente a distribuição da oferta de leite que já estava disponível. Os estoques existentes acabam exauridos em pouco tempo, dado que a produção de leite "não cobre mais o seu custo". Então, o governo se verá obrigado a forçar os produtores de leite a fornecerem seu produto mesmo sob perdas, ou a colocar tetos sobre os fatores de produção, tais como vacas e ordenhadeiras, cujos custos agora excedem as receitas autorizadas aos produtores de leite[225].

Assim, a tentativa de implementar um primeiro controle sobre o funcionamento de um único preço requer a imposição de controles mais extensos até que, caso se siga por essa política, não reste nada da propriedade privada. Mises se referiu especificamente à economia de guerra (desde a Primeira Guerra Mundial) como uma ilustração dessas "fases" totalmente previsíveis de aumento do intervencionismo: *"primeiramente, o controle de preços; a seguir, vendas forçadas; então vêm o racionamento e a regulação da produção e distribuição, até que, finalmente, tem-se a tentativa de implementar o planejamento central de toda a produção e distribuição"*[226].

Esses dois aspectos correlatos da teoria de Mises do intervencionismo, sua localização da crítica da intervenção no contexto mais amplo da comparação entre os sistemas

---

[225] MISES, Ludwig von. "Theory of Price Controls". *Op. cit.*, p. 145.
[226] Idem. *Ibidem.*, p. 146. Mas, obviamente, não há nada de inevitável nesta sequência crescente do controle estatal sobre a vida econômica. Uma mudança na ideologia que favoreça o abandono desta tendência poderia inverter rapidamente a sua direção, como Mises esperava que algum dia pudesse acontecer. Ver: HAGEL, John, III. *From Laissez-Faire to Zwangswirtschaft: The Dynamics of Interventionism*. Apresentado no Simpósio de Economia Austríaca. Junho de 1975.

econômicos e sua análise das fases da intervenção crescente da resposta do mercado, prosseguiram como os temas centrais de suas discussões posteriores acerca do tema. Ademais, na minha concepção, esses temas fundamentais nunca foram devidamente respondidos e ainda constituem os pontos fortes principais da teoria misesiana do intervencionismo.

Entretanto, assim como o ensaio de 1923 continha os pontos fortes essenciais da teoria misesiana do intervencionismo, da mesma forma reflete a principal fraqueza dessa teoria, uma debilidade que Mises mitigou, porém que nunca eliminou completamente em seus escritos posteriores. Embora a lógica básica de sua análise detalhada do intervencionismo seja bastante geral, Mises insistiu em aplicá-la de maneira bastante estreita, neste caso somente aos controles de preços. Isto foi negativo não somente porque afastou Mises da análise de outros tipos de intervenção cujas consequências também estavam sujeitas à sua crítica, mas também, de maneira mais crucial, este foco estreito enfraqueceu seriamente seu argumento mais abrangente a respeito da comparação de sistemas econômicos. Era objetivo declarado de Mises, mesmo em 1923, *"rejeitar todo o intervencionismo como supérfluo, inútil e prejudicial"*. Isto era logicamente necessário para que seu argumento pela escolha entre o capitalismo, o socialismo e o intervencionismo fosse completo[227]. No entanto, de fato, como torna claro o título de seu ensaio de 1923, Mises estava proporcionando um argumento detalhado contra somente um tipo de intervenção, o controle de preços, deixando intocada

---

[227] MISES, Ludwig von. "Theory of Price Controls". *Op. cit.*, p. 140

a pletora de outros tipos de ferramentas de intervencionismo[228]. Dessa maneira, o que todos gostaríamos que Mises tivesse feito não é meramente uma denúncia contra outras coisas. Trata-se de uma séria lacuna em seu argumento. O fato de que controles de preços não podem funcionar não é suficiente para demonstrar que não há um meio termo entre o capitalismo e o socialismo.

II - Ampliando a Teoria: Controle de Preços e Restrições à Produção

Reeditado em 1929 como capítulo 1 do livro *Kritik des Interventionismus* [*Crítica ao Intervencionismo*], a primeira tentativa de Ludwig von Mises para apresentar uma teoria geral do intervencionismo foi o seu ensaio de 1926 intitulado "Interventionismus" [Intervencionismo], que representa um claro avanço sobre seu trabalho anterior, o ensaio de 1923 sobre a teoria do controle de preços. No artigo de 1926, Mises proporciona uma definição de intervencionismo que se mostra geral o suficiente para dar conta de uma ampla variedade de tipos de interferência governamental sobre a ordem do mercado, sendo, portanto, mais apropriada para sua argumentação de que *"não há meio termo"* entre o capitalismo e o socialismo[229]. *"A intervenção é uma ordem limitada*

---

[228] Na década de 1920, o controle de preços era, provavelmente, a forma mais popular de intervencionismo defendida, porém isto não é mais o caso.
[229] MISES, Ludwig von. "Interventionism". *In: A Critique of Interventionism. Op. cit.*, p. 26.

por uma autoridade social que força os proprietários dos meios de produção e os empreendedores a empregarem seus meios de uma maneira diferente de como fariam caso contrário"[230]. O emprego da frase "ordem limitada", conforme explica Mises, pretende distinguir entre intervencionismo e socialismo, o qual tem por objetivo *"dirigir a totalidade da economia e substituir a motivação dos indivíduos para o lucro pela obediência como a força motriz da ação humana"*[231]. Assim, a partir desta definição, parece ser o caso de que qualquer política governamental, que ultrapasse o que seja necessário para a preservação da propriedade privada e aquém do controle completo sobre os meios de produção, qualifica-se como intervencionismo.

Ainda assim, Mises recua de uma tal interpretação de sua definição e prossegue estreitando explicitamente seu escopo. Primeiramente, exclui a "socialização parcial" da categoria do intervencionismo. *"A nacionalização de uma ferrovia não constitui uma intervenção; porém um decreto que determina que um empreendimento deve cobrar taxas de frete menores do que faria caso contrário é uma intervenção"*[232]. Na verdade, trata-se de uma limitação que pode ser conciliada com sua definição citada, dado que a nacionalização de uma ferrovia não é uma "ordem limitada" sobre os proprietários privados de ferrovias, mas sim um confisco total de sua propriedade. Só que isto demandaria uma definição ainda mais geral de intervencionismo, pois em sua crítica ao socialismo Mises excluiu

---

[230] Idem. *Ibidem.*, p. 20.
[231] Idem. *Ibidem.*, p. 20.
[232] Idem. *Ibidem.*, p. 19.

a socialização parcial de sua definição de socialismo[233]. Se a nacionalização de uma ferrovia não é nem intervenção, nem socialismo, nem tampouco, certamente, capitalismo de *laissez-faire*, então talvez esta seja a "via média". Todo o ímpeto dos escritos econômicos de Mises parece se tornar mais consistente com a inclusão da nacionalização de setores industriais dentro da categoria das intervenções na ordem do mercado.

A exclusão dos subsídios do governo e de ao menos algumas formas de tributação do conceito de intervencionismo no ensaio de Mises de 1926 é tão explícito – e perturbador – quanto sua exclusão da nacionalização desse conceito. Além disso, há uma omissão completa, em sua discussão, de vários tipos de intervencionismo macroeconômico, tais como a expansão da base monetária e a manipulação do crédito (com a exceção de uma observação de que o governo não pode enriquecer a humanidade mediante a impressão de dinheiro). Suas categorias de intervencionismo de 1926 não incorporam prontamente nenhum desses tipos de políticas, embora todas envolvam o uso da força, todas induzam temporariamente os participantes do mercado a empregarem seus recursos de maneira diferente da forma como procederiam caso contrário, e todas invariavelmente resultem em uma reação espontânea do mercado que, ao menos parcialmente, leva à frustração da política. Embora possa haver diferenças suficientes entre, de

---

[233] Ver: MISES, Ludwig von. *Socialism. Op. cit.*, p. 119: *"a nacionalização e municipalização de empreendimentos dentro de um sistema que, de outro modo, seria capitalista, não são Socialismo"*.

um lado, o controle de preços e as restrições à produção e, do outro lado, as taxas, os subsídios ou a expansão monetária, o que justifica tratar essas coisas como tipos diversos de intervenção, parece ser inconsistente com a perspectiva geral de Mises omitir completamente os casos do último tipo.

Mises insiste em que *"medidas do governo que utilizam os meios do mercado, isto é, que tentam influenciar a demanda e a oferta através de mudanças nos fatores do mercado, não são incluídas neste conceito de intervenção"*[234]. Quando o governo oferece um subsídio que fornece leite para mães desamparadas, diz que *"não há intervenção"*[235]. Obviamente, Mises tem a liberdade para definir intervenção tão estreitamente quanto o deseje. Contudo, ao proceder dessa maneira, deixa uma lacuna em sua crítica da "via média". Não explica por que um sistema econômico no qual o Estado tributou a metade de todos os rendimentos, e então utilizou "meios do mercado" para comprar bens de consumo de proprietários privados, não constitui um compromisso viável entre o capitalismo e o socialismo.

Em uma nota de rodapé, Mises reconhece que *"pode restar alguma dúvida acerca da adequação da [...] interferência através da tributação que consiste da expropriação de alguma*

---

[234] MISES, Ludwig von. "Interventionism". *Op. cit.*, p. 19-20. A utilização dos meios do Mercado para concretizar objetivos intervencionistas não é uma maneira bem definida para distinguir os controles de preços e produtos de Mises de outras políticas governamentais. Qualquer intervenção violenta sobre o mercado baseia-se no mercado como um ambiente circundante necessário e, ao mesmo tempo, emprega meios que não são do mercado para alterar a direção na qual este ambiente teria se desenvolvido caso contrário.

[235] Idem. *Ibidem.*, p. 20.

riqueza ou renda" como uma categoria de intervenção, e de fato Mises adicionaria uma categoria separada para a tributação confiscatória e redistributiva em seus trabalhos posteriores. Contudo, Mises proporciona duas razões, em 1926, para excluir a tributação como uma classificação separada do intervencionismo. Primeiramente, diz que os efeitos de tais medidas podem, em parte, ser idênticos àqueles de uma outra categoria a qual inclui, a saber, restrições sobre a produção[236]. Embora isto possa ser admitido, também é verdade que a tributação é suficientemente diferente de outras formas de intervenção para justificar uma análise em separado. Em segundo lugar, o que é menos plausível, argumenta que a tributação consiste, em parte, de *"influenciar a distribuição da renda da produção sem restringir a produção em si mesma"*. Considero que esta afirmação se encontra em conflito fundamental com a totalidade da análise misesiana da ordem do mercado. Mises sempre defendeu enfaticamente que a distribuição, no sistema de mercado, está inextricavelmente conectada ao processo produtivo. Não há um processo separado da produção de bens que seja seguido pela sua distribuição. Na verdade, a distribuição dos rendimentos é uma parte integral do único processo que é a produção capitalista. Conforme observado por Mises, *"sob o capitalismo, a renda emerge como o resultado das transações de mercado que estão indissoluvelmente ligadas à produção"*[237]. Não se pode redistribuir rendimentos

---

[236] Mises, tanto em 1926 quanto em 1949, desejava incluir alguma tributação tal como as tarifas sob sua categoria de restrições à produção.

[237] MISES, Ludwig von. *Socialism. Op. cit.*, p. 151. Ver também MISES, Ludwig von. *Ação Humana: Um Tratado de Economia*. Trad. Donald Stewart Jr. São Pau-

arbitrariamente sem perturbar de maneira drástica o processo de produção no mercado. Assim, a noção de taxas que, de alguma maneira, influenciam o rendimento da produção sem afetar a própria produção é difícil de reconciliar com a própria caracterização que Mises faz do processo produtivo no capitalismo.

A despeito dessas restrições um tanto artificiais do escopo de seu conceito de intervenção, Mises estende a ideia para abranger dois tipos importantes: *"restrições à produção"* e *"interferência na estrutura de preços"*[238]. Assim, vemos aqui um avanço definido sobre seus tratamentos anteriores, que pareciam identificar, implicitamente, o intervencionismo com o controle de preços. Pela primeira vez, temos uma tipologia rudimentar do intervencionismo.

Embora Mises não proporcione uma análise das restrições sobre a produção tão detalhada como a que faz dos controles de preços, suas três páginas sobre as restrições à produção mencionam *"tarifas protecionistas"* e *"restrições de classe sobre o comércio e a ocupação"* tais como licenças e

---

lo: Instituto Ludwig von Mises Brasil, 2010. p. 909: *"[...] na economia de mercado, esse pretenso dualismo de dois processos independentes, o da produção e o da distribuição, não existe. Só há um processo em marcha. Os bens não são primeiro produzidos e depois distribuídos. Não existem bens sem dono, esperando o momento de serem distribuídos. Os produtos, quando começam a existir, já são propriedade de alguém. Para distribuí-los é preciso primeiro confiscá-los"*. Incidentalmente, esta afirmação parece ir contra a dicotomia de Mises, em 1926, entre a tributação (como ao menos às vezes restritiva) e os subsídios (como nunca restritivos). Mais propriamente, essas duas políticas devem ser consideradas como aspectos conectados do mesmo tipo de intervenção redistributiva.

[238] MISES, Ludwig von. "Interventionism". *Op. cit.*, p. 20.

legislação trabalhista[239]. Não proporciona uma análise detalhada dos efeitos de tais medidas, porém apresenta uma enunciação genérica concisa de tais efeitos.

Todas as restrições à produção prejudicam diretamente alguma produção na medida em que impedem certas oportunidades de emprego que são abertas para os bens de ordem mais elevada (terra, capital e trabalho). Por sua própria natureza, um decreto do governo de que algo "seja" não pode criar nada que não tenha sido criado anteriormente[240].

Todas as formas de restrições à produção fecham opções que poderiam ter estado disponíveis para empreendedores e capitalistas, e que, portanto, veem-se obrigados a reduzir o número, a variedade e o valor de novas oportunidades que, de outra forma, teriam sido descobertas. Dado que a força motriz do processo de mercado é justamente a descoberta dessas novas oportunidades para aprimorar produtos e serviços, *"não podemos calcular o quão melhores esses produtos e serviços seriam atualmente, sem o dispêndio de trabalho adicional, caso a grande atividade do governo não estivesse visando (inadvertidamente, é claro) tornar as coisas piores"*[241]. Dado que no sistema de Mises o mercado não é considerado como um mecanismo de alocação de meios conhecidos para fins dados, mas sim como o que F. A. Hayek (1899-1992) chama de "processo de descoberta", nunca podemos saber o que deixará de ter sido descoberto quando estorvamos esse processo[242].

---

[239] Idem. *Ibidem.*, p. 21-22.
[240] Idem. *Ibidem.*, p. 22-23.
[241] Idem. *Ibidem.*, p. 33
[242] Sobre este aspecto de impedimento de descobertas do intervencionismo, ver:

III - Uma Teoria Mais Geral: A Inclusão da Tributação e da Macrointervenção

Os contornos de uma teoria austríaca geral do intervencionismo já estavam evidentes no ensaio de Ludwig von Mises lançado em 1926 e reeditado em 1929 como capítulo 1 do livro *Kritik des Interventionismus* [*Crítica ao Intervencionismo*], porém sua discussão mais extensa sobre "A Intervenção no Mercado" em seu *Human Action* [*Ação Humana*] de 1949[243], constitui a análise mais abrangente que Mises realiza do intervencionismo. Uma das limitações mais sérias enfrentadas pelas suas apresentações anteriores, a exclusão de pelo menos alguns tipos de tributação da categoria de intervenção, é grandemente retificada.

Ademais, Mises agora inclui explicitamente uma seção sobre "Manipulação da Moeda e do Crédito", incluindo como variedades de intervenção tanto o controle do mercado de câmbio quanto a legislação sobre o curso legal. Mises não somente amplia o escopo do intervencionismo para essas novas áreas, mas também proporciona uma análise mais substantiva da natureza geral do intervencionismo. A despeito dessas importantes revisões, ainda há espaço para aprimoramentos na teoria do intervencionismo tal como foi deixada por Mises,

---

KIRZNER, Israel M. "The Perils of Regulation: Market-Process Approach". *Law and Economics Center: Occasional Paper*. Coral Gables: University of Miami School of Law, 1978. Trata-se de um ensaio que também proporciona um argumento fascinante que relaciona a crítica de Mises ao intervencionismo ao seu argumento do cálculo contra o socialismo.

[243] MISES, Ludwig von. *Ação Humana*. Op. cit.

particularmente no que diz respeito à natureza da socialização parcial e aos gastos do governo[244].

Mises começa sua discussão sobre "O Intervencionismo via Tributação" concebendo uma taxa ideal como aquela que é neutra ao invés de uma que é justa. Uma taxa neutra, se fosse atingível, *"não desvia[ria] o funcionamento do mercado das direções que seguiria se não houvesse qualquer tributação"*[245]. Contudo, após estabelecer isto como o ideal, Mises prossegue assinalando que uma tal taxa somente seria possível na *"construção imaginária de uma economia uniformemente circular"*, sob condições de perfeita *"igualdade de rendas"* e, dado que *"a economia cambiante é inteiramente diferente dessa construção imaginária"*, no mundo real *"nenhum imposto pode ser neutro"*[246]. Portanto, Mises agora considera a tributação como uma categoria do intervencionismo, a qual sem embargo ainda define como o fizera em 1926, isto é, como qualquer política do governo que *"força os empresários e os capitalistas a empregarem alguns dos fatores de produção de maneira diferente daquela que o fariam se estivessem obedecendo apenas aos ditames do mercado"*[247].

---

[244] Não encontrei nenhuma discussão de Mises na qual o autor reconsidera no que diz respeito à sua exclusão, em 1926, da nacionalização do conceito de intervencionismo.

[245] MISES, Ludwig von. *Ação Humana. Op. cit.*, p. 837.

[246] Idem. *Ibidem.*, p. 838. Em um artigo recente, Murray N. Rothbard parece sugerir que Ludwig von Mises pensava que uma taxa neutral seria factível no mundo real. Isto pode ter sido verdade para Mises em 1926, mas não consigo ver como se poderia interpretar a mesma coisa para Mises em 1949.

[247] Idem. *Ibidem.*, p. 818.

Muitos dos efeitos deletérios da tributação são examinados por Mises em seu capítulo sobre "Confisco e Redistribuição". As estreitas semelhanças entre esta crítica da interferência no mercado pela tributação e a sua crítica de outras formas de intervenção são evidentes. O argumento, aqui, tal como em outros lugares, não é que o mercado produz os melhores resultados imagináveis – neste caso, alguma distribuição ótima da riqueza – mas sim que (1) o processo de mercado é absolutamente necessário para a preservação ou expansão de qualquer economia tecnologicamente avançada; e (2) a intervenção em questão – neste caso, a tributação – impede seriamente, e se for praticada o suficiente prejudica por completo o funcionamento deste processo. A intervenção não somente sabota o mecanismo do mercado, mas também o mercado, ao responder à intervenção, igualmente a sabota. Portanto, tentativas de alcançar algum ideal preconcebido de distribuição de riquezas por meio da tributação não somente reduzirá o total disponível para a distribuição, mas também serão continuamente desfeitas pelo processo redistributivo inerente ao funcionamento do mercado.

Os escritos de Mises, desde o início, trataram a manipulação do governo sobre a oferta de moeda e sobre o crédito como uma interferência prejudicial no funcionamento do processo de mercado. Assim, sua inclusão explícita de um capítulo sobre essas políticas como instrumentos do intervencionismo, em 1949, é mais uma clarificação do escopo ampliado do conceito de intervenção do que uma alteração em seu ponto de vista a respeito dos efeitos de tais políticas[248].

Dado que tanto a tributação quanto a expansão monetária são aceitas atualmente por Mises como tipos de intervencionismo, evidentemente não existe mais a brecha citada anteriormente a respeito dos gastos do governo. Se não há maneira por intermédio da qual o governo possa obter receitas sem intervir e, portanto, sem prejudicar o mercado, então não há espaço para uma política de "via média" que não seja nem o capitalismo *laissez-faire*, nem o socialismo, porém que empregue subsídios seletivos para aprimorar o funcionamento do capitalismo. O governo não pode gastar recursos nas esferas de atividade que favorece sem forçosamente removê-los de outras esferas que são mais valorizadas pelos consumidores. Conforme colocado por Mises, *"o governo não tem o poder de incentivar um setor de produção, a não ser restringindo outros"*[249]. Assim, em contraste com sua colocação em 1926, de que *"se o governo compra leite no Mercado para vendê-lo a baixo custo para mães necessitadas ou mesmo para distribuí-lo sem custos, ou se o governo subsidia instituições educacionais"*, há intervenção[250].

---

[248] Em 1929, Mises pretendia incluir um capítulo sobre a manipulação do crédito na edição original alemã de *A Critique of Interventionism* [*Crítica do Intervencionismo*], o que sugere que o autor já considerava a política macroeconômica como uma categoria de intervenção. MISES, Ludwig von. *A Critique of Interventionism. Op. cit.*, p. 153. [O texto originário de um ensaio de 1929, que fora perdido pelo editor, foi incluído por F. A. Hayek na reedição alemã de 1976 desta obra. (N. E.)].

[249] MISES, Ludwig von. *Ação Humana. Op. cit.*, p. 844.

[250] MISES, Ludwig von. *Interventionism. Op. cit.*, p. 20.

Mesmo assim, o tratamento que Mises realiza da tributação e dos subsídios é tão parcial que deixa sem análise toda uma classe de consequências econômicas no lado das despesas. Quanto o governo taxa e depois gasta, as distorções que impõe sobre o mercado não se limitam àquelas que são reveladas por um estudo da incidência unicamente das taxas. Mais propriamente, o efeito líquido da política do governo deveria contrastar a utilização que o governo faz dos recursos com aqueles usos que os pagadores de impostos teriam feito desses recursos na ausência das taxas. Isto deveria envolver uma análise tanto da incidência dos gastos do governo, quanto de sua tributação. O governo intervém quando recolhe suas receitas e então intervém novamente quando as gasta em leite para mães desamparadas ou em qualquer outra coisa ao invés de gastar naquilo que os pagadores de impostos teriam preferido. Ao se concentrar exclusivamente sobre o lado da tributação do orçamento do governo, a teoria de Mises do intervencionismo ainda não consegue dar conta por completo do impacto econômico dos gastos do governo.

IV - A Tipologia do Intervencionismo de Rothbard

A forma final da teoria do intervencionismo de Ludwig von Mises constitui mais uma lista desordenada de tipos de interferência governamental no mercado do que realmente uma tipologia. As contribuições de Murray N. Rothbard à teoria misesiana do intervencionismo são seu estabelecimento de categorias definidas de intervenção (nas quais os tipos de intervenção que Mises analisou podem ser significativamente classificadas), suas subdivisões adicionais e a análise da tributação (que Mises incluiu, mas a respeito da qual pouco disse), bem como sua inclusão dos gastos do governo e da nacionalização (que Mises excluiu completamente).

A tipologia de Rothbard deriva do fato de que, no livre mercado, o complexo de relações voluntárias que se desenvolvem pode ser reduzido a uma série de trocas entre dois indivíduos, ou a ações autônomas de indivíduos. Assim, uma maneira muito natural de classificar várias formas de interferência violenta no mercado é distingui-las com base em como incidem sobre essas relações aos pares e sobre as atividades autônomas no mercado.

Uma intervenção que restringe unicamente as atividades autônomas de um indivíduo são chamadas por Rothbard de *"intervenção autística"*. Quando o governo força um indivíduo a realizar uma troca coagida com ele, isto é chamado de *"intervenção binária"*. E quando o governo interfere com as relações que de outra forma seriam voluntárias entre dois indivíduos, isto é chamado por Rothbard de *"intervenção triangular"*.

A maior parte das políticas intervencionistas às quais Mises dedicou uma atenção séria caem na categoria das intervenções triangulares, ou seja, a interferência sobre pares de negociadores que, de outra forma, transacionariam voluntariamente no mercado. De fato, a subdivisão das intervenções triangulares em duas, que Rothbard realiza, assemelha-se bastante à classificação de Mises em 1926 da intervenção: controle de preços e controle da produção (seja pela proibição, seja garantindo privilégios de monopólio). Os outros dois tipos de intervenção que Mises listou em 1949, a tributação e os dispêndios monetário e creditício, constituem as três subcategorias da intervenção binária de Rothbard. A intervenção autística, dado que se refere a ações isoladas de um indivíduo fora do nexo das trocas, não representa problemas significativos passíveis de análise econômica.

É importante fazer alguns esclarecimentos com relação a essas categorias da maneira como Rothbard as utiliza. Primeiro, embora a *intervenção binária* seja formalmente definida como uma situação *"na qual o interventor força o sujeito a fazer um intercâmbio ou uma doação ao primeiro"*, a categoria é utilizada para dar conta de casos que não se encaixam prontamente nesta definição[251]. Em particular, Rothbard designa não somente a tributação, a qual claramente se encaixa nesta definição, mas também os gastos do governo, a expansão monetária e a expansão do crédito como intervenções binárias[252]. No caso dos gastos do governo, é difícil ver como, por meio da distribuição de um subsídio, o governo está forçando o sujeito a realizar uma troca ou uma doação para

---

[251] ROTHBARD, Murray N. *Man, Economy, and State: A Treatise on Economic Principles*. Los Angeles: Nash, 1962. p. 767. [A obra será lançada em língua portuguesa pela LVM Editora. (N. E.)].

[252] A razão de Rothbard para incluir a expansão monetária e creditícia sob a categoria binária é que *"criar mais dinheiro e, de qualquer forma, um tipo de tributação"* (ROTHBARD, Murray N. *Man, Economy, and State. Op. cit.*, p. 794). Poderia também ser plausivelmente incluída sob a categoria triangular, com base em que a erosão do valor da unidade monetária prejudica todos os contratos em circulação que foram feitos em termos dessa unidade, intervindo dessa forma sobre pares de negociadores.

o interventor. Mais propriamente, parece que o governo está completando uma transferência forçada de riqueza de um sujeito para outro, a qual teve início quando as taxas foram recolhidas. De maneira semelhante, a expansão monetária e creditícia não envolve simplesmente transferências de riqueza de um sujeito para o interventor, mas sim toda uma série de transferências imprevisíveis daqueles que recebem o novo dinheiro relativamente tarde no processo inflacionário para aqueles – que incluem, mas que não se limitam ao governo – que conseguem gastar o dinheiro relativamente cedo. Talvez uma reformulação da definição de intervenção binária, para que inclua especificamente as transferências compulsórias de riqueza para outros indivíduos, bem como para o interventor, seja algo que ajude a esclarecer este ponto.

Uma segunda ressalva no que diz respeito à tipologia de Rothbard é que as categorias, tal como admite, não são mutuamente exclusivas. Algumas políticas do governo, tais como as tarifas, podem ser encaixadas nas categorias binária e triangular, e *"ações de intervenção binária apresentam repercussões triangulares definidas"*[253]. Isto pode apresentar sérias dificuldades na classificação de algumas políticas governamentais e pode inclusive levar ao surgimento de dúvidas a respeito da relevância de estabelecer uma diferenciação entre

---

[253] ROTHBARD, Murray N. *Power and Market: Government and the Economy*. Menlo Park: Institute for Humane Studies, 1970. p. 11. [A ser reeditado pela LVM Editora, o livro está disponível em língua portuguesa na seguinte edição: ROTHBARD, Murray N. *Governo e Mercado: A Economia da Intervenção Estatal*. Trad. Márcia Xavier de Brito e Alessandra Lass. São Paulo: Instituto Ludwig von Mises Brasil, 2012. (N. E.)].

a intervenção binária e a triangular. Entretanto, na ausência de uma tipologia melhor, a de Rothbard parece ser completamente adequada para a tarefa em questão: facilitar o estudo sistemático dos efeitos econômicos de todas as formas de intervenção governamental sobre a ordem do mercado. Para o propósito de realizar este estudo, não é tão importante se uma restrição de licenciamento que impõe uma taxa como condição para entrar em um dado setor industrial é analisada como um tipo triangular, pois se trata de uma forma de controle sobre a produção, ou como um tipo binário por ser um modo de tributação. Para propósitos práticos, deveria ser suficiente decidir simplesmente com base em se o propósito principal da intervenção é manipular diretamente a produção ou os preços (triangular), ou aumentar receitas ou redistribuir riqueza, o que produziria efeitos indiretos sobre a produção e os preços (binária).

Em acréscimo à articulação de uma tipologia, as principais contribuições da análise de Rothbard ocorrem em seus exames das duas subcategorias de intervenção binária às quais Mises deu pouca importância ou que negligenciou: tributação e gastos do governo[254]. Proporcionando um estudo mais detalhado dos efeitos da tributação e incluindo explicitamente

---

[254] Rothbard afirma que *"autores de política economia têm reconhecido apenas o tipo [triangular] como intervenção"* (ROTHBARD, Murray N. *Power and Market. Op. cit.*, p. 10). Embora eu possa concordar que a maior parte dos autores, inclusive Mises, tenham negligenciado os gastos do governo e oferecido muito pouca análise da tributação, Mises (ao menos em 1949) reconheceu especificamente a tributação e a manipulação monetária e creditícia como formas de intervenção.

os gastos do governo como um tipo de intervenção, Rothbard desenvolveu substantivamente a teoria misesiana.

Embora Mises distinguisse entre três "classes" de tributação, tais classificações não são muito satisfatórias. Tampouco sua análise de qualquer um desses tipos foi muito detalhada[255]. Rothbard proporciona uma distinção mais útil entre as taxas sobre a renda e as taxas sobre a riqueza acumulada, e então as subdivide ainda mais de acordo com o tipo de renda ou riqueza[256]. Este procedimento lhe permite o engajamento em uma análise muito mais sistemática dos diferentes efeitos econômicos associados com uma ampla variedade de políticas de tributação, desde as taxas especiais sobre o consumo e sobre as vendas até as taxas sobre os salários, rendimentos corporativos, lucros, ganhos de capital, doações e propriedade.

Argumentei que a principal limitação da teoria do intervencionismo de Mises de 1949 foi seu fracasso na inclusão da nacionalização e dos gastos do governo como formas de intervenção. Conforme mostrado pela descrição da tipologia do intervencionismo de Rothbard, o autor atribuiu um importante papel analítico à categoria dos gastos do governo.

---

[255] Mises tentou distinguir entre três "classes" de intervenção por meio de taxas: (1) taxas que têm por objetivo *"suprimir totalmente ou restringir a produção de mercadorias específicas"*; (2) taxas que expropriam o rendimento e a riqueza "por inteiro". Mises desconsidera este último caso como *"meramente um meio para a implementação do Socialismo"* e subordina o primeiro caso à categoria de restrições à produção (MISES, Ludwig von. *Ação Humana. Op. cit.*, pp. 734-35). Somente a sua segunda classe de intervenções por meio de taxas, as *"medidas confiscatórias"*, recebem atenção em particular (cap. 33).

[256] ROTHBARD, Murray N. *Man, Economy, and State. Op. cit.*; ROTHBARD, Murray N. *Power and Market. Op. cit.*

Adicionalmente, Rothbard foi capaz de lidar com a nacionalização tanto sob esta categoria de gastos do governo quanto sob a rubrica de "Concessões de Privilégio Monopolista". Além de Rothbard ter dividido a tributação em subcategorias analíticas úteis, também subdivide os gastos do governo em gastos de "transferência" e de "utilização de recursos". Estes últimos envolvem circunstâncias nas quais o interventor determina a direção dos gastos das receitas recolhidas de maneira compulsória, enquanto os primeiros consistem das circunstâncias nas quais beneficiários designados pelo interventor gastam as receitas.

Na teoria de Rothbard, portanto, o subsídio do governo aos consumidores de leite, que Mises excluiu, é tratado como intervencionismo do tipo binário, da categoria de gastos do governo e, dentro desta categoria, recai sob a subcategoria de pagamentos de transferência. A outra política governamental sobre a qual critiquei Mises por tê-la excluído, o caso da nacionalização de uma indústria, é um pouco mais complicada, porém pode se encaixar prontamente nas categorias de Rothbard e talvez possa servir como uma ilustração da utilidade analítica dessas categorias. Primeiramente, o próprio ato de nacionalização ocasiona o confisco da propriedade de todos os capitalistas nessa indústria, o que é claramente uma forma de intervenção binária análoga a uma taxa de montante fixo. A seguir, o controle das operações da indústria por uma agência do governo envolve uma segunda intervenção binária da variedade de gastos do governo com utilização de recursos. Então, se a agência incorre em um déficit, intervenções de tributação binárias adicionais podem ser necessárias. Ademais, em muitos casos o governo pode considerar necessário impedir legalmente o acesso à indústria de novos entrantes em potencial, para evitar concorrentes contra a agência nacionalizada, conformando assim uma intervenção triangular adicional na forma de um controle sobre o produto mediante a garantia de um privilégio monopolista.

Conclusão

A forma básica do argumento que Ludwig von Mises empregou em sua crítica ao controle de preços apresenta uma aplicação cada vez mais geral a uma ampla variedade de políticas governamentais. Em uma economia fundada com base na propriedade privada, trocas voluntárias e processo de mercado, tentativas de manipular violentamente os resultados deste processo levam a reações que o interventor não pode nem especificamente prever, nem efetivamente evitar. Esforços para fazer com que a intervenção inicial funcione tal como planejado precisam assumir a forma de intervenções ainda mais abrangentes e importunas, que entram ainda mais em conflito com o funcionamento do mecanismo de mercado. No fim das contas, os intervencionistas precisarão ou estender suas atividades até o ponto no qual o processo será completamente sabotado, ou terão que abandonar sua empreitada em prol do controle sobre o mercado. Qualquer "via média" entre esses extremos poderia, obviamente, ser defendida, porém consistiria de uma série de choques a esmo no sistema econômico, dificilmente merecendo o rótulo de "política" mais do que seria chamar de "engenharia" atirar uma chave inglesa em uma maquinaria complexa. Dentre esses dois extremos, a política que abandona totalmente o processo de mercado deve – por razões que Mises apresenta em sua crítica ao socialismo – também abandonar os benefícios de uma economia tecnologicamente avançada.

A proliferação de novas formas de interferência governamental no mercado certamente apresentará diversos novos desafios para os analistas no futuro. As amplas aplicações de Murray N. Rothbard da teoria misesiana estavam longe de ser exaustivas quando as elaborou e diversas inovações intervencionistas, que requerem estudos adicionais, apareceram desde então. Entretanto, acredito que todas se mostrarão suscetíveis à crítica misesiana do intervencionismo e que essa suscetibilidade será aumentada pelas extensões do escopo da teoria realizadas por Mises e Rothbard – em particular pela invenção, por parte deste último, de uma tipologia geral que permite a classificação de qualquer política intervencionista.

Foi, para mim, um prazer ler a contribuição do professor Donald C. Lavoie (1951-2001). Até onde sei, trata-se da primeira pessoa a mencionar, e quanto mais enfatizar, a importância de minhas próprias contribuições à tipologia da intervenção governamental. Isto faz de Lavoie, ao menos em minha própria visão parcial, um economista extraordinariamente perspicaz.

Minha elaboração das três categorias de intervenção – autística, binária e triangular – resultou da insatisfação com a maneira como os economistas estavam analisando a intervenção. Mesmo Ludwig von

---

* Publicado originalmente em: KIRZNER, Israel M. (Ed.). *Method, Process, and Austrian Economics: Essays in Honor of Ludwig von Mises*. Lexington, Mass.: Lexington Books, D. C. Heath and Company, 1982. pp. 169-183.

Intervencionismo: Comentário sobre Lavoie*

Murray N. Rothbard

Mises (1881-1973), tão sistemático em todas as demais áreas, lidou com as várias formas de intervenção parte a parte, de uma maneira *ad hoc*. Assim, procurei por uma forma sistemática de categorizar e analisar diferentes tipos de intervenção.

Tornou-se claro, então, que os economistas de livre mercado que se opõem à intervenção em geral confinam sua oposição ao que chamei de intervenção "triangular": isto é, a interferência do governo nas trocas entre pares de sujeitos. Contudo, pela mesma razão, quando o próprio governo formava alguém a realizar uma "troca" com ele, isto era de certa forma omitido da discussão. Ainda assim, estava claro para mim que esta intervenção "binária" era também um desvio forçado das atividades voluntárias do mercado, assim como a variedade triangular mais convencional — e que, em resumo, a tributação é por completo um ato de intervenção tanto quanto, digamos, o controle de preços.

A respeito das críticas de Don Lavoie, concedo a seu ponto de que é incompleto simplesmente definir a intervenção binária como o interventor, a saber, o governo, forçando alguém a transferir-lhe alguma coisa. Tal como Lavoie assinala, isto compreenderia a tributação, mas não os gastos do governo financiados por essa cobrança de taxas. Estou de acordo com Lavoie em que os gastos do governo deveriam ser tratados como o resultado final de uma transferência compulsória que tem início com a tributação e que, consequentemente, a definição de intervenção binária requer reformulação. Em minha defesa, contudo, assinalo que, na prática, em *Power and Market* [*Poder e Mercado*], especificamente no tratamento dos subsídios do governo, foi precisamente o que fiz. Dispêndios foram tratados como aquilo que completa a coerção que incide sobre os pagadores de impostos. Em segundo lugar, tal como Lavoie indica, atos específicos de intervenção governamental podem sobrepor as categorias binária e triangular. As categorias, entretanto, ainda são úteis para analisar e distinguir entre as diversas consequências.

Irei além de Lavoie na autocrítica e salientarei minha própria insatisfação com a subdivisão dos gastos do governo em "utilização de recursos" e "pagamentos por transferência". Esta distinção, obviamente, não é de minha própria criação. O problema é que todos os gastos do governo, de qualquer espécie, são pagamentos por transferência, sendo que a única distinção reside em se um grupo de pessoas que se chamam a si mesmas de "governo" adquirem o dinheiro e os recursos ou se outros grupos adquirem o dinheiro e os recursos *a partir* do governo. A despeito deste problema, ainda considero útil diferenciar entre os gastos nos quais o governo utiliza os recursos e aqueles nos quais o governo funciona como um conduto para outros.

Além disso, mais precisa ser feito a respeito da inflação monetária como intervenção binária. Acredito que Lavoie está correto ao colocar o foco nas transferências dos recebedores mais tardios do novo dinheiro com respeito aos recebedores iniciais. O ponto crucial é a criação de dinheiro pelo governo como uma espécie de falsificação, na qual os recursos são fraudulentamente – e, portanto, coercitivamente – desviados dos produtores para os ganhadores por meio da operação de falsificação.

Retornando à ideia dos gastos do governo como a realização de um ato de coerção que começa com a tributação, vamos assumir que *A*, *B*, *C*... e assim por diante sejam taxados em um total de 10 bilhões de dólares e que esses 10 bilhões sejam transferidos para *X*, *Y*, *Z*... e assim por diante. O ponto principal da tributação consiste precisamente na transferência de recursos de um grupo de pessoas para outro, onde os recebedores incluem o próprio governo, entre outros. Porém suponha que os 10 bilhões, após terem sido coletados, sejam destruídos em uma grande fogueira. Nesse caso, *A*, *B*, *C*... ainda perderiam os 10 bilhões e teriam perdido a mesma quantidade de recursos. Dado que a oferta monetária iria diminuir, todos, com exceção de *A*, *B*, *C*..., ganhariam proporcionalmente a partir da deflação geral. Claramente, situações assim são raras; em todos os demais casos, os dispêndios são necessários para completar a transação coercitiva e a transferência dos recursos.

Passando para preocupações mais abrangentes, vamos ponderar as implicações de nossa nova abordagem para o economista de livre mercado. Pois o economista agora constata que, em acréscimo aos ataques quase convencionais que realiza contra os controles de preços ou garantias de privilégios monopolistas, a intervenção binária é tanto uma intervenção e talvez tão repreensível quanto as categorias triangulares mais familiares. Entretanto, se se opuser também a todas as intervenções binárias, o economista de livre mercado deverá se opor a todas e quaisquer ações do governo, dado que quase todas essas ações envolvem tributação e certamente todas envolvem gastos. Isto significaria que o governo, inclusive aquele sob o qual somos forçados a viver, inelutavelmente assume o *status* praxiológico de uma organização criminosa. Sociologicamente, o economista pode, na verdade, chegar a ser ele mesmo um dissidente ou mesmo um pária entre seus companheiros economistas de livre mercado, quanto mais na profissão como um todo.

Afortunadamente, o economista de livre mercado consistente tem o consolo de saber que um dos pais fundadores de nossa disciplina, Jean-Baptiste Say (1767-1832), mantinha diversos pontos de vista similares. Assim, na refutação do argumento de que as taxas são inofensivas por serem recolocadas em circulação na economia pelo Estado, Say cita com aprovação Robert Hamilton (1743-1829), quem comparou tal desfaçatez com a *"entrada forçada de um ladrão na casa de um mercador e que, ao roubar seu dinheiro, diz a ele que não lhe fez nenhum mal, dado que esse dinheiro, ou parte dele, seria empregado na compra das mercadorias que vende, sobre as quais receberia um lucro"*. Say, então, comenta que *"o incentivo proporcionado pelo gasto público é precisamente análogo"*. Prossegue, então, definindo a tributação como:

> [...] a transferência de uma porção dos produtos nacionais das mãos dos indivíduos para as mãos do governo, com o propósito de atender ao consumo público das despesas [...]. É, na prática, um fardo imposto sobre os indivíduos [...] pelo poder dominante [...] com o propósito de fornecer o consumo que pode considerar apropriado realizar às suas custas [...].[257]

A contundente conclusão político-econômica de Say é eminentemente consistente com nossa análise corrente. Declarou que *"o melhor esquema de financiamento é gastar o menos possível; e a melhor taxa é sempre a mais leve"*[258].

Entretanto, mesmo no campo aparentemente simples da intervenção triangular há implicações mais profundas do que pode parecer à primeira vista. Se um economista de livre mercado, por exemplo, declara que *A* e *B* deveriam poder trocar bens ou serviços sem obstáculos, então o que acontece se *A* ou *B* são, eles mesmos, interventores ou participantes da intervenção? Em resumo, se *A* possui um cavalo e *B* uma vaca, e o economista defende a troca livre e desimpedida entre eles,

---

[257] SAY, Jean-Baptiste. *A Treatise on Political Economy*. Philadelphia: Claxton, Remsen, and Haffelfinger, 6th ed. 1880. pp. 413, 446. Citado em ROTHBARD, Murray N. "The Myth of Neutral Taxation". *The Cato Journal*, Vol. 1 (Fall 1981): 551-52.

[258] SAY, Jean-Baptiste. *A Treatise on Political Economy*. *Op. cit.*, p. 449. ROTHBARD, Murray N. "The Myth of Neutral Taxation". *Op. cit.*, p. 554.

então suponha que *A* tenha roubado o cavalo de *C* algumas semanas antes. Nesse caso, *A* desempenhou anteriormente o papel de interventor no mercado e deveria, no mínimo, ser forçado a devolver o cavalo para *C*. Embora seja verdade que uma tal ação interromperia possíveis trocas de propriedade entre *A* e *B*, também é verdade que restauraria a possibilidade de trocas entre *B* e *C*, ou entre *C* e qualquer outra pessoa.

Colocando de outra maneira: quando economistas de livre mercado defendem as trocas livres, o que estão dizendo é que *A* e *B*, *B* e *C*, *D* e *E* e todos os demais pares possíveis de pessoas deveriam poder trocar seus produtos livremente. Porém as trocas são, concretamente, transferências de títulos de propriedade. Em nosso exemplo anterior, se um cavalo é trocado por uma vaca, então um título de propriedade sobre um cavalo é trocado por outro título sobre uma vaca. Porém dizer que *A* e *B* deveriam ser livres para trocar títulos de propriedade implica imediatamente que ambos esses títulos de propriedade são válidos, isto é, que *A* e *B* possuem legitimamente suas propriedades. Pois se, conforme vimos, *A* tiver roubado seu cavalo de C, isto significa que o governo, caso essa seja a agência promotora da justiça, não pode simplesmente abster-se de intervir sobre o título de propriedade de *A*. Pois para que o roubo seja ilegal, *C* tem que ser o proprietário verdadeiro ao invés de *A*, e propriedade reivindicada por *A* precisa ser tomada pelo governo e entregue de volta a *C*, que é o proprietário legítimo.

Não podemos, então, nem mesmo falar sobre livre mercado sem também falar sobre títulos de propriedade. Entretanto, mais do que isso, não podemos falar sobre o livre mercado ou sobre a propriedade sem nos comprometermos a alguma teoria da justiça sobre os títulos de propriedade, a alguma maneira de decidir entre, digamos, as reivindicações conflitantes de *A* e de *C* a respeito do mesmo cavalo. A menos que a decisão seja puramente arbitrária, deverá ser feita somente com base em *alguma* teoria da justiça sobre a propriedade.

O economista de livre mercado consistente se encontra, agora, pisando em ovos. Está perto de concluir não somente que o próprio governo é ilegítimo, mas também que o livre mercado implica alguma teoria da justiça sobre os direitos de propriedade. Só que isto significa que provavelmente está para se tornar um pária, não somente pelo seu posicionamento político, mas também por acreditar que a economia aplicada não pode manter separados e claramente explícitos os domínios do fato e do valor. Em ambas essas áreas, o economista de livre mercado precisa se entender como diferindo de Ludwig von Mises, mesmo que se encontre sobre seus ombros. No entanto, possui a consolação de saber que o próprio Mises, ao jamais se esquivar da tarefa de perseguir a verdade, não importando até onde isso o levasse, continuará sendo sempre sua inspiração e guia.

Índice Remissivo e Onomástico

A

Adler, Max (1873-1937), 241
Agrarpolitik [*Política Agrária*], de Lujo Brentano, 187-88
Alemanha, 31-32, 38-39, 73, 77, 122, 133, 135, 156, 162-63, 169-70, 190, 201-02, 204, 206, 209, 212, 215, 218-20, 227, 230-31, 233-42, 245, 255-57, 283,
Alemanha Imperial, 30, 35
Altschul, Eugen (1887-1959), 231
Amonn, Alfred (1883-1962), 200
Arlington House, 10
Associação para a Política Social, 160, 178, 208, 215
Atlântida, 98-99
Ausiaux, Maurice, 194
Áustria, 28-29, 89, 100, 135-36, 190, 202, 206, 212, 217

B

Bad Kissingen, 72
Bagehot, Walter (1826-1877), 186
Bastiat, Frédéric (1801-1850), 221
Bebel, August (1840-1913), 167
Bélgica, 190
Bendixen, Friedrich (1864-1920), 194
Bentham, Jeremy (1748-1832), 142
Berlim, 281
Berna, 280
Bernauer, Rudolf (1880-1953), 285
Bernhard, Ludwig (1875-1935), 162
Bernstein, Eduard (1850-1932), 167, 242
Bien, Bettina, 74
Bismarck, Otto von (1815-1898), 31, 206
Böhm-Bawerk, Eugen von (1851-1914),
Bonn, Moritz Julius (1873-1965), 70, 163, 189-90, 196-97, 209, 217, 240
Brentano, Lujo (1844-1931), 71, 114, 116, 163-64, 168, 170-72, 178, 187-89, 191-92, 196, 208-09, 217
Buckle, Henry Thomas (1821-1861), 218
Bureaucracy [*Burocracia*], de Ludwig von Mises, 59

C

Câmara de Comércio, Artesanato e Indústria de Viena, 29, 69
Casa de Hohenzollern, 230
Cassau, Theodor (1884-?), 196, 209
Clark, John Bates (1847-1938), 123-24
Clark, John Maurice (1884-1963), 123-26, 128-34
Classes, luta de,
  definição e delimitação científicas, 218, 228, 251
  relações entre condições, 226, 228-29, 237
  interesses, 228-29
  ideologia, 228-29
Comitê da Verein für Sozialpolitik [Associação para Política Social], 72
Commons, John R. (1862-1945), 86
Comunidade Britânica, 237
Conrad, Otto (1876-1943), 232
Constituição de Weimar, 113
Constituição dos Estados Unidos da América do Norte, 85
Convenção Internacional dos Socialistas de Stuttgart, 238

D

Darmstadt, 60
Davenport, Herbert J. (1861-1931), 123
Deumer, Robert (1882-1956), 281-85, 287, 289-90, 292, 294-96
Diehl, Karl (1864-1943), 281
Dietzel, Heinrich (1857-1935), 70, 204, 217, 241
Dietzgen, Joseph (1828-1888), 241

E

Ebeling, Richard M. (1950-), 12, 27
Economics [*Economia*], de Paul A. Samuelson, 64
Editora Wissenschaftliche Buschgesellschaft, 60
Ehrenberg, Richard (1857-1921), 204
Engels, Friedrich (1820-1895), 66, 167, 214-17, 219, 228, 251
Entwurfes eines Gesetzes über die Verstaatlichung des Kredit und Bankwesens [Projecto de Lei sobre a Nacionalização do Crédito e do Sistema Bancário], 282
Escola Austríaca de Economia, 14, 23-25, 30, 70, 134, 162, 189-90, 240
Escola Bancária, 193-94
Escola de Brentano, 171-72
Escola de Chicago, 65
Escola de Manchester, 181
Escola de Schmoller, 171-72, 192
Escola Empírico-Realista, 122, 205-06
Escola Histórico-Realista, 117-19, 161-62, 164, 182-83, 191
Escola Histórico-Realista-Social, *ver* Escola Histórico-Realista
Escola Histórica, 115, 182, 201
Escola Historicista Alemã, 30-32, 69, 113-14, 186, 188-89, 193, 200, 208, 216-17
Escola Intervencionista, 136
Escola Monetária, 193
Escola Sindicalista, 164
Escola Socialista, 164, 168, 170
Espanha, 73
Estado de bem-estar social, 32, 35, 56, 102, 193, 234
Estados Unidos da América, 14, 30, 32-33, 73, 77, 85-86, 100, 113, 123,

127, 137, 163, 190, 209, 231, 237, 283, 288
Europa Ocidental, 30

F

Fabian Essays [Ensaios Fabianos], de Sidney Webb, 199
Fabianos da Grã-Bretanha, 283
Festschrift, 163-64
Fetter, Frank (1863-1949), 123
Follette, Robert M. La (1855-1925), 86
Foundation for Economic Education (FEE), 11, 13, 74
Fourier, Charles (1772-1837), 191
França, 32, 73, 190, 206, 218, 231, 233-34, 283
Francisco José I (1830-1916) da Áustria, 28
Freeman, The: Ideas on Liberty, 12
Friedman, Milton (1912-2006), 65

G

Garten Eden, Der [O Jardim do Éden], de Rudolf Bernauer, 285
Gelesnoff, Vladimir (1877-1921), 231
Gemeinwirtschaft, Die: Untersuchungen über den Sozialismus [A Economia Coletiva: Estudos sobre o Socialismo], de Ludwig von Mises, 14, 39, 59, 68, 71, 128, 157, 179, 253
Genebra, 29, 73
Geschichte der Nationalökonomie und des Sozialismus [História Económica e Socialismo], de Vachan Totomianz, 189-90
Gide, Charles (1847-1932), 191
Goethe, Johann Wolfgang von (1749-1832), 285

Gottl-Ottlilienfeld, Friedrich von (1868-1958), 114
Gossen, Hermann Heinrich (1810-1858), 123
Grã-Bretanha, 77, 99, 122, 137, 173, 190, 209, 231, 283
Graduate Institute of International Studies [Instituto Universitário de Altos Estudos Internacionais], 29
Grande Depressão, 17, 47, 49
Großdeutschen Volkspartei Österreichs [Maior Partido do Povo Alemão da Áustria], 232
Grundlagen der Nationalökonomie [Fundamentos da Economia Nacional], 73
Grundriß der Sozialökonomik [Fundamentos de Economia Social], 162
Grundzüge der Volkswirtschaftslehre [Fundamentos de Economia], de Vladimir Gelesnoff, 231-32
Gurley, John G. (1920-), 65

H

Hamilton, Robert (1743-1829), 332
Handwörterbuch der Staatswissenschaften [Dicionário Portátil de Ciência Política], 78, 163
Hasbach, Wilhelm (1849-1920), 113, 216
Havenstein, Rudolf (1857-1923), 194
Hayek, F. A. [Friedrich August von] (1899-1992), 12, 14, 23-25, 29, 61, 65, 69, 314
Held, Adolf (1844-1880), 209
Helfferich, Karl (1872-1924), 194
Herkner, Heinrich (1863-1932), 71, 160, 173-78, 190-91
Hermann, Friedrich (1795-1868), 70, 123

Hilferding, Rudolf (1877-1941), 194
História do Pensamento Econômico, 23-24
Hitler, Adolf (1889-1945), 38, 72
Human Action: A Treatise on Economics [*Ação Humana: Um Tratado sobre Economia*], de Ludwig von Mises, 16, 29, 59, 73, 315
Humboldt, Wilhelm von (1767-1835), 142
Hume, David (1711-1776), 142
Hungria, 227, 231, 235

I

Idade Média, 244-45, 265
Índia, 77
Império Áustro-Húngaro, 28
Inglaterra, 32, 111, 218, 233-34
Insper, de São Paulo, 24
Institucionalistas dos Estados Unidos, 113, 283
Institut Universitaire des Hautes Études Internationales [Instituto Universitário de Estudos Superiores Internacionais], 73
Instituto Austríaco de Pesquisas Sobre o Ciclo de Negócios, 29
Instituto Liberal (IL), 10
Instituto Ludwig von Mises Brasil (IMB), 10
Internacional Comunista, 237
Intervenção,
    Autística, 320-21
    Binária, 320-323, 325, 330-32,
    Triangular, 320, 326, 333
Itália, 190, 231, 235
Itália fascista, 37

J

Japão, 237
Jena, 60
Jevons, William Stanley (1835-1882), 216

K

Kant, Immanuel (1724-1804), 222
Kapital, Das [*O Capital*], de Karl Marx, 228, 242
Kapital und Kapitalzins [*Capital e Juro*], de Eugen von Böhm-Bawerk, 189
Kathedersozialisten, *ver* Socialistas de Cátedra
Kautsky, Karl (1854-1938), 167, 170, 242
Keynes, John Maynard (1883-1946), 23-24, 48
Kirzner, Israel M. (1930-), 12
Knapp, Georg Friedrich (1842-1926), 170, 204
Knight, Frank H. (1885-1972), 65
Kritik des Interventionismus: Untersuchungen zur Wirtschaftspolitik und Wirtschaftsideologie der Gegenwart [*Crítica ao Intervencionismo: Estudo sobre a Política Econômica e a Ideologia Atuais*], título original deste ensaio, de Ludwig von Mises, 10, 16, 39, 59-60, 66, 71, 301, 308, 315
Kröner, 238
Kurz, Heinrich (1867-1934), 281

L

Laissez-faire, 31, 83, 132, 302-03, 310, 318

Laissez passer, 83, 132
Lampe, Adolf (1897-1948), 146-49
Lassalle, Ferdinand (1825-1864), 219, 241
Lavoie, Donald C. (1951-2001), 12, 328-31
Lebenslauf eines Kathedersozialisten, Der [*A Vida de um Socialista de Cátedra*], de Heinrich Herkner, 160
Lemberg, 28
Lehár, Franz (1870-1948), 285
Lei de Gresham, 120
Leis, de Platão, 254
Lenin, Vladimir Ilyich Ulianov, conhecido como (1870-1924), 37, 170, 202
Leste Europeu, 227, 245
Lexington Books, 12
Lexis, Wilhelm (1837-1914), 217
Liberalismo clássico, 21, 27, 32, 37-38, 50, 52, 54-55, 57, 64, 70, 83, 85, 101, 104, 110-11, 132-33, 142, 209
Liberalismus [*Liberalismo*], de Ludwig von Mises, 16, 39, 59, 71
Liefmann, Robert (1874-1941), 114
List, Georg Friedrich (1789-1846), 98, 123
Livraria Cultura, 25
Loria, Achille (1857-1943), 190
Löwe, Adolf (1893-1995), 186-87
Ludwig von Mises Institute, 11
Lustige Witwe, Die [*A Viúva Alegre*], de Franz Lehár, 285
Lviv, 14

M

Mangoldt, Hans von (1824-1858), 70, 123

Manifesto do Partido Comunista, de Karl Marx e Friecrich Engels, 167, 228
Marx, Karl (1818-1883), 18, 23-25, 65-66, 111, 136-37, 167, 189, 191-92, 194-95, 201, 214-19, 225-26, 228-29, 231, 241-43, 249-52, 256, 258, 262
Masaryk, Jan (1886-1948), 190
Menger, Carl (1840-1921), 123, 163, 189-91, 209, 224, 256-57
Method, Process, and Austrian Economics: Essays in Honor of Ludwig von Mises, organizado por Israel M. Kirzner, 12, 298, 328
Methodenstreit, de Gustav von Schmoller, 113, 123, 186, 191
Milhaud, Edgard (1873-1964), 281
Mill, John Stuart (1806-1873), 215
Milliet, Edmund Wilhelm (1857-1931), 281
Mises, Arthur von (1854-1903), 28
Mises Institute, 11, 13
Mises, Ludwig von (1881-1973), 10, 12, 14-30, 36, 38-59, 62-65, 68, 71-74, 78, 298-03, 305-21, 323-27, 335
Mises, Margit von (1890-1993), 30, 61
Mises, Mayer Rachmiel (1800-1891), 28
Moderne Kapitalismus, Der [*O Capitalismo Moderno*], de Werner Sombart, 242
Möeller, Hero (1892-1974), 182
Monsieur Jourdain, 188
Movimento Nacional Socialista (Nazista), 38
Munique, 202, 220
Mussolini, Benito Amilcare Andrea (1883-1945), 37
Mutualismus [*Mutualismo*], de Arthur Travers-Borgström, 280

Mutualistische Verein in Finnland [Associação Mutualista da Finlândia], 281

N

Nacionalismo, 33-36, 54, 234-36, 245, 255
Nation, Staat, und Wirschaft [*Nação, Estado e Economia*], de Ludwig von Mises, 36
Nationale System der Politischen Ökonomie, Das [*Sistema Nacional de Economia Política*], 98
Nationalokönomie: Theorie des Handels und Wirtschaftens [*Economia Nacional: Teoria da Ação e da Atividade Econômica*], 73
New York University (NYU), 30
Nova Política Econômica (NEP), 76, 80, 203,
Nova York, 14, 73, 124,

O

Omnipotent Government [*Governo Onipotente*], de Ludwig von Mises, 26, 59,
Oppenheimer, Franz (1864-1943), 114
Oriente Médio, 77

P

Padrão-ouro, 49
Países Baixos, 231
Palyi, Melchior (1892-1970), 194-95
Partido Socialdemocrata, 170
Passow, Richard (1880-1949), 70, 178, 204

Philippovich, Eugen von (1858-1917), 114
Planned Chaos [*Caos Planejado*], de Ludwig von Mises, 59
Plano Cruzado, 20-21
Platão (427-347 a.C.), 254
Pohle, Ludwig (1869-1926), 70, 116, 196-97, 204
Polônia, 240
Portugal, 73
Prêmio Nobel de Economia, 14, 61
Přibram, Karl (1877-1973), 241
Primeira Guerra Mundial, 30, 36-39, 107-08, 136, 169-70, 184, 196, 201, 212, 234, 237, 239-40, 269-71, 306
Princípio Bancário, 194
Programa de Erfurt, de Eduard Bernstein, 167
Power and Market [*Poder e Mercado*], de Murray N. Rothbard, 330

R

Reichsbank, 281
Reichesberg, Naum (1867-1928), 281
República, de Platão, 254
República de Weimar, 62
Revolução Bolchevique de 1917, 37
Ricardo, David (1772-1823), 142, 215-16
Richtlinien deutscher Politik, Programmatische Grundlagen der Großdeutschen Volkspartei [*Diretrizes da Política Alemã: Princípios do Programa do Maior Partido do Povo Alemão*], de Otto Conrad, 232
Rist, Charles (1874-1955), 182, 190
Rodbertus, Johann Karl (1805-1875), 191

Rothbard, Murray N. (1926-1995), 12, 68, 298, 316, 319-25, 327, 329
Ruskin, John (1819-1900), 191
Rússia, 190, 202, 206, 232, 235
Rússia Soviética, 37, 170, 235

S

Salerno, Joseph T., 12
Samuelson, Paul A. (1915-2009), 64
São Paulo, 24
Sarney [de Araújo Costa], José (1930-), 20
Say, Jean-Baptiste (1767-1832), 332-33
Schmalenbach, Eugen (1873-1955), 78, 149, 151-53, 155-57
Schmoller, Gustav von (1838-1917), 71, 113-14, 136-37, 161, 164, 171-72, 182, 191-92, 196, 204, 208-09, 215-17, 230
Schumpeter, Joseph (1883-1950), 70
Segunda Guerra Mundial, 30, 39, 48, 72, 207
Seligman, Edwin Robert Anderson (1861-1939), 123
Sennholz, Hans F. (1922-2007), 10-11, 61, 63
Simons, Henry Calvert (1899-1946), 65
Smith, Adam (1723-1790), 142-43, 216-17, 221-22
Socialism: An Economic and Sociological Analysis [*Socialismo: Uma Análise Econômica*], ver *Die Gemeinwirtschaft: Untersuchungen über den Sozialismus* [*A Economia Coletiva: Estudos sobre o Socialismo*]
Socialismo acadêmico, 163-64
Socialismo, 16, 22, 27, 33, 35, 38, 42, 44, 46, 49, 64, 81-83, 95, 104, 111-13, 115, 118, 134, 136, 144, 163-67, 172-74, 176-77, 189, 199-203, 205, 208-10, 213, 215-16, 219, 225, 232-34, 241, 243-44, 246-51, 253-55, 261-64, 270, 278, 283, 296, 300-04, 307-11, 318, 327
Socialismo de Estado, 30-31, 35, 115, 136, 215
Socialistas de Cátedra [*Kathedersozialisten*], 64-66, 90, 146, 160, 162, 167-68, 181, 185, 188, 192, 202, 204, 206-07, 209, 215, 265, 283
Sociedade Bíblica, 287
Solidaristas da França, 283
Solvay, Ernest (1838-1922), 194-95
Somary, Felix (1881-1956), 281
Sombart, Werner (1863-1941), 71, 200-01, 230, 242-44, 246-56
Sozialismus und soziale Bewegung im 19 Jahrhundert [*Socialismo e o Movimento Social Durante o Século XIX*], de Werner Sombart, 243, 255
Sozialpolitik, 70
Spann, Othmar (1878-1950), 82, 166, 228, 232, 241, 244
Spengler, Oswald (1880-1936), 232
Stolzmann, Rudolf (1852-1930), 114, 217
Strigl, Richard von (1891-1942), 134-35
Stuttgart, 60, 171, 238
Suíça, 29-30, 280

T

Taine, Hippolyte (1828-1893), 218
Tarde, Gabriel de (1843-1904), 224
Taussig, Frank William (1859-1940), 123
Tchecoslováquia, 240

Teoria do poder, 197
Teoria Quantitativa da Moeda, 120
Terceira Internacional, 76
Theorie des Geldes und der Umlaufsmittel [*A Teoria da Moeda e dos Meios Fiduciários*], de Ludwig von Mises, 68, 70, 300
Theory and History: An Interpretation of Social and Economic Evolution [*Teoria e História: Uma Interpretação da Evolução Social e Econômica*], de Ludwig von Mises, 73
Thommesen, Judy, 13
Thünen, Johann Heinrich von (1783-1850), 70, 123
Tirol do Sul, 235, 240
Torquato Tasso, de Johann Wolfgang von Goethe (1749-1832), 285
Totomianz, Vachan (1875-1964), 189-90
Travers-Borgström, Arthur (1859-1927), 280, 282
Trotsky, Liev Davidovitch Bronstein (1879-1940), conhecido como Leon, 202
Tule, 98-99

U

Ucrânia, 14
União Soviética, 39, 44-45
Universidade Católica de Brasília (UCB), 24
Universidade de Brasília (UnB), 23
Universidade de Chicago, 123
Universidade de Colúmbia, 124
Universidade de Viena, 29, 69
Untersuchungen der Verfahren, Aufgaben und Inhalt der Wirtschafts und Gesellschaftslehre [*Estudos sobre Processos, Tarefas e Conteúdo da Teoria Econômica e Social*], de Ludwig von Mises, 73

V

Vereins für Sozialpolitik [Associação para a Política Social], 208, 215
Verlag, Gustav Fischer, 60, 74, 92
Viena, 28-30, 70, 72, 78, 189, 288
Voigt, Andreas (1860-1940), 70
Vorländer, Karl (1860-1928), 241

W

Wagner, Adolph (1835-1917), 194
Webb, Sidney (1859-1947), 116, 196, 199,
Weber, Adolf (1876-1963), 70, 116, 196-97, 204
Weber, Marianne (1870-1954), 205
Weber, Max (1864-1920), 70, 114, 116-17, 204-07
Wertfreiheil, 117
Weyermann, Moritz Rudolf (1876-1935), 281
Wiese, Leopold von (1876-1969), 70, 175, 178-80
Wieser, Friedrich von (1851-1926), 163
Wirtschaftsrechnung im sozialistischen Gemeinwesen, Die [*O Cálculo Econômico em uma Comunidade Socialista*], de Ludwig von Mises, 15, 42
Wirtschaftswissenschaft nach dem Kriege, Die [*A Economia do Pós-guerra*], 163, 166, 175, 178, 186-87, 194, 196, 203
Wisconsin, 86
Wolf, Julius (1862-1937), 204
Wundt, Wilhelm (1832-1920), 224

Y

Young, Allyn Abbott (1876-1929), 123

Z

Zeitschrift für Nationalökonomie [*Jornal de Economia*], 71, 280

Zwiedineck-Südenhorst, Otto von (1871-1957), 175, 184

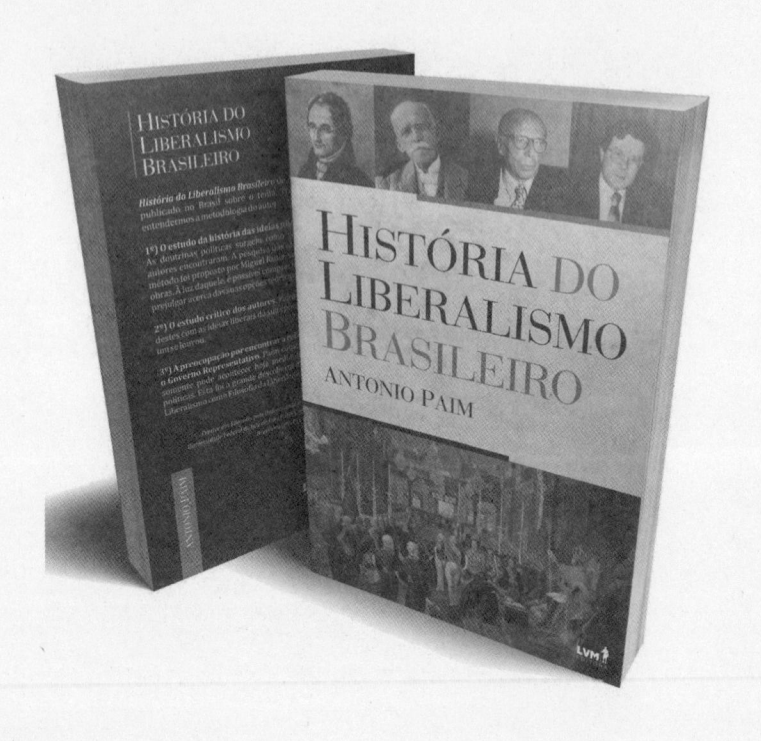

A trajetória pessoal e o vasto conhecimento teórico que acumulou sobre as diferentes vertentes do liberalismo e de outras correntes políticas, bem como os estudos que realizou sobre o pensamento brasileiro e sobre a história pátria, colocam Antonio Paim na posição de ser o estudioso mais qualificado para escrever a presente obra. O livro *História do Liberalismo Brasileiro* é um relato completo do desenvolvimento desta corrente política e econômica em nosso país, desde o século XVIII até o presente. Nesta edição foram publicados, também, um prefácio de Alex Catharino, sobre a biografia intelectual de Antonio Paim, e um posfácio de Marcel van Hattem, no qual se discute a influência do pensamento liberal nos mais recentes acontecimentos políticos do Brasil.

O filósofo, jurista e economista F. A. Hayek, laureado em 1974 com o Prêmio Nobel de Economia, é o objeto do primeiro volume da *Coleção Breves Lições*, cujo proposito é apresentar com linguagem acessível e cientificamente correta, a um público leitor mais amplo e variado, as linhas gerais do pensamento dos mais importantes autores liberais ou conservadores em um enfoque interdisciplinar. Ao reunir uma seleção de textos de diferentes especialistas brasileiros, F. A. Hayek e a Ingenuidade da Mente Socialista é a melhor introdução ao pensamento hayekiano disponível em língua portuguesa. Organizado pelo filósofo Dennys Garcia Xavier, o livro reúne ensaios do próprio organizador, bem como do historiador Alex Catharino, do jornalista Lucas Berlanza, e dos economistas Fabio Barbieri e Ubiratan Jorge Iorio, dentre outros.

Visando cumprir parte da missão almejada pela LVM Editora de publicar obras de renomados autores brasileiros e estrangeiros nas áreas de Filosofia, História, Ciências Sociais e Economia, a Coleção Protoaustríacos lançará em português inúmeros trabalhos de teólogos, filósofos, historiadores, juristas, cientistas sociais e economista que, de algum modo, influenciaram ou antecipararam os ensinamentos da Escola Austríaca Economia, além de estudos contemporâneos acerca dos autores que, entre a Idade Média e o século XIX, ofereceram bases para o pensamento desta importante vertente do liberalismo.

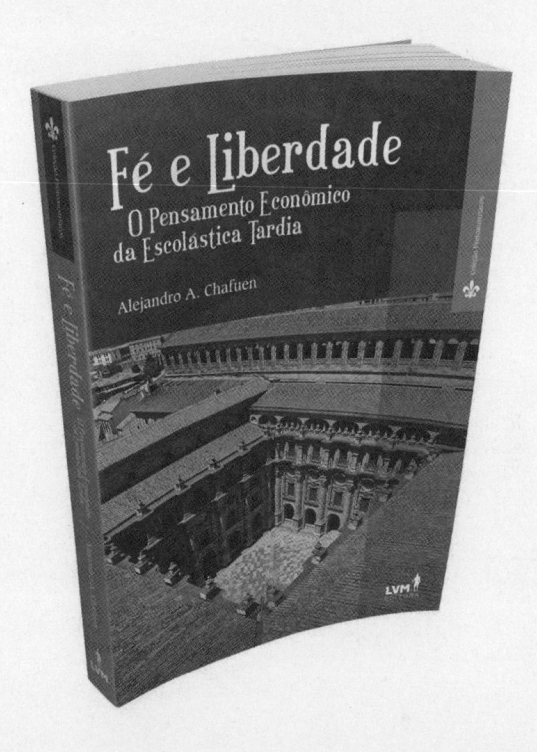

Em doze capítulos, a presente obra de Alejandro Chafuen faz uma análise filosófica, histórica, econômica e jurídica das contribuições teóricas dos teólogos e filósofos da escolástica tardia ibérica ao entendimento do livre mercado, discutindo como esses pensadores católicos abordaram em suas reflexões morais temas como propriedade privada, finanças, teoria monetária, comércio, valor e preço, justiça distributiva, salários, lucros, e atividade bancária e juros, Finalmente, é feita uma comparação entre o pensamento econômico dos escolásticos e as diferentes correntes liberais modernas, em particular a Escola Austríaca de Economia. O livro possui uma nota editorial de Alex Catharino, um prefácio de Paulo Emílio Borges de Macedo, um proêmio do padre James V. Schall, S.J., um preâmbulo de Rafael Termes e um prólogo de Michael Novak, bem como uma introdução exclusiva para a edição brasileira e um posfácio escritos por Alejandro Chafuen.

Liberdade, Valores e Mercado são os princípios que orientam a LVM Editora na missão de publicar obras de renomados autores brasileiros e estrangeiros nas áreas de Filosofia, História, Ciências Sociais e Economia. Merecem destaque no catálogo da LVM Editora os títulos da Coleção von Mises, que será composta pelas obras completas, em língua portuguesa, do economista austríaco Ludwig von Mises (1881-1973) em edições críticas, acrescidas de apresentações, prefácios e posfácios escritos por renomados especialistas brasileiros e estrangeiros, além de notas do editor. Além dos volumes avulsos em formato brochura, serão lançadas edições especiais em capa dura, comercializadas em conjuntos exclusivos com tiragem limitada.

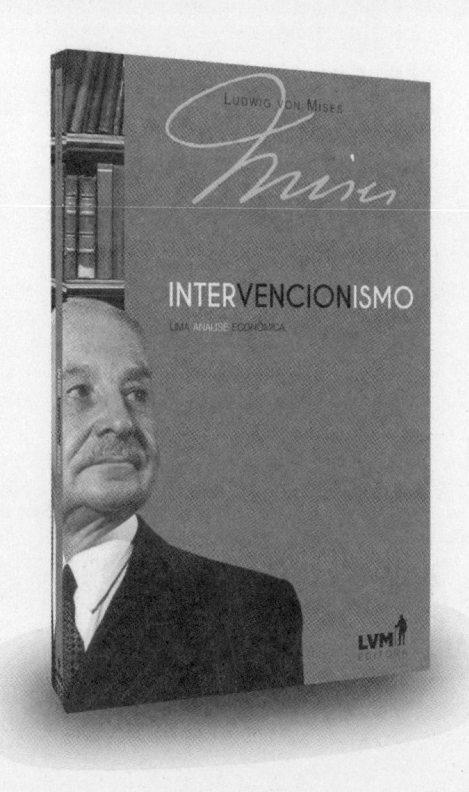

A obra é a mais ampla e sistemática apresentação da teoria misesiana do intervencionismo, entendido como um sistema econômico intermediário entre o capitalismo e o socialismo, que caracteriza a maioria das economias contemporâneas. Em *Intervencionismo: Uma Análise Econômica*, dentre outros temas, Ludwig von Mises discute a interferência estatal via restrições no mercado ou controles de preços, a inflação e a expansão de crédito, os confiscos e os subsídios, ressaltando as desastrosas consequências de tais políticas econômicas. Nesta edição, além dos prefácios originais de Bettina Bien Greaves e de Douglas Stewart Jr., foram inclusos uma apresentação de Murray N. Rothbard, um prefácio de Alexandre Borges, um posfácio de Fabio Barbieri e os textos do debate entre Sanford Ikeda, Christopher J. Coyne, Robert Higgs e Jeremy Shearmus sobre a teoria misesiana do intervecionismo.

Acompanhe a LVM Editora nas Redes Sociais

https://www.facebook.com/LVMeditora/

https://www.instagram.com/lvmeditora/

Esta obra foi composta pela Spress em
Fournier (texto) e Caviar Dreams (título) e impressa em Pólen 80g.
pela Gráfica Viena para a LVM em fevereiro de 2024.

Mitchell, Melanie (2009) *Complexity: a guided tour*. Nova York: Oxford University Press.

North, Douglas C. (1990) *Insitutions, Institutional Change and Economic Performance*. Cambridge: Cambridge University Press.

O'Driscoll, Gerald (1977) *Economics as a Coordination Problem: The Contributions of Friedrich A. Hayek*, Kansas City: Sheed Andrews and McMeel.

Orwell, George. 2000 [1945]. *Animal Farm*. Nova York: Penguin Books.

Orwell, George. 2009 [1949]. *1984*. São Paulo: Cia. das Letras.

Popper, Karl Raimund. (s.d.) *A Lógica da Pesquisa Científica*. São Paulo: Cultrix.

Popper, Karl Raimund (1969) "A Pluralist Approach to The Philosophy of History", in Streissler, E. (org.) *Roads to Freedom: Essays in Honour of Friedrich A von Hayek*. Londres: Routledge & Kegan Paul Ltd.

Popper, Karl Raimund (1975) *Conhecimento Objetivo: uma abordagem evolucionária*. Belo Horizonte-São Paulo: Itatiaia-Edusp.

Popper, Karl Raimund (1980) *A Miséria do Historicismo*. São Paulo: Cultrix.

Popper, Karl Raimund (1987) *A Sociedade Aberta e Seus Inimigos*. Belo Horizonte-São Paulo: Itatiaia-Edusp.

Popper, Karl Raimund (1994). *Conjecturas e Refutações*. Brasília: editora UnB.

Popper, Karl Raimund (1997) *O Realismo e o Objectivo da Ciência: pós-escrito à Lógica da Descoberta Científica*, vol. 1. Lisboa: Don Quixote.

Read, Leonard. (2013) *Eu, o Lápis*. Disponível em https://mises.org.br/artigos/672/eu-o-lapis. Acesso: 25/02/2024.

Robbins, Lionel (1932) *An Essay on the Nature and Sginificance of Economic Science*. Londres: MacMillian.

Schelling, T. (1978). *Micromotives and Macrobehavior*. Nova York: Norton.

Schmitz, François (2019) *O Círculo de Viena*. Rio de Janeiro: Contraponto.

Schorske, Carl E. (1981) *Fin-de-Siècle Vienna: politics and culture*. Nova York: Vintage Books.

Smith, Adam (1984) *The Theory of Moral Sentiments*. Indianapolis: Liberty Fund.

Sowell, Thomas (2021) *Os Ungidos: a fantasia das políticas sociais progressistas*. São Paulo: LVM.

Thomsen, Esteban F. 1992. *Prices and Knowledge*. Londres: Routledge.

Wilensky, U. (1997) NetLogo Segregation model. Disponível em <http://ccl.northwestern.edu/netlogo/models/Segregation> Acesso: 10/01/2024. Center for Connected Learning and Computer-Based Modeling, Northwestern University, Evanston, IL.

Wolfram, S. (1994) *Cellular Automata and Complexity: collected papers*. Massachusetts: Addison-Wesley.

Acompanhe a LVM Editora

📷 @lvmeditora

Acesse: www.clubeludovico.com.br

📷 @clubeludovico

Esta edição foi preparada pela LVM Editora com tipografia
Baskerville, Tw Cen MT e Rangkings, em outubro de 2024.